# 蔣中正日記

## Chiang Kai-shek Diaries, 1955

◆ 民國四十四年 ◆

民國歷史文化學社 　 國史館 Academia Historica

感謝

蔣經國國際學術交流基金會
世界大同文創股份有限公司

贊助出版

# 編輯凡例

一、本書為蔣中正民國四十四年 (1955) 日記，係根據日記原件打字排版。

二、本書卷首列有總序，旨在說明蔣日記之整體歷史意義與價值。

三、本書各年各冊均精選國史館授權使用照片若干幀，與日記內容呼應，不無左圖右史之義。後附索引，意在讀者易於檢索、利用。

四、日記內容本分「雪恥」、「注意」、「預定」等欄目者，本書均依照原有欄目處理。日記原件每月起始有「本月大事預定表」；每週附有「上星期反省錄」、「本星期預定工作課目」；每月月底附「上月反省錄」，全年日記之末並以「雜錄」、「姓名錄」殿之。本書悉依原有形式出版。

五、同日日記遇有草稿、抄稿、秘書抄稿並存時，則以最完整稿置前，其餘附後。

六、日記內文提及之相關人物與重要事件，編輯整理時酌加頁註。相關人物第一次出現時，當頁註釋其全名及當年或前後之職銜，以利查考。外國人名第一次出現時，當頁註釋其拉丁化全名，以資識別。

七、本書用字尊重現今常用字，俗字、簡字、古字等異體字改為正體字。惟遇通同正體字時，為因應讀者閱讀習慣及通俗用法，採用現今通用正體字，如「并」改為「並」，「証」改為「證」，「甯」改為「寧」等。

八、日記用詞保留當時用法，不以錯字視之。若與現今用詞有差異處，遵照蔣中正個人習慣用法，如：舊歷、古鄉、托管、烏乎、處治、火食、琉璜；及部分地名如：大坂、蔣林、角畈山。

九、日記中遇明顯錯別字詞，在該字後以〔　〕符號將正確字詞標出。遇
　　明顯漏字，則以〔＿〕符號將闕漏字詞補入。無法判明者，則加註
　　「原文如此」。本書收錄日記中所附帶之信函、手令、批示等稿件，
　　非蔣原筆跡手稿者，以楷體字體表示。

十、日記中遇損壞、破損而無法辨識字跡者，以■表示。

十一、日記中提及人名偶有筆誤，以錯字訂正形式處理；外國人名譯音有
　　　前後不一致情況時，但見索引，不另做處理。書中出現編目「一、
　　　一、一、一、」者，為遵照原稿設計，不予修改。

十二、標點符號除原稿上所加之問號、驚嘆號、引號等外，僅以「，」
　　　「、」「。」「：」標之。

十三、本書涉及人物、事件複雜，議題涵蓋廣泛，編者思慮難免不周，如
　　　有錯誤疏漏，尚請讀者不吝指正，以便日後修整。

# 序　一

　　蔣中正，學界通稱為蔣介石，是國家級和世界級的領袖人物，早為史家研究的對象。日本學界有蔣介石研究會，臺灣中央研究院近代史研究所有蔣介石研究群，浙江大學有蔣介石研究中心，而學者個人研究蔣介石者，如楊天石、山田辰雄、黃自進等皆為名家。近年臺海兩岸各大學和研究機構，以蔣介石為主題所開的研討會，如「蔣介石與抗日戰爭」、「蔣介石與抗戰時期的中國」、「蔣介石與世界」、「日記中的蔣介石」、「蔣中正日記與民國史研究」等，亦結集了許多研究蔣介石的成果。

　　史學界之所以熱衷於蔣介石研究，除蔣之歷史地位重要外，蔣介石日記開放給史學界使用亦為重要因素。蔣日記初由自己保管，1975 年蔣介石死後由其子蔣經國保管，1988 年蔣經國死後由其子蔣孝勇保管，蔣孝勇死後由其妻蔣方智怡保管。蔣介石原望其日記存於臺灣，於其逝世五十一年後（2026）開放，後因蔣孝勇夫婦移居加拿大，日記乃被帶到該處。2005 年蔣方智怡將日記移存美國史丹佛大學胡佛研究所，並授權該所保管，2006 年起分批開放蔣日記給學者作為研究之用。蔣介石日記開放給學者作為研究之用後，各國學者紛紛前往史丹佛大學閱讀，學者並開始以蔣日記為主要資料寫論文或專書，使蔣介石的研究成果更為深入與豐富。

　　蔣介石日記，從 1917 年起記到 1972 年 7 月止，凡五十五年，四百五十萬字。其中 1924 年日記失落，1917 年的日記為回憶幼時至 1917 年之重要記事，僅約萬餘字。這五十五年，蔣追隨孫中山，並以繼承孫中山的革命志業自居，日記中所記，為民國史留下重要史料。日記史料往往反映一

個人的性格，蔣為軍人出身，做了國家領袖以後，對友邦，只望協助，不喜干涉；對部屬，只望服從，不喜爭權奪利。譬如抗戰勝利後，國家進入憲政時期，蔣的權力受約束，不能全力應付危局，乃制定動員戡亂時期臨時條款，使權力超出憲法以外；又如 1949 年 1 月，國民黨對共產黨有主戰主和之分，蔣主戰，副總統李宗仁主和，蔣辭職下野，另成立總裁辦公室，以黨領政領軍。及李宗仁避往美國，蔣復行視事，始得統一國家事權。

　　由蔣之日記，可略窺蔣之終生志業。但將蔣日記作為史料，像許多其他日記一樣，有不易了解處。譬如記朋友不稱名而稱號，記親戚和家人不稱名而稱親屬的稱謂或暱稱；對不便明說的事吞吞吐吐，語焉不詳；記事突兀，背景不明。在這種情形下，如能對日記作箋注，即可增加對日記內容的了解，由國史館授權，民國歷史文化學社所出版的《蔣中正日記》，即為箋注本，當能應合讀者需要。是為序。

中央研究院院士 張玉法

於翠湖畔寓所

2023 年 5 月 20 日

# 序　二

## 一部罕見的國家領導人日記

2006 年，「蔣中正日記」的開放，是民國史研究重要的里程碑；2023 年，《蔣中正日記》的正式出版，更是推展民國史研究令人矚目的一頁。

和蔣中正同時的美國總統羅斯福（Franklin D. Roosevelt, 1882-1945）、英國首相邱吉爾（Winston Churchill, 1874-1965）、蘇聯共黨中央總書記史大林（Joseph Stalin, 1878-1953）、德國納粹頭子希特勒（Adolf Hitler, 1889-1945），都稱得上是當年掀動國際風雲的「大人物」。羅斯福不寫日記，史大林沒有日記，邱吉爾的《第二次世界大戰回憶錄》，於1953 年得過諾貝爾文學獎，具有的是文學創作之美的價值，畢竟不屬於歷史，也不是日記；1983 年號稱「新發現」的六十卷「希特勒日記」，轟動一時，僅僅十天之後，即被證明是舊貨商牟利的贗品。蔣中正（介石，1887-1975）應該是同一時代世界重量級人物中，唯一真正留有五十五年個人日記的領導人。

蔣日記不是中國傳統史官代撰的起居注，也非皇朝實錄，這部當代政治領袖用毛筆楷書親自書寫超過半世紀的日記，記錄一位曾是滬濱浪蕩子走向全國性政治人物的發跡過程，又提供一個「大」又「弱」的古老國家政治領導者，如何想方設法謀求一統天下，並期盼與國際接軌的一段艱難歷程的重要見證，是十分罕見的歷史素材。

有些審慎的歷史學者提醒道：「日記」作為史料，要分辨「真實的蔣」（person），與蔣「要我們知道的蔣」（persona），日記中能讀出真實的蔣，才是本事。蔣中正的日記複印本開放已逾十年以上，閱者、使用過的學者上千，沒有人懷疑它的真實性，沒有人說它是為別人寫的。作為民國歷史研究的第一手資料，作為民國史最珍貴史料，蔣中正日記的重要不可忽視，相當值得出版。

## 日記的本質與運用

日記本屬個人生活方式的記錄，是「我之歷史」，但不能沒有社會性——涉及他人、他事的記載，日記歷史文獻價值因此存在。故就歷史研究言之，史家早就視日記為史料之一種重要形式。清季以降，士紳大夫、知識分子寫日記者頗不乏人，日記創作風氣鼎盛。日記固屬私人，但頗多日記出諸官紳，所記內容，自不僅止於私密之內心世界，實多有涉軍國大事要聞者，於是日記又成為認識公眾歷史的重要憑藉。日記既有公、私之記載，也因此能打破正史之文獻表述與壟斷。所以「日記學」在近代史學研究中，不能不為史學界所看重。文化史家柳詒徵謂：「國史有日歷，私家有日記，一也。日歷詳一國之事，舉其大而略其細；日記則洪纖畢包，無定格，而一身一家一地一國之真史具焉，讀之視日歷有味，且有補於史學。」正因日記內容「洪纖畢包」，材料廣泛，如記載時間拉長，固為多元歷史留下大量線索，提供歷史研究絕佳素材，同時是執筆者記錄當下作為自行修身、事後檢討反思的依據，此即宋明理學家「自勘」、「回勘」的工夫，曾國藩的日記、蔣中正寫日記，多寓此意。蔣中正記日記，在生前即囑秘書作分類工夫，「九記」、「五記」及「事略稿本」均有自省及建立形象作用。以日記為主體，衍生出不同類型的版本，內容不免有取捨不同，品人論事可能輕重不一，而這正是「日記學」有趣的課題。多年以來，靠蔣日記撰寫出來的傳記，不在少數，論者已多，不待贅述。

1961 年 12 月，中央研究院院長胡適談到「近史所為什麼不研究民國史」，表示「民國以來的主要兩個人，一位是孫中山先生，他的史料都在

國史館裡；還有一位是蔣介石先生，他的史料誰能看得到？」這樣的情況，終於在 1980 年代以後出現了變化。1987 年 7 月 15 日，蔣經國總統宣告臺灣「解嚴」。對中國近代史的研究而言，實亦一嶄新局面的出現。新時期尤其受歷史學者歡迎的是，史政機構史料的空前開放。1990 年國民黨黨史會率先把重要史料一口氣開放到 1980 年代；國史館於 1995 年奉命接管近三十萬件的《蔣中正總統文物》（即「大溪檔案」），兩年後全部正式開放，對民國史學者而言，好比是近代史學界的一顆震撼彈。可以說，胡適眼中視若「禁區」的蔣中正時代史料，在蔣逝世三十年後，基本上已全數向學界開放了。這批史料的的確確是研治國民政府軍事史、政治史的稀世之寶，如今能全部亮相，是十幾二十年前歷史學者不敢想像的事，而這些正是能和「蔣中正日記」相互對應參證不可或缺的重要史料。

史家陳寅恪曾說：一個時代之學術，必有其新材料與新問題；取用新材料以研究新問題，則為此時代學術之新潮流。1960 年代兩岸對峙局面初成，修纂民國史之議，浮上檯面，民國史料的整理、開放，實極迫切。1990 年代以降，在臺北的國史館對蔣中正總統文物的整理、開放，甚至是出版工作，無疑具相當關鍵作用。1975 年，蔣中正總統過世後，「蔣中正日記」和後來的經國先生日記，從臺北移到加拿大，2004 年暫時落腳美國史丹佛大學胡佛研究所檔案館（Hoover Institution Archives, Stanford University），2023 年回歸臺北，這一段兩蔣日記「出走」「回來」的過程和故事，已為眾人所熟知。2006 年，存放在胡佛研究所的「蔣中正日記」決定率先向學界公開，這無疑的更進一步帶動了學界「蔣中正研究」與民國史研究的熱潮與興趣。蔣日記又促成了民國研究熱，其內容包含日記所涉新資料的挖掘、運用，研究範圍與議題的提出、研究途徑與方法的更新，以及如何重新看待「民國」等，這些討論與探索，使蔣中正研究、民國史研究更為紮實，也綻放出新的面貌。

## 日記外型

蔣中正自始所使用之「日記本」是有固定格式，早期使用商務印書館印製的「國民日記」，爾後自行印製固定格式，除每日記事外，每年有

該年大事表，每月有本月大事預定表、本月反省錄（後改為「上月反省錄」），每週有本週反省錄（後改為「上星期反省錄」）、下週預定表（後改為「本星期預定工作課目」）。蔣氏日記持續以毛筆書寫，除每日記事外，每週、每月、每年開始必定按照上述表、錄，檢討上週、上月之施政或個人行事，思考本週、本月、本年之預定工作，每年年終會對全年之政治、外交、黨務、軍事等工作進行分項檢討。1925 年 6 月沙基慘案之後，蔣痛恨英帝國主義者慘殺無辜中國軍民，日記稱英國為「陰番」以洩憤，並每日立下格言、標語誓滅「英夷」，時間長達一年又兩個半月。1928 年「五三慘案」發生後，有感於國難深重，自身責任重大，「國亡身辱」，集國恥、軍恥、民恥「三恥」於一身，於是年 5 月 10 日記道：「以後每日看書十頁，每日六時起床，紀念國恥。」此後，每天的日記前必記「雪恥」一項，以誌不忘國恥。抗戰勝利後，蔣氏 1945 年 9 月 2 日自記：「舊恥雖雪，而新恥又染，此恥又不知何日可以滷雪矣！勉乎哉！今後之雪恥，乃雪新恥也，特誌之。」1949 年來到臺灣，日記中雪恥一欄仍不間斷，因為「新恥」未止。

## 蔣中正日記的內涵

平心而言，從蔣的日記中的確可以看出作為一個從「平凡人」到「領導者」的心路歷程，無需刻意神聖化，也不必妖魔化。

許多人都知道蔣是用度非常節儉的一個人，他補破衣、不挑食，一口假牙，吃東西十分簡單。蔣不喝酒、不吸煙，只喝白開水，其實生活很是平淡。從他的日記中可以體會到，他是很容易結盟，又是容易結仇的人。結盟或許與上海的生活經驗有關，結仇就可能涉及他的個性。他的日記中看出他對人物批評十分苛刻，有軍人作風，黃埔軍校畢業生拿到校長所贈的寶劍上都刻有「不成功便成仁」的字眼，既現代又傳統。但因為他喜歡讀書，所以跟一般純粹的武人仍有不同，能趕上時代，展現一些文人氣息。他自承脾氣暴躁，對文官雷霆責罵，對武人甚至拳打腳踢，日記中常為自己的錯誤「記大過」，也常懺悔，雖然一直想克制自己，但是個性似乎不

易改變。1960 年 11 月，蔣對第九十九師師長鄧親民所製小冊內容不當，大動肝火，聲嘶力竭叱責，以致喉裂聲啞，半年之久，元氣才告恢復。蔣勤於任事，甚至過火，越級指揮壞了戰局，修整文稿苦了文字秘書。大小事情都會過問，碰到交通阻梗，親出指揮，看到街道周邊髒亂，就會破口大罵指斥官員。這些個性的表現，在日記中都可覆按。這正是親近幕僚楊永泰所講的，他「事事躬行」，常致「輕重不均、顧此失彼」。盟兄黃郛則批評他有「毅力」而欠「恢弘」之氣象，均屬中肯之語。

一般人展讀別人日記，除了「偷窺」心理外，多半對主人公不免有先入為主的印象。蔣中正從一介平民到作為一個國家領導人，他奮鬥的歷程，後人難免加油添醋、說三道四。如果平實的對蔣中正日記進行觀察，會覺得他是一個民族主義者，是孫中山的信徒，是一位虔誠的基督徒，他不喜歡英國，嫉俄、日如仇讎；日記中顯示他知道自己學養不足，常師法先賢、勤讀宋明理學。1930 年代當了中央領袖，還特別禮邀學者進行「講課」，甚至不斷向「敵人」學習，有他堅持與成功的一面。但長時期以來，尤其是部分西方媒體和他的政敵，一直視他扮演的是一個「失敗者」的角色，因此多從負面來理解。

蔣中正當過軍校校長、軍隊總司令、軍事委員會委員長、黨的總裁、國家主席、總統，一生的作為不能樣樣令人滿意，當然有多方面的因素，例如說在大時代裡頭要重建一個近代國家的制度與規模，當時確實缺少一個可以運作的規則；在兵馬倥傯中還要對付內外的腐敗與變亂，何況想迅速建立「近代國家」本來就是一種苛求，幾近不可能的任務。外交是內政的延長，蔣大半輩子與美國人打交道，他的「美國經驗」，酸甜苦辣備嘗，因國力弱，政治不上軌道，一路走來需要美利堅的扶持，根本上又難符美國「要一個強大而親美的中國」的期盼。在 1930 年代之後，美國由扶蔣、輕蔣、辱蔣，甚至倒蔣的戲碼，輪番上演，是有原因的。蔣一生對日本、美國愛恨交加，日記中透露了諸多內心穩忍的秘辛與苦楚。其次，蔣當時確實不夠重視黨組織，大部分的心力不是放在軍事，就是放在對付敵人。從某個角度看，1920 年代孫中山依違於英美政黨政治與列寧式政黨之間，

所幸蔣沒進一步學取極端嚴格的動員性政黨組織模式，保有了憲政理想。
但底層力量的薄弱，派系對權力的競逐，則加深他的黨組危機。1940 年
11 月，在日記中他自承「一生之苦厄，全在於黨務也」。從另一角度看，
孫中山西方民主政治的理想，他遵循，也心嚮往之，但最終做到的只是徒
有其名而無其實。另外，他在群雄中要衝出頭是有很多困難的，他的輩分
比較低，多半的成功是靠謀略與機運。1920 年代的北伐及其後，急功近利，
對各地軍閥採取收編、妥協政策，結果形成一個諸多山頭的統一，他似乎
只成無奈的「盟主」。同時當他有權力之後又甚為自負，不太接受挑戰，
一方面是尊嚴的問題，一方面是權力意識，一方面是支撐他地位的架構，
一方面是財政來源的困難，最後可能涉及到家族的網絡問題。他身處在農
業社會傳統未褪盡，資本主義浪潮下「現代國家」制度尚待建立的威權時
代，他的作為與形象很難符合後人的要求與期待，他做事的動機和過程，
大多可以在他的日記中捕捉、體會。

　　蔣中正日記的重要性已如上述，讀者讀過之後更大的感受：這是一套
有血、有肉、有靈魂的資料。1920 年代之後，日記中許多蔣、宋、孔有關
國家大事、家中生活細節的諸多紀錄，正顯現他們平實居家生活的寫照。
他除了讀書外，喜歡旅遊，對奉化「古鄉」，頗有依戀之情。平日生活不
失赤子之心，1933 年 10 月 4 日，中央忙於應付日本侵略，又忙於對付中
共問題時，他「與妻觀月，獨唱岳飛滿江紅詞」，這與蔣平日予人嚴肅刻
板印象，頗有落差。可見這日記提供的不只是歷史的發展線索，更重要的
是人性的揭露。歷史的研究本來就應該以人性作基礎，作有「人味」的研
究，這套日記正好提供了一份珍貴的原料。

　　蔣中正日記的公開，迄今已十數年，對海峽兩岸、英日美近代史學
界，究竟造成多大的影響？「蔣中正日記」自 2006 年開放以來，引來各
地史學家競相閱覽、關注與利用，是不爭的事實。除海峽兩岸學者有大
量論著，忙著開會、籌組成立研究中心、讀書會之外，西方學界也開過幾
次以蔣日記為主體的學術會議。不同國家的學者如陶涵（Jay Taylor）、米
德（Rana Mitter）、方德萬（Hans van de Ven）、戴安娜 · 拉里（Diana

Lary）、潘佐夫（Alexander V. Pantsov）等，近年均從不同角度切入，注意到日記的利用，其重要研究成果，有目共睹。即以潘佐夫的《蔣介石：失敗的勝利者》一書言，大量利用蔣的日記，又用俄羅斯的俄文檔案比證，娓娓道來，讓人覺得他真是講故事的高手。齊錫生的中文近著《分崩離析的陣營：抗戰中的國民政府，1937-1945》，其取蔣日記加之中西方檔案作精準比較，史事正負面並陳，同時賦予客觀詮釋，令人耳目一新。這說明研究者、讀者對日記有重大依賴，均能從中直接得到啓發，也就是說，對民國史研究，「蔣日記」之為用，是有相當積極而重要意義。

## 根據手稿本出版

蔣中正之日記，特別值得一談的是蔣記日記的時間長達半個世紀以上（共五十五年六十六冊），絕對難得。現存的日記，1915 年只有山東討袁一星期的記事，其他都在 1918 年冬永泰之役中喪失。1916 到 1917 年的日記也可能因為 1918 年在廣東戰役中遺失。1924 年正當孫中山致力改善中蘇關係、積極推動國共合作之際，蔣這一年日記則遍尋不著，誠為全套日記出版的最大遺憾。對 1918 年以前的行事，蔣曾經幾度補述，有一部份詳細敘述了他幼年的回憶，附在日記手稿之前；有一部分放在 1929 年 7 月的雜記及 1931 年 2 月的回憶中，嚴格說來不算是日記。1918 年以後雖有部分潮濕霉爛、水漬污染（尤其 1935-1936 年），所幸修補之後，大體完整。

從外型上看，蔣中正日記分為四種形態：蔣中正日記原本、蔣中正日記手抄本、蔣中正日記複印本及蔣中正日記微卷；放在胡佛研究所的蔣中正日記複印本是提供學者閱讀者。事實上，日記的版本應該只有一種，即是目前暫存美國史丹佛大學胡佛研究所之日記原本的「手稿本」，其他所有與日記相關的「版本」，都是由「手稿本」發展出來的。這套《蔣中正日記》是依據原件一個字一個字「刻」（Key）出來的，絕對真實，可靠性無庸置疑。附加的註腳，力求周延，同時方便讀者的索解。

# 這是學術界、出版界的盛事

日記不可能是個人全部生活的百科書全書，不能求全。日記記載的主觀性與選擇性也顯然的，故而日記史料的利用，更需要其他材料的對應和比較，是而斷章取義、各取所需、過度詮釋，都非所宜。歷史家有好的材料，更應具有好的歷史研究素養和技藝，這是學者可以同意的共識。

過去幾年，能親自參閱蔣中正日記者，畢竟有限，於是許多抄錄者形成的《蔣中正日記》地下版充斥，揭密居奇者正不在少，故而學界及社會各界要求正式出版蔣日記的呼聲極高。最近，日記出版的時機已告成熟，我們的出版立場是學術的、嚴謹的，我們的要求是明確的，這一定會是學界、社會各界期望的出版方向！

我們感謝蔣家家人的同意、國史館陳儀深館長的出版授權、蔣經國國際學術交流基金會錢復董事長、朱雲漢前執行長及今執行長陳純一先生對本案的贊助、世界大同文創公司的支持，使日記順利出版。當然，史學界的朋友，我們曾為蔣中正的善政、失政與作為爭得面紅耳赤，也曾為日記中一個字、詞的辨識吵得翻天覆地，我們的真情是為學術，最大「野心」是努力以嚴謹、負責態度維護出版品水平。這一方面，我們學社同仁自董事長至編輯同仁的付出與辛勞，全在不言中。

我們自信這會是一套擁有「精準」、「正確」特質，具權威性版本的《蔣中正日記》。相信這絕對是民國史、近代中國出版史的一椿盛事。


民國歷史文化學社社長　呂芳上

2023 年 8 月 10 日

# 序 三

　　蔣中正，字介石，浙江奉化人。早年在中國率軍東征、北伐、領導對日八年抗戰，到戰後由訓政走向憲政，於 1948 年當選行憲後第一任總統。1949 年中央政府遷臺後，蔣氏於 1950 年宣布復職為總統並得到美國的支持，迄 1975 年過世為止，是近半個世紀以來統治臺灣最久的領導人，對近代東亞歷史的發展影響深遠；而蔣中正在臺灣，人們對他的評價卻褒貶不一，可說是毀譽參半。

　　中日戰爭的勝利是蔣中正政治生涯的最高峰，獲譽為世界四強的「偉大領袖」，但短短不到四年時間，就從高峰跌到谷底，變成中共口中的「人民公敵」。另一方面，在威權統治時期的臺灣，他被黨國體制宣傳為「民族的救星」、「世界的偉人」，迄 1987 年解嚴之後，臺灣社會與學界才逐漸擺脫言論自由、思想自由的限制，重新審視蔣中正的歷史定位。直至今日，不論是海峽對岸，或是臺灣社會內部的不同群體，都對蔣中正的功過得失，存在著相當對立與矛盾的詮釋，離所謂的「蓋棺論定」，可能還有一段遙遠的距離。

　　關於蔣中正的學術研究，其契機始於 1995 年總統府分批將「大溪檔案」（即「蔣中正總統檔案」）從陽明山中興賓館移轉至國史館庋藏。該批檔案，是蔣中正統軍領政期間之親筆手稿、文件、電令、諭告，也有經過幕僚統整之檔案彙編、事略稿本，並有蔣氏之相關文物照片等，時間涵蓋 1924 年至 1975 年，為研究蔣中正生平及國民政府、國共內戰、1949 年至 1975 年間中華民國在臺灣之歷史的珍貴重要史料。經過本館初步編目

整理，兩年後即全部正式對外公開，是當年學術界的一大盛事。其後，本
館更在「蔣中正總統檔案」的開放基礎上，為開拓研究視野並嘉惠學界，
從中披沙揀金，先後出版《蔣中正總統事略稿本》82 冊、《蔣中正總統五
記》、《蔣中正先生年譜長編》12 冊，後續並將觸角拓展至戰後臺灣史，
先後出版《中華民國政府遷臺初期重要史料彙編－中美協防、臺海危機》
5 冊及《二二八事件檔案彙編（17）－大溪檔案》等，這些都是完整取材
自「蔣中正總統檔案」的原始文獻，從以上出版主題的多元性來看，不難
一窺近 30 萬件的「蔣中正總統檔案」，絕對是中華民國史研究者必須參
考的材料。

1988 年蔣經國總統逝世後，蔣家家人將兩蔣日記攜至海外，最終寄
存於美國史丹佛大學胡佛研究所檔案館。2006 年史丹佛大學胡佛研究所
檔案館正式對外開放《蔣中正日記》的閱覽服務，以致以《蔣中正日記》
為文本的歷史書寫，方興未艾。本人為了研究二二八事件、1949 大變局、
兩次臺海危機以及 1971 年失去聯合國席位的經過等大問題，亦屢次飛去
史丹佛大學抄錄蔣日記。隨著日記內容的不斷披露，海峽兩岸與國際漢學
界都有研究蔣中正的學界團體與國際會議，出版的研究論著更是隨著時間
累積而呈倍數成長。然而受限於時間與成本，絡繹不絕前去史丹佛大學抄
錄的學者，往往只能選擇自己最需要參考的部分，而難窺其全貌，這也使
得至今《蔣中正日記》雖有多種版本在坊間流傳，但終究都不是正確而完
整的內容。

《蔣中正日記》起自 1917 年，迄至 1972 年 7 月止，除了 1924 年份
佚失外，大致完整地保存了蔣中正一生橫跨 55 年的日記，其內容不僅是
私人之內心世界，更多涉及軍國大事要聞者，對於歷史研究之重要意義，
實不言可喻。本館掌理纂修國史及總統副總統文物之典藏管理及研究，長
期致力爭取兩蔣日記返國典藏，歷經 10 年纏訟，終於在 2023 年臺灣及美
國法院都將兩蔣父子「任職總統期間的」文物所有權判給國史館；加上從
2014 年呂芳上前館長開始、歷經吳密察前館長以及本人任內的溝通努力，
陸續得到蔣家後人的捐贈，今日國史館遂擁有這批兩蔣文物的完整所有

權。有鑑於社會各界對於開放日記之殷切期盼，本館立即著手規畫《蔣中正日記》的出版工作，惟考量日記內容卷帙浩繁，決定先從蔣中正就任中華民國行憲後第一任總統任期（1948-1954）的日記開始出版，後續再根據任期及年度依序出版。

　　這次《蔣中正日記》之所以能夠快速而順利出版，要感謝呂芳上前館長所主持的民國歷史文化學社，因學社內的編輯同仁早已著手校正日記內容的正確性，也為日記中提到的人物及事件作註解，使得日記的深度、廣度大為提升。相信藉由《蔣中正日記》的出版，必定有助於呈現一個有血有肉、在感情上常常天人交戰、在理性上屢屢自我挑戰、在政治上功過參半的政治人物，也就是更真實的蔣中正。

國史館館長　陳儀深

2023 年 8 月 31 日

**蔣中正日記**
Chiang Kai-shek Diaries

# 圖像集珍

日記原件。1955年1月1日。

「經兒全家來拜年。」（1月1日）

「十一時到木柵研究分院
結業典禮訓詞。」
（1月6日）

「十時入府，接見橫濱僑校之學
生觀光團。」（1月15日）

「十時召見道藩同志，聽取其院務與家事之報告後，與之照相。」（1月16日）

「接見美海軍副參長古德等。」（1月21日）

「午課後記事，召見卡奈夫婦。」（1月31日）

「芝珊與友冰亦來拜年，芝珊言行甚有
進步且明理也。」（1月24日）

「晚宴澳洲內長康德修，相談甚洽，誠以澳
洲今日在太平洋及亞洲反共地位極關重要
也。」（2月12日）

「十一時半召集中外記者
六十餘人，發表書面問答，
並慰勉其前往大陳訪問之勞
也。」（2月14日）

「約見美記者二人。」（2月15日）

「十一時祭一江山陣亡將士，見
到一般孤兒寡婦，無言安慰，內
心悲哀不堪。」（2月17日）

「晚宴美女參議員史夫人，並照相，錄音，相談甚苦。」（2月21日）

「接見大陳義民代表十人。」（2月26日）

「十三時杜等自中山堂舉行中美互助協定書交換典禮畢，來寓聚餐畢，舉行正式會談約二小時。」（3月3日）

「十時入府，召見童子軍代表。」（3月5日）

「正午全家兒孫與至親在寓宴會，祝妻五十六歲誕辰也。」（3月5日）

「午課後略外出，巡視小學與庭園種植，多已欣欣向榮為樂。」（3月11日）

「十七時與霍氏夫婦乘舢板，泛遊潭上至水口處。」（3月21日）

「昨為革命紀念節，到三軍
球場青年大會致訓，青年之
熱烈親愛，可感也。」
（3月30日）

「九時與妻出發，飛金門巡視。」（4月12日）

「晚膳後廿一時到基隆，與妻
上洛陽艦出港，前往馬祖視
察。」（4月13日）

「晚膳後廿一時到基隆，與妻上洛陽艦出港，前往馬祖視察。」
（4 月 13 日）

「（昨）晡與妻散步，至小學督工。」
（5 月 16 日）

「晡與妻散步。」
（5 月 16 日）

「家嫂今晨五時在臺北逝世。」（5月22日）

「見俄國反共聯盟克倫斯基等，其隨員為加倫將軍之參謀，問加倫死情甚詳。」（5月26日）

「九時到鳳鼻頭海灘，觀察兩棲作戰演習。」（5月31日）

「本晚參觀美國交響樂團之演奏，廿三時方畢。」（6月1日）

「十時到左營舉行海軍總校閱。」（6月4日）

「（昨）晚宴日本議員大野等十餘人，先與大野團長談話一小時，宴後又共同談話約一小時半。」
（8月27日）

「晚宴美參議員葛林，
廿二時方別去。」
（9月24日）

「視察顧問住所及地下營舍、醫院及新修機場。」
（9月26日）

「本日為臺灣光復十周年
紀念節，朝課後記事，手
擬對民眾講稿要旨。十時
入府，接受群眾大會全省
人民效忠書，在府前陽臺
上訓話，約十分時畢。」
（10月25日）

「三孫皆來拜壽，與
之在園中遊玩一匝，
訪魚問鳥快如也。」
（10 月 30 日）

「正午約亮疇、岳軍、辭修、鴻鈞、
超俊、少谷、厲生、家淦等夫婦聚
餐，甚樂也。」（10 月 31 日）

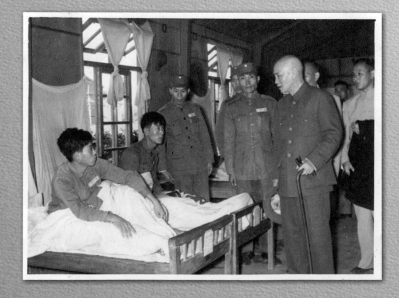

「膳後獨往龍潭傘兵教導
團視察業務，巡視營舍官
兵及病院病兵等重要各
部，約二小時後回寓。」
（11 月 2 日）

「晚宴芳澤大使與倉持大僧正，即護送三藏靈骨來臺者也。」（11月28日）

「天正黎明，山色蒼翠，湖光如鏡，此種平靜清幽之安樂景象，惟有此時此地方能享受領會也，只此已不辜負此行矣。」（12月2日）

「（昨）晚宴美第七艦隊司令蒲賴德餞別贈勳，彼實一有道尚義之軍人也。」（12月14日）

「昨晡散步，考慮元旦文告要旨後，與妻到婦聯會參觀「華興」育幼院（即大陳義民子女）兒童為聖誕節表演光武復國紹劇，並由美十三航空隊發給各童玩具為歡也。」（12月23日）

「晚全家兒孫與辭修、仁霖、華秀各家，在蒔林過聖誕節，聚餐、玩耍。」
（12 月 24 日）

「晚宴美國紅衣主教史培爾曼，留住為上賓。」（12 月 30 日）

# 目錄

# 目錄

# 民國四十四年大事表 [1]

生活的目的在增進

人類全體之生活

生命的意義在創造

宇宙繼起之生命

　　　　　　蔣中正

瑞行名稱及通信處如下

SWISS BANK CORPORATION BASLE, SWITZERLAND

存戶名稱及其號碼

O. K. YUI[2] AND YU KUO-HWA[3]

ACCOUNT NO. 49371* —Ⅲ

## 戰爭原則

一、精神

含主義、愛國、志氣、道義、智慧（靈覺）、決心（果斷）、責任（積極、自動）、信守（節操）、協同、克難、忍耐、堅定、犧牲、榮譽等項。

---

1　「蔣中正日記」在一月份起頭之前「大事表」內，先附載不同時間之箚記，出版時即依日記原標排印。

2　俞鴻鈞，廣東新會人。1953 年 4 月，任臺灣省政府主席，並兼臺灣省保安司令部司令，10 月兼中央銀行總裁。1954 年 6 月，任行政院院長。1958 年 7 月辭職後，復任中央銀行總裁。

3　俞國華，浙江奉化人。1951 年 1 月，任國際貨幣基金會副執行董事。1955 年自美返國，出任中央信託局局長。1958 年初派兼中華開發公司籌備處主任委員。

二、目標

　　含國策、使命（計畫、順序、階段、時間、空間、效果）等項。

三、安全

　　含組織、秘密、警覺、情報、保防、用間、偵察、搜索、警戒、掩護、觀察、連絡、管制等項。

四、戰備

　　含設計、研究、發展、訓練、生產、保養、修護、動員、節約、儲備等項。

五、統一指揮

　　含和愛、一致、互助、合作、協同、配合、紀律、節制、獨斷、職權、統帥等項。

六、簡單

　　含單純、清晰、精確、歸納、科學化等項。

七、攻勢

　　含主動、積極、先制、攻擊、澈底、果決等項。

八、重點

　　含主力、集中、充實、重心、優勢、節約兵力、綜合戰力等項。

九、運用

　　含機動、敏捷、審機、乘勢、彈性、策應、虛實、奇正、分合、決斷等項。

十、出敵不意

　　含知己知彼、秘密迅速、佯動、欺騙、奇襲、冒險犯難等項。


命令五段法：一、使命（方針）。二、作戰構想（指導要領）與兵力運用方案。三、一般狀況。四、通信指揮關係。五、後勤補給。


作戰六項要目：一、搜索。二、警戒。三、偵察。四、聯絡。五、掩護。六、觀察。

美國協助我反攻之宣傳組織計畫。

共匪反美之謀略。

國際宣傳之加強計畫（組織）。

外交方針與進行步驟。

對英外交之推動。

東北亞反共聯盟之推進。

對日貿易之加強。

共匪對東南亞之侵佔及其擴張形勢。

軍、經美援機構之統一組織。

退除役士兵就業與安置工作。


經濟四年建設計畫之督導

開墾與造林，長期計畫（十年）之設計

農會水利與戶藉〔籍〕之整建

黨務以小組長之訓練與小組工作之充實

鄰里月會之建立與健全

小學教師之組訓與管理

第八屆黨員代表大會之準備？

政治健全警察教育為第一

健全戶政


邏輯思考程序與思維方法之研究


本年課程表與往年同故不用再定

一、軍事建設與充實之目標。

二、補充兵十六萬人之訓練。

三、實踐學社高級軍事教育（百廿人）之完成。

四、傘兵編訓與降落傘一萬頂之爭取。

五、海軍小型計畫（一個師登陸掩護之需求）。

六、大陸情報之特別加強。

七、反攻準備完成時期（明年）。

八、陸軍二十一個正規、裝甲兵二個師，與陸戰隊二個師之專心編訓完成。

九、三角形攻擊戰鬥群與幾何學應用原理之發表。

十、共匪鷹潭—廈門鐵路完成後，我軍反攻戰略變更之研究（閩東北地區與
　　粵東江地區之反攻計畫）。

十一、共匪侵犯我金門時，應在其各方兵力喪失平衡時，選定登陸反擊地點
　　　之計畫。

十二、俄、共阿拉木圖至蘭州鐵路線之建築，其在蘭州西進段甚緩慢，但俄
　　　在阿拉木圖至迪化東進段必甚快速，應加宣傳，以戮〔戳〕破其大西
　　　北鐵路限期完成準備大戰之奸計。

# 一月

**蔣中正日記**
Chiang Kai-shek Diaries

# 民國四十四年一月

## 本月大事預定表

1. 海岸監視防務由民兵替代制。

2. 軍、師長檢查武器、汽車與倉庫之精神（澈底）。

3. 部隊以士兵第一之辦法（先吃、先臥、先暖）。

4. 政工人員妨礙升遷人事之注意。

5. 軍事年終檢討會議。

6. 獎勵青年軍官自動、負責、求進步而升進。

7. 國防部與各總部應大裁人員移用部隊，國防部最多名額為二千至三千名，編餘人員先轉各校學習，並准帶薪。

8. 軍事會議不宜單由國防部自提問題，自作答案，必須集思廣益，或先發問題，令各級研討，准其在會中發表意見，交換經驗。

9. 隔層節制弊端應革除。每一公文，無論上下轉達，必須每級限定日期，貫澈新速精神。

10. 連長以上各主官亦應職期調任。

11. 戰鬥攻擊群之講解之定制。

12. 聯合作戰之精神：甲、編組範圍。乙、階層分權。丙、程序標準。丁、指揮統一。

13. 黨、政、軍為何要聯合作戰？何人向何人去聯合？何處、何時及如何實施聯合？規定具體法規。

# 一月一日（元旦）　星期六　氣候：雨

雪恥：知化則善述其事，窮理則善繼其志（西銘[1]）。以義斷命，而不委之於命。以理合天，而不委之於天（橫渠）。

六時前未明起床，夫妻共同讀經、祈禱，約半小時後畢。朝課後增補解決共產的根本問題講稿中，「君子以義斷命，而不委之於命」至「乃為國家盡忠，人類造福，皆視為其本身天職而已」一段。又增補「我在此要順便提起一件事」，至「藉寇兵而齎盜糧，能不寒心」一段，乃完成矣。經兒[2]全家來拜年後，十時入府團拜，會客，並修稿，接受克難英雄拜年。正午宴會，訓示三點。午課後續修講稿完，與雷德福[3]談話，乃知外島協防無望，而其顧問團對軍隊政治部仍陰謀取消為快，可痛。晚宴史班門[4]、雷德福等，酬應至十時方畢。晚課，廿二時半寢。

## 上星期反省錄

一、電力加價案增加百分之卅二，本周已由立法院通過，甚費力也。

二、法國會對於德國恢復軍備案亦已於卅日通過，相差只廿七票多數，可知俄共對法國勢力之大，殊為西歐防禦聯盟危也。

---

1　〈西銘〉又名〈訂頑〉，載於北宋理學家張載（1020-1077）《正蒙・乾稱篇》中。「知化則善述其事，窮理則善繼其志」，應為「知化則善述其事，窮神則善繼其志」。張載，字子厚，陝西眉縣橫渠鎮人，世稱橫渠先生。一生主張「實學」，強調經世致用，《正蒙》一書為其思想之總結。曾提出著名的「橫渠四句」，認為讀書人要「為天地立心，為生民立命，為往聖繼絕學，為萬世開太平」。

2　蔣經國，字建豐，蔣中正長子。時為中國國民黨中央常務委員、中國青年反共救國團主任。本年 2 月受命到大陳島，執行「金剛計劃」，10 日大陳島軍民全部轉進臺灣。

3　雷德福（Arthur W. Radford），曾任美國海軍太平洋艦隊司令，時任參謀首長聯席會議主席。

4　史培爾曼（Francis J. Spellman），又譯史班爾孟，1939 年出任紐約總教區總主教，1946 年為樞機主教。

三、元旦文告幾乎六易其稿，直至卅一晨最後定稿。妻[1]為譯稿，亦盡二晝夜之心力，但譯文更好。以美國與我訂盟後之第一文告，中外注目而着筆亦難，故特別鄭重也。

四、駁斥「唯物辯證法」之講稿，最後增加二小段，乃可完全定稿，甚覺自慰，應從速發表，對於中國反傳統精神期能早有補救也。

## 本星期預定工作課目

1. 高級將領之調動計畫速定。
2. 軍援九個補充師案之催報。
3. 海軍小型計畫之交涉與督促。
4. 實踐學社下期課程與學員人選。
5. 防大參謀補充課程與學員人選。
6. 軍事會議日期與訓話要旨之準備。
7. 清理積案。
8. 本年春季課程表。
9. 本年預定工作計畫表。
10. 宴日藉〔籍〕教官。
11. 戰史聽講計畫。
12. 召見學社與研究員日程。

---

1　宋美齡，原籍廣東文昌，生於上海。蔣中正夫人。1950年1月，自美國返臺，支持「反共復國」，並創辦中華婦女反共聯合會、華興育幼院等。1953年10月，受任為中國國民黨中央婦女工作會指導長。

## 一月二日　星期日　氣候：陰雨

雪恥：一、知天者必知性，知性者方知仁義禮智之所出，乃能不違天背理而得其正。二、知天者乃知事天，事天者乃知慎獨，惟有慎獨者乃能戒慎恐懼，存養省察，而不致有荒謬絕倫之所為也。三、窮理致知。

朝課後記事，記反省錄（上周）。往靜觀室送雷德福，說明其對軍隊人事仍有政治部干涉之事決非事實，不可徒聽其海軍顧問道聽途說之報告，但余必負責，不致美援虛擲無效，或有阻礙我軍隊之進步也，仍以好言慰之。上、下午除禮拜，與妻車遊基隆道上一小時外，皆修正講稿，幾乎無暇休息也。晚膳後散步，修稿，閱報，晚課。

## 一月三日　星期一　氣候：陰晴

雪恥：一、尼赫魯[1]在印尼對記者，中華民國未被邀請參加明春亞非會議，是「因為沒有這樣一個國家」，又說「臺灣只是中國海岸以外的一個島而已」，尼奴此種無良與喪心病狂之態度，惟願中華民族世世牢記不忘，以資警惕也。

朝課後巡視侍從人員臥室一匝後，記事。上午手擬公超[2]長電稿及蕭勃[3]電，並召見俞部長[4]、彭代總長[5]，指示其與蔡斯[6]商擬九個預備師及海軍建軍計畫。午課後審閱及增補解決共產的根本問題中，歐洲文藝復興一段，認為

---

1　尼赫魯（Jawaharlal Nehru），日記中有時記為尼黑魯、泥黑路、印黑，1947 年 8 月至 1964 年 5 月任印度總理。

2　葉公超，原名崇智，字公超，廣東番禺人。1949 年 4 月任外交部政務次長代理部務，10 月真除。1958 年 8 月轉任駐美大使。

3　蕭勃，字信如，湖南湘鄉人。時任駐美大使館武官。

4　俞大維，浙江紹興人。曾任國民政府軍政部常務次長、交通部部長，1954 年 9 月起至 1965 年 1 月任國防部部長。

5　彭孟緝，字明熙，湖北武昌人。1954 年 8 月，擢升為副參謀總長，兼代參謀總長。1957 年 7 月調任陸軍總司令並兼臺灣防衛總司令。

6　蔡斯（William C. Chase），美國陸軍將領，曾任第一騎兵師師長、第九軍軍長、第三軍團參謀長，1951 年 4 月至 1955 年 6 月任援華軍事顧問團團長。

甚得要領也。與妻車遊淡水回，膳後散步，讀唐詩杜牧[1]惜別後一篇，晚課，廿二時寢。

## 一月四日　星期二　氣候：晴陰

雪恥：一、實踐學社之假定課程，仍應以前交蔡[2]之件為基準，而增加共匪戰法之四小冊定之。二、軍事會議定下月初九日亦可。三、聽課計畫。四、防大與實社之下期課程與學員人選之任用計畫詳報。五、凡防大畢業而未受參校教育之學員，均應加入下期防大之補習課。

朝課後記事，十時入府批閱，審核解決共黨根本問題之講稿，召集秘書長、參軍長，商討府中工作與人事情形。午課後與妻車遊基隆巡視，市容較臺北為佳，但南港與松山不甚整潔也。晚補修講稿，散步，晚課，廿二時半後寢。

## 一月五日　星期三　氣候：陰　寒

雪恥：一、英、美對俄軍事之準備似已將近完成，故其對俄已無顧忌，必將轉變其已往軟弱求饒態度，而加以壓力。第一步，強逼俄國守法以求妥協，但其必不致無條件的所謂和平共存。二、對中共匪幫，英、美必將積極合作，不許其在東方再有侵佔，否則將合力抵拒，一面支援我反攻大陸，不許其造成第二蘇俄，並非消除俄帝在華獨佔之勢力不可也。

朝課後審核解決共匪根本問題之講稿，作最後之審定。上午常會聽取年終檢

---

1　杜牧（803-852），字牧之，號樊川居士，晚唐詩人和古文家。其詩英發俊爽，為文尤縱橫奧衍，多切經世之務，在晚唐成就頗高，時人稱其為「小杜」，以別於杜甫；又與李商隱齊名，人稱「小李杜」。
2　蔡即蔡斯（William C. Chase）。

討報告，正午脫稿付印。午課後記事，清理積案，批閱公文。晚膳前後讀詩，散步，晚課後廿二時寢。

途中散步，漸覺帶有大陸過年將雪時之氣候矣。

## 一月六日　星期四　氣候：陰　寒　溫度：四十八

雪恥：一、美國已禁止在美之俄人自由旅行，而英國亦隨之效法，將下禁令矣。二、軍援九個補充師計畫之催成。三、海軍小型計畫，電葉[1]告雷[2]注重。四、問卡尼[3]行期。

朝課後擬葉電稿畢，記事，修正本年黨、政、軍工作重點，指示講稿。十一時到木柵研究分院結業典禮訓詞後，巡視全院設備，聚餐。午課後續修講稿，約記美生活雜誌奧斯本[4]君。晡與妻車遊淡水回，入浴，讀唐詩。膳後散步，讀唐詩，晚課，廿二時寢。

## 一月七日　星期五　氣候：晴

雪恥：一、聽講戰史計畫與召見學員日期。二、實踐學社第三期課程計畫。

朝課後記事，審閱上月日記，補擬手令八通。十時入府，召見葛振先[5]等六

---

1　葉即葉公超。
2　雷即雷德福（Arthur W. Radford）。
3　卡奈（Robert B. Carney），又譯卡尼、卡乃、卡奈特，美國海軍將領，曾任海軍軍令部副部長，1953 年 8 月任海軍軍令部部長。1955 年 8 月退役後，任巴斯鋼鐵廠公司董事會主席。
4　奧斯本（John F. Osborne），美國《時代》雜誌特約採訪記者，遠東區編輯主任。
5　葛振先，號震掀，湖北蒲圻人。歷任空軍總司令部第二署戰鬥情報處副處長、政治部第四組副組長，時任空軍參謀學校教育處副處長，1955 年 9 月任空軍總司令部人事署副署長。

員後，召集情報會談，憲兵自羅又倫[1]接任後，對於軍風紀漸能整頓為慰，俄國空軍已於上月進駐杭州矣。午課後重核講稿，增補俄國對日、對華之應用其辯證法則一段，更為有力矣。聽取婦聯年終難民區衛生環境檢查報告，甚有益也。膳後散步，讀唐詩李商隱[2]夜雨寄北一首，晚課，廿二時後寢。

## 一月八日　星期六　氣候：晴陰

雪恥：一、海軍小型計畫之督促。二、電公超，對海軍軍援特別交涉。

朝課後重審辯證法講稿，作最後之修正，完成付印。十時見高垣勝次〔郎〕[3]後，召見黃南雄[4]、越南國民黨魁與黎鐵漢[5]等四員後，召集軍事會談，解決聯合作戰研究部與聯勤總部，與陸軍供應司令部分設問題，此乃重要之事也。午課後記事，與妻遊覽陽明（後）公園，欣賞梅花，清香無比，不能聞見此古色古香者已六年矣，頓起古鄉之念，又觸舊年度歲之風味矣。晚宴日藉〔籍〕教官，商討今後教育課程，晚課後廿二時寢。

## 上星期反省錄

一、雷德福態度不如往時之誠摯，惟其實無權力，能有何決定其援外政策，
　　此乃其之苦衷耳。彼來明告者：甲、援我廿一師充實正規師之外，再與

---

1　羅友倫，原名又倫，號思揚，廣東梅縣人。1954 年 9 月，接任憲兵司令部司令。1955年 9 月，調任國防部參謀次長。1957 年 4 月，調任海軍陸戰隊司令。

2　李商隱（813-858），字義山，號玉谿生、樊南生，晚唐詩人，和杜牧合稱「小李杜」，與溫庭筠合稱為「溫李」。在《唐詩三百首》中，詩作佔廿二首，數量位列第四。

3　高垣勝次郎，日本三菱商事會社社長。

4　黃南雄，越南復國同盟會中央執行委員會主席、越南孔孟學會會長。

5　黎鐵漢，號瀛橋，廣東瓊州人。1952 年 6 月任總統府參軍，1966 年 2 月轉任總統府國策顧問。

我九個補充師之計畫。乙、外島防務美國不能協助,但供給我以防守外島之工具云。對於乙項,余尚懷疑也。

二、英國對共匪與俄帝政策,似已漸變為強硬政策乎。應對英積極爭取,此其時矣。

三、尼黑魯等在印尼會議,其今年亞非會議決邀共匪參加,而對我之侮辱倍至。

四、解決共產主義思想與方法的根本問題付印。

五、設立聯合作戰處與陸軍供應部方針決定矣。

## 本星期預定工作課目

1. 聯戰處指導核心之人選應加周、黃[1]?

2. 電葉[2],對美援要求傘具與 D. D 及魚雷。

3. 召見學員開始。

4. 防大學員人選及將領調升計畫。

5. 研究院學期改為四個月?

6. 辭修[3]任研究院主任。

7. 彭[4]、黃[5]等除真?

---

1　周、黃即周至柔、黃仁霖。周至柔,原名百福,字至柔,以字行,浙江臨海人。1946年 6 月,調任空軍總司令。1950 年陞任參謀總長,仍兼任空軍總司令。1952 年 3 月,免兼空軍總司令職。專任參謀總長。1954 年 7 月,參謀總長任期屆滿,改任國防會議秘書長。黃仁霖,江西安義人。1948 年 2 月,任聯合勤務總司令部副總司令,1954 年 7 月兼代總司令,1955 年 6 月真除。1958 年兼任東吳大學董事長。

2　葉即葉公超。

3　陳誠,字辭修,號石叟,浙江青田人。1954 年 5 月,就任第二任副總統。1957 年 10 月,當選中國國民黨副總裁。

4　彭即彭孟緝。

5　黃即黃仁霖。

8. 國軍會議日期改正。

9. 發耆老與博物管理員年節金。

10. 遺族與軍眷年節金。


## 一月九日　星期日　氣候：陰雨

雪恥：一、降落傘作為半廢品撥給。二、驅逐艦撥足六艘及登陸艇十六艘。三、前參院通過廿五艘之數如何。四、魚雷及掃雷艇重要。

朝課後記事，膳後巡視一匝畢，審閱上月日記與自錄要令數通，禮拜。午課後與妻乘車經板橋、山〔三〕峽至大溪道上。自山〔三〕峽以西一段，甚適於政府疏散也。臺北市周圍之道路形勢，至此皆已了然矣。十八時半回，入浴，讀報。膳後散步，讀唐詩，晚課，廿二時寢。


## 一月十日　星期一　氣候：陰　寒　溫度：攝八度

雪恥：一、電葉[1]轉雷[2]，令其第七艦隊掩護大陳上空，而不必追擊至大陸上則無危險，否則大陳不能久守，而且其他島嶼之必受影響，請其注意後果與美之威望也。二、只〔至〕少要求先撥給前所要求之艦艇，以資運輸與掩護各島為要。

朝課後記事，接大陳被敵機轟炸報告。九時到中山堂擴大紀念周致詞，十時後到國防大學視察新校舍後，主持紀念周致詞後，宣讀「解決共產主義思想與方法的根本問題」講詞約一小時半，自覺此為剿共成功之基點，亦為重要

---

1　葉即葉公超。
2　雷即雷德福（Arthur W. Radford）。

之紀念日也。午課後往研究院，召見學員十八名回。入浴，閱報，讀唐詩，膳後散步，晚課。

## 一月十一日　星期二　氣候：陰　最寒　溫度：攝六度

雪恥：一、電葉[1]、顧[2]，對英接洽應即進行。二、駐美宣傳機構應即統一加強。三、降落傘萬頂作為殘餘物資之交涉。

朝課後記事，昨日匪機百餘架轟炸大陳港口（分五批），我被炸沉登陸艇一艇，又小砲艇一艘今晨在積穀山附近海面被水雷炸沉，共計軍民死傷百餘人，其他無大損害。十時入府，聽取僑務視察報告，美、亞、非各洲及南洋各地黨務亦較前進步矣。召集一般會談後，批閱公文。午課後召見學員如昨。晚膳後散步回，重修根本問題講稿，晚課，廿二時半寢。

## 一月十二日　星期三　氣候：晴　寒

雪恥：近日氣候寒冷，陽明山巔大屯、七星等山且積雪皚皚。本日放晴，其風光一如古鄉過舊歷年時之情景，時起雲物〔霧〕不殊鄉國異之感想，念廬墓與親舊不勝慨然，未知何日再得回嘗古鄉風味矣。惟天佑之，願上帝旨意成功。

六時起床朝課，記事。補修「根本問題」講稿。十時到中央常會，聽取戰時生活規則草案之報告，最後加以指示，應以組織為重也。午課後召見學員如

---

1　葉即葉公超。
2　顧維鈞，字少川，江蘇嘉定人。1946 年 6 月擔任駐美大使，1956 年 4 月辭職獲准，轉任總統府資政。

昨。回閱港報，甚以美共和黨內部紛歧為念。夫人宴祈禱會友四十人為慰。

膳後散步，讀唐詩（瑤池），晚課，廿二時寢。

昨日體重一百廿八磅餘。

## 一月十三日　星期四　氣候：晴

雪恥：一、心嚮西方制度，口道西方文化，而事實與行動莫不步塵於俄共之所為，幾乎對共產工作亦步亦趨，何哉？

六時起床朝課後，審閱上月日記，手錄本年度大事預定表十餘則，並修正十二月杪指示黨、政、軍工作方針講稿未完，巡視三軍聯合通信訓練所，污穢臭腐已極，可知聯勤機構多腐敗如故，非澈底整頓不可。入府修稿，張秘長[1]面告陳繼承[2]夫妻走私與張希世〔世希〕[3]勾結之函證，不勝悲歎，立命依法嚴懲。午課後召見學員如昨。回續修根本問題講稿一段。膳後散步，晚課。

---

1　張羣，字岳軍，四川華陽人。1952 年 10 月，任中國國民黨第七屆中央評議委員。1954 年 5 月任總統府秘書長。
2　陳繼承，字武民，江蘇靖江人。1948 年曾任南京衛戍總司令，1949 年調任總統府戰略顧問委員。1950 年 5 月來臺，仍任總統府戰略顧問委員會委員等職務。1952 年 10 月退役，改任招商局顧問、交通銀行監察等職務。
3　張世希，字適兮，江蘇江寧人。1947 年當選第一屆國民大會代表。後任首都衛戍副總司令、第七綏靖區司令官、京滬杭警備副總司令。1949 年 7 月任福州綏靖公署副主任，9 月到臺灣，任國防部參議。

## 一月十四日　星期五　氣候：雨

雪恥：一、防大學員之人選。二、彭、黃[1]工作之方針。三、大陳調防續行完成。四、劉廉一[2]與參校長之人選。五、專長分類制之成績查報。

六時起床，朝課，記事，修正講稿。十時入府，召見調職人員蘇揚之〔志〕[3]等六員，召集財經會談。正午立法院以全體（三百〇六票）一致通過中美互助協定。午課後召見學員如昨，晚續修講稿（本年重要工作之提示）。膳後召見蕭勃，散步，晚課，廿二時半寢。

## 一月十五日　星期六　氣候：陰

雪恥：一、婁品璋[4]應即撤換或降級。二、電葉[5]，應要求對大陳附近美海軍照常巡邏，不能停止，並協助我海上運輸航線。三、海軍對海岸無敵岸砲區域，即執行晝夜巡邏任務，並明定賞罰。

六時半起床，朝課，記事，續修去年度黨、政、軍工作成績與本年度工作要點之講稿。十時入府，接見橫濱僑校之學生觀光團後，召見婁品璋等訓斥之。召集軍事會談，檢討大陳被轟炸經過之戰況與我運輸缺點等之檢討，甚為有益。午課後見蒲列德[6]後散步回，入浴，審閱報告。晚宴美陸軍副參長鮑爾

---

1　彭、黃即彭孟緝、黃仁霖。
2　劉廉一，字德焱，號榮勳，湖南長沙人。1953 年 8 月，奉命出任大陳防守區司令部司令。
3　蘇揚志，號仰三，山西平遙人。原任海軍陸戰隊第二旅旅長，1955 年 2 月調任海軍陸戰隊第一師師長。
4　婁品璋，號灝平，湖南瀏陽人。1954 年 10 月調任陸海空聯合作戰通信人員訓練班主任，1955 年 4 月調任國防大學研究室研究員。
5　葉即葉公超。
6　蒲立德（Alfred M. Pride），又譯蒲列德、普萊德、蒲賴德、蒲倫脫，1953 年 12 月至 1955 年 12 月任美國第七艦隊司令官。

德[1]君，並促其海軍紀維德[2]君照常巡弋大陳附近海面。散步，晚課，廿二時後寢。


## 上星期反省錄

一、聯合國秘書長由北平交涉釋俘事回美，可說毫無結果，未知美國如何為計。其亦如往事，只可以不了了之乎？

二、愛克[3]對其國會諮文全為「和平共存」思想所迷惑，幾乎自我陶醉其經濟與技術之優勢，以及為下屆總統競選作打算而已。

三、本周美民主黨中艾其生[4]派對中美協防互助條約作積極破壞，阻止其參議院之通過，以理勢而論，自不可能，但亦不能無慮耳。艾其生之肉，誠不足食矣。

四、解決共產思想與方法之根本問題講稿已發表。

五、共匪於星一大炸大陳後，美艦竟不敢如常游弋大陳外海，可痛也。

六、我立法院已於星五日，以全場一致三百〇六票通過中美互助協定。

---

1  鮑爾德（Charles L. Bolte），1953 年 7 月任美國陸軍副參謀長，1955 年 6 月退役，任美國汽車與鑄造工業公司董事會主席特別助理。
2  紀維德（Frederick N. Kivette），又譯開維爾、基維德，美國海軍將領，時任第七艦隊第七十二特遣隊司令。
3  艾森豪（Dwight D. Eisenhower），又譯艾生豪、愛生豪、艾克、愛克，曾任盟軍歐洲戰區最高指揮官、駐德美軍佔領區司令官、美國陸軍參謀長、哥倫比亞大學校長、歐洲盟軍司令部司令，1953 年 1 月至 1961 年 1 月兩任美國總統。
4  艾奇遜（Dean G. Acheson），又譯艾其生、艾其蓀，美國政治家，曾任國務次卿，1949 年 1 月至 1953 年 1 月任國務卿，後即自政界退休。

## 本星期預定工作課目

1. 催美艦游弋大陳。
2. 防大學員之指定。
3. 參校與聯總主官之人選（楊業孔[1]、黃占魁[2]）。
4. 緒方[3]接濟。
5. 催美速決海軍艦艇與軍援。
6. 研究院增設計畫與發展課程。
7. 清理積案。
8. 大陳、一江戰事之指導方針。
9. 道藩[4]家庭問題撥款解決。

## 一月十六日　星期日　氣候：晴　寒　溫度：攝八

雪恥：一、軍隊專長分類制推行成績如何。二、各部門業務執行手冊之訂立。三、調查考核人員之守則有否實行。

朝課後見蕭勃，記事，記上周反省錄。十時召見道藩同志，聽取其院務與家事之報告後，與之照相，十一時禮拜。午課後與妻車遊陽明山與淡水回，入浴，巡察侍從人員各處，讀唐詩。膳後散步，補充根本問題講稿，晚課，廿二時寢。

---

1　楊業孔，字聖泉，山東禹城人。1951 年 11 月，任國防部常務次長。1954 年 7 月，接任國防部軍事工程委員會主任委員。1960 年 12 月，任財政部國有財產局局長。
2　黃占魁，字續軒，號俠英，湖南湘潭人。時任陸軍指揮參謀學校校長，1955 年 6 月任聯勤總司令部副總司令。
3　緒方竹虎，歷任朝日新聞副社長、自由黨總裁、自民黨總裁代行委員、國務大臣、情報局總裁、內閣書記官長、內閣官房長官等職。1952 年 11 月至 1954 年 12 月出任副總理。
4　張道藩，原名道隆，字衛之，貴州盤縣人。時任立法院院長、《中華日報》及中國廣播公司董事長。

## 一月十七日　星期一　氣候：晴

雪恥：一、對共匪欺詐與騙人宣傳應隨時指明與證實，並擬定「不要上共匪騙人造謠的當」、「防止共匪滲透」、「防止共匪挑撥離間」。

朝課後補修「解決（共產）根本問題」講詞。十時到研究院主持紀念周，並監誓立法、監察二院與軍隊等黨部委員就職典禮，宣讀訓詞三篇。午課後記事，批閱公文，清理要案。晚膳後召見孟緝，美對我報復大陳轟炸之舉仍採取延宕與不贊成態度。散步後讀唐詩（瑤瑟怨），晚課，廿二時寢。

## 一月十八日　星期二　氣候：晴陰

雪恥：一、各級政府與公共機關信箋經費之統計與裁減。二、大陳最後據點之構築。三、大陳反攻計畫解圍之準備。

朝課後記事，審閱條陳時，以大陳是否被匪再施轟炸為慮。入府召見八員後，宣傳會談，對蔣廷黻〔黻〕[1] 與哈馬紹[2] 談話與各方情報，乃知匪以破壞中美協定，尤以我領土範圍是否包括大陸，而以解決臺灣問題為其釋放美俘之基本精神，未知美將何以為計矣。正午俞、彭[3] 來告，大陳、一江上午被轟炸未已，乃斷定匪必將進攻一江與大陳矣，午課時果得匪機艦已於午刻大舉進犯一江，此乃必然之事。召見學員如常畢，即入府指導作戰要務。

---

1　蔣廷黻，字綏章，湖南邵陽人。1947 年 11 月至 1962 年 7 月，任駐聯合國代表。
2　哈馬紹（Dag Hammarskjöld），又譯韓馬紹、哈孟少，瑞典外交家和作家，1953 年 4 月擔任聯合國秘書長。
3　俞、彭即俞大維、彭孟緝。

## 一月十九日　星期三　氣候：陰

雪恥：昨晚指導一江、大陳作戰方針，處理要務畢，回寓入浴。膳後散步，讀唐詩，晚課，廿二時寢。

一、美又提出臺灣海峽停火問題之試探，是否會牽涉中美互助條約而加以擱置。只要能通過此一條約，則不必反對其提議乎。二、美國反華派如郵報與箴言報，以及作家李普曼[1]等，盡其全力破壞此一條約之通過，其勢甚兇猛。三、哈馬紹由匪區回美後完全為匪宣傳，阻礙此一條約之成立。四、愛克完全陷於和平共存之妥協政策，雷德福且主張我放棄大陳，其怯懦與幼稚愚拙極矣，但我行我事，死守大陳，力求自力更生也。朝課後寫劉廉一等長函，故未出席常會，乃指導作戰。午課後與胡建〔健〕中[2]談話畢，召見學員完成回，記預定表。膳後散步，記昨日事，晚課，廿二時寢。

昨夜又服安眠藥。

## 一月二十日　星期四　氣候：陰

雪恥：一、漁山、陂〔披〕山之游擊隊決定撤集大陳增防。二、一江山之游擊隊千餘人被匪圍攻三日尚在死守，堅強抗戰中。本晨在大陳尚聞槍砲聲隆隆不絕，聊慰苦心。以我游擊隊之反共勇猛、始終不屈之精神，而一面以無法救援我忠勇之官兵，任匪殘害，此心痛苦，誠難自解，故決令漁山與坡〔披〕山游擊隊撤出，集中大陳，與匪作背城借一之戰也。

朝課後記事，為一江戰況與美國荒謬主張及其龐雜輿論所困，但其對華友好與有正義者究屬多數，惟其未能發表正論而已。入府決定將漁山與陂〔披〕

---

1　李普曼（Walter Lippmann），美國記者、政論家，任職《紐約時報》。
2　胡健中，原名經亞，原籍安徽和縣，寄籍浙江餘杭。1950 年 8 月，任中國國民黨中央改造委員會委員。1952 年 11 月轉任中央常務委員會黨政關係委員。

山游擊隊撤集大陳與督導海、空軍作戰。午膳後續書廉一長函，至十五時半方完。午課後接葉[1]轉愛克建議我放棄大陳，彼美願以海、空軍掩護我撤退，甚費躊躇。

## 一月二十一日　星期五　氣候：陰

雪恥：昨晡接葉第一節電後，鬱悒非常，乃與妻車遊淡水一匝回。入浴後接第二、三節電，美願以協防金門以換取大陳之撤退之建議，此乃合於情理者，不能不加以考慮。最後決以有條件，即中美互助協定生效之後，乃允其開始撤退，方能略挽軍民絕望之心情也，並對我軍將士願與大陳共存亡而不願撤離之精神，如一江之守軍死守不屈之史詩，直告美國，必須對將士先行說服為最大急務也。膳後散步，讀詩，晚課。

本廿一日朝課後記事畢，召集陳、張、俞、黃、俞[2]等，指示對葉電美國建議之方針，屬其詳加研討，十一時再作決定。入府召見六員後，集議詳討後，決定接受其建議，但反對其停火案及說明其後果不堪設想，加以嚴重警告。午課後批示要公，核發復葉電稿後，接見美海軍副參長古德[3]等。茶會畢，與妻車遊山上一匝回。膳後散步，讀詩，晚課。妻今日訪兄嫂[4]病，甚慰。

一江山昨晚失陷，王生明[5]指揮官等壯烈殉職五百餘人，悲哉。

---

1　葉即葉公超。
2　陳、張、俞、黃、俞即陳誠、張羣、俞鴻鈞、黃少谷、俞大維。黃少谷，湖南南縣人。1954 年 5 月，任行政院副院長。1958 年 7 月，調任行政院政務委員兼外交部部長。
3　古德（Roscoe F. Good），美國海軍將領，時任海軍軍令部次長。
4　單氏，蔣中正長兄蔣介卿繼室，女蔣華秀，婿韋永成。
5　王生明（1910-1955），字至誠，湖南祁陽人。1950 年 2 月輾轉返臺，入國防部政幹班受訓後，調任大陳防衛部一江山地區副司令，繼任南麂地區副司令。1954 年升任司令，同年 10 月晉任一江山地區司令。1955 年 1 月，率領七百多名守軍奮戰共軍三晝夜，殲敵二千餘，壯烈殉職。追晉陸軍少將。

# 一月二十二日　星期六　氣候：晴

雪恥：朝課後重審解決共產……的根本問題訂正本，仍有所修正，記事。入府召見岳軍、昌煥[1]、大維、孟緝、伯玉[2]、為開[3]等，對於大陳撤防之準備，與陸軍高級部隊長之成績詳加詢問，大維對於南麂島仍主留軍防守，余認為不可能者，乃准留若干遊〔游〕擊隊暫予維持。今後大陳如撤防，則問題乃在馬祖群島，美國只允協防金門而不及馬祖，此乃華盛頓非夷所思，未能深切考慮之妄誕，故余亦不予置辯與要求。蘭卿[4]問余為何不要求美協防馬祖在內，余答如匪攻馬祖，則未有不牽涉金門者，故余對此問題認為無要求之必要也。午課後審閱將領去年總成績後，與蘭卿談話約一小時三刻之久，屬轉告其政府，對於大陳撤防之後果也。膳後散步，晚課。

## 上星期反省錄

一、一江山由我遊〔游〕擊隊王生明等七百餘人，在共匪陸、海、空軍圍攻
　　三日，終於星期四陷落，將士壯烈犧牲。余不能為之援救，此心悲痛
　　盍極，必有以報復之，以慰我軍陣亡將士在天之靈。

二、愛克建議我撤防大陳，而彼願以海、空軍掩護，且允協防金門、馬祖。
　　此事在軍事上甚合情理，惟其後果與事實，思之不勝痛苦，乃只可允其

---

1　沈昌煥，字揆一，生於江蘇嘉定。1950 年 3 月任中國國民黨中央宣傳部副部長，7 月
　　起任中國國民黨改造委員會委員。1953 年 12 月，出任外交部政務次長。
2　胡璉，字伯玉，陝西華縣人。1954 年 6 月，調任陸軍第一軍團司令，1957 年 7 月回任
　　金門防衛司令部司令。
3　石覺，字為開，廣西桂林人。1954 年 5 月，調任陸軍第二軍團司令。
4　藍欽（Karl L. Rankin），又譯蘭卿、藍卿，美國外交官。1949 年出任美國駐廣州總領事，
　　後轉駐香港擔任總領事。1950 年 8 月，出任駐華臨時代辦兼公使。1953 年 4 月，出任駐
　　華大使。1958 年 1 月 3 日離任。

善意建議，否則中美協定其國會將閣〔擱〕置不理矣，故決定接受其意見。

三、大陳撤防後之形勢，共匪更形鴟張，對美益無顧忌，此乃為美國與共匪決裂之時機將不遠矣，故忍之。

四、此時要旨：甲、使美議會通過互助協定。乙、使美發表協防金、馬之正式聲明，以打破哈馬紹美與匪妥協之陰謀，且使其關係更為惡化。

五、對於提出聯合國要求停戰之建議，此為英國一貫之陰謀，不能予以同意，並以此為要求美國會通過協定後再商之張本。

六、如美果能表示其對匪之堅強，不惜使用武力，以協防我外島金、馬之決心與行動，則匪將不能為此屈服示弱。故此次撤退大陳，不啻以退為進之最後一次退卻乎？

## 本星期預定工作課目

1. 防大第四期學員人選之核定。
2. 軍、師長之調動與人選方針。
3. 大陳撤防計畫之督導。
4. 動員演習（軍帖）日期如何。
5. 軍援九個補充師案之催報。
6. 軍事會議副師長與師參長以上皆參加。
7. 戰鬥攻擊群之講解。
8. 清理積案。

## 一月二十三日　星期日　氣候：晴

雪恥：公超電稱此次在我利害關頭與美交涉，乃知自愛克以下之杜、雷、羅[1]等，真能為我助益者廖〔寥〕若晨星云。此何自今始，但難其然，不僅國際外交，即本國友好亦無不然。第一，自身無力，有求於人者，則必為親友所遺棄與侮辱。第二，人必以其自身利害為本位，所謂飯碗第一也。第三，必須以其自國利害為本位，此乃外交之實質。第四、必須以其職守為本位，此乃公務員服務效忠職守之精神。能守持以後之三者乃為良友，不能以其對我保密或壓制為不友義之表示也。雷、羅二者自去年交手經過以來，早已斷定其對我為一美國之善良軍人與外交官而已，其於我惟望其不破壞或如艾其生、馬歇爾[2]之出賣我國則足矣。

本日朝課後，巡視衛兵與憲兵駐所回，記事，禮拜畢，為夫人題畫五幅，以了心願。膳後召見美第七艦隊司令[3]，指示其今後協防要領。

## 一月二十四日　星期一　氣候：晴

（接昨）特告其馬祖為控制三都澳之據點，而南麂島乃為監視匪海軍南下直入三都澳集中之重要哨所，但恐其政府不能贊同協防或保守此惟一之前哨島耳。

---

1　杜、雷、羅即杜勒斯（John F. Dulles）、雷德福（Arthur W. Radford）、勞勃生（Walter S. Robertson）。杜勒斯（John F. Dulles），又譯陶勒斯、陶拉士、杜拉斯，美國政治家，曾短暫為參議員，1950 至 1952 年為杜魯門總統外交顧問。1953 年 1 月至 1959 年 4 月任國務卿。勞勃生（Walter S. Robertson），又譯饒伯森、羅白生、羅勃生，美國外交官，曾任駐華大使館公使銜參事、軍事調處執行部委員，1953 年 4 月至 1959 年 6 月任國務院遠東事務國務助卿。
2　馬歇爾（George C. Marshall），日記中有時記為馬下兒，美國陸軍將領，曾任陸軍參謀長、駐華特使、國務卿、美國紅十字會主席、國防部長，1953 年底獲得諾貝爾和平獎。
3　蒲立德（Alfred M. Pride）。

雪恥：昨午課後與妻巡視市區商鋪，大半皆閉門過年矣。回入浴，閱港報，美國對我建議撤守大陳之消息幾乎全部公開，美國誠無秘密可言，誠危險極矣，可歎。晚約芝珊[1]等親屬與經、緯[2]全家來吃年夜飯後，看電影「小鳳仙」續集完，禱告，晚課後散步，廿三時寢，服安眠藥。

本日為舊曆乙未歲元旦，六時起床，朝課，夫妻並肩祈禱與讀荒漠甘泉，靜默畢，以霧重不能外出散步視察，乃記事，經、緯二兒來拜年。膳後訪魚觀鳥為樂，巡遊蘭圃一匝，經兒全家及親屬皆來拜年畢，與妻往訪王、于、何[3]與英士嫂[4]等，辭修、岳軍、伯川[5]皆不在家，未晤也。回遊覽院中。午課後與妻車遊基隆道上，風光清和為快。芝珊與友冰[6]亦來拜年，芝珊言行甚有進步且明理也。

# 一月二十五日　星期二　氣候：晴

雪恥：昨晡審閱國防大學學員人選與上校以上各部隊官長成績，乃覺第一廳對人事調職尚無方針為苦。膳後散步，讀詩，晚課，廿二時寢。舊曆除夕與元旦餐食如「烤芋艿」、「烤花生」、「米焙醬」、「三鮮」、「糊啦」等

---

1　竺芝珊，蔣中正胞妹瑞蓮之夫婿。1945 年代理中國農民銀行董事長，1954 年真除。

2　蔣緯國，字建鎬，蔣中正次子。1955 年 1 月，任國防部第三廳副廳長。1957 年 10 月，任國防部聯合作戰演習計畫室助理主任委員。

3　王、于、何即王寵惠、于右任、何應欽。王寵惠，字亮疇，廣東東莞人，生於香港。1948 年 6 月至 1958 年 3 月任司法院院長。于右任，原名伯循，字誘人，爾後以諧音「右任」為名，陝西三原人。時任監察院院長。何應欽，字敬之，貴州興義人。1949 年 3 月任行政院院長，同年來臺，擔任總統府戰略顧問委員會主任委員。1950 年 10 月兼任中國國民黨中央評議委員。

4　姚文英，蔣中正結拜大哥陳其美（英士）遺孀，時與次子陳惠夫居於臺北。

5　閻錫山，字伯川、百川，山西五臺人。1949 年任行政院院長兼國防部部長，主持中樞遷臺，1950 年起任總統府資政。

6　竺友冰，蔣中正胞妹瑞蓮之孫女，其父竺培風為空軍飛行員，1948 年 1 月執行空運任務，因飛機機械故障墜毀殉職。

古鄉過年風味應有盡有，親戚在臺北者亦以今年團聚為最圓滿，惟兄嫂乃
〔仍〕在病中，未能參加耳。

本廿五日朝課後，手擬人事政策與調職計畫之要領與作用所在，嚴斥過去之
人事主官，只知討好而不盡職責之過失，令今後切實改正之批示，約千餘言。
十時後入府，召見孟緝與毛景彪[1]後，開始巡視行政院國防部各廳處辦公室及
廁所，與工役住所等室，自最上之第四層樓至最下一層之通信中心及醫務處
到處檢查，約一小時半完，尚不覺疲倦為快，此於今後府院各部辦公之精神，
必能發生影響乎。

# 一月二十六日　星期三　氣候：陰雨

雪恥：昨午約顯光[2]大使聚餐，商談如何能協助緒方竹虎自由黨之選舉也。午
課後與妻車遊桃園道上回，閱理則學論文有益。膳後散步回，審閱立人[3]訓練
部隊意見書，亦有益也。晚課，廿二時寢。

今見愛克致其國會要求授權協防臺灣外島與掩護撤退之咨文，對我尚具誠意。
又見周匪恩來[4]叫囂，反對美國之干涉內政，可笑之至。

本（廿六）日朝課後記事，到中央常會，提出對美外交與撤防大陳的方針，
討論三小時作最後決定，正式通過，其中有很多可採取之意見也。午課後入
府召集國防會議，由俞院長[5]報告對美外交經過與大陳撤防方針而已。晚記上

---

1　毛景彪，號嘯峰，蔣中正內侄。1954 年 7 月調任國防部第一廳廳長。
2　董顯光，浙江寧波人。1952 年 8 月，出任戰後首任駐日大使。1956 年 4 月，出任駐美
　　國大使。
3　孫立人，字撫民，號仲能，1950 年 3 月 17 日出任陸軍總司令部總司令。1954 年 6 月
　　24 日，調任總統府參軍長，1955 年 8 月 20 日，受「郭廷亮匪諜案」牽連，遭革除總
　　統府參軍長職務。
4　周恩來，字翔宇，浙江紹興人。中華人民共和國成立後，任國務院總理兼外交部部長。
5　俞院長即行政院院長俞鴻鈞。

周反省錄後，約鮑林[1]牧師聚餐，相談一小時餘，晚課，散步。

## 一月二十七日　星期四　氣候：雨

雪恥：一、士兵外出與作戰時之綁腿如何。二、辦公下班之前，其主官必須監督燒毀字紙。三、學社課程軍團以上之戰術研究應告美方。四、對美要求停戰提議提出聯合國之方針，應以俄共相反之態度為準。五、發表對美聲明之感想，表明大陳問題是我主動早與美洽商之問題。六、所謂俄華共產帝國名詞，應否利用。

朝課後記事，十時入府，對侍衛人員點名訓話後，召見優績人員六員畢，與岳軍談美國催提停戰方針，明告美此為英國一貫出賣中華民國之陰謀，不可上當，但余對美之誠意無疑也。午課後修正對特別黨部大會訓詞稿，晡召見董[2]大使後入浴，膳後散步。晚課後，讀唐詩之「隴西行」，誰謂唐人詩文之雄壯也，唐詩三百首中幾乎皆消極柔弱，更無武勇從軍之精神，可歎。

## 一月二十八日　星期五　氣候：雨

雪恥：一、學社各參長與副師長成績查報。二、金門倉庫之建築（雨季將到）。三、各種基地訓練時間應紳〔伸〕展四分之一。四、兩棲、山地、搜索、工兵等訓練，必須先將高級師長、參長等集訓，然後集中幹部訓練。五、傘兵教導隊之人事與編組。六、使領與武官對文武留學生之聯系考察與

---

1　珀林（Daniel A. Poling），又譯包霖、波林、鮑林、包零、保令，基督教兒童福利基金會董事，《基督教先鋒報》總編輯。1950 年代起協助臺灣光音育幼院臺中育嬰院、大雅盲童育幼院、樂生療養院職業治療室等成立。
2　董即董顯光。

領導。七、廿二師之游擊幹部與隊員尚無底缺者，應速予補實。

朝課前往靜觀室，送別鮑林，記事。入府召見調職人員八員後，指示岳軍、少谷代擬，駁斥共匪與英外相對臺灣與外島主權領土之歪曲聲明，召集情報會談。午課後修正特別黨部開會詞稿完，讀唐詩。膳後散步，讀詩，審閱意見書，晚課，廿二時寢。

今日體重一百廿九磅。

# 一月二十九日　星期六　氣候：晴

雪恥：一、激發負責主動與任怨精神。二、召見各軍、師長與主任（政工）。六時起床，記事，研閱孟子[1]舍其田而耘人之田一節後，手擬召見之師長與副師長等名冊未完。入府召見十員時接閱葉[2]電，乃知美國不肯履行前約，發表協防金門、馬祖之諾言。果爾，則我亦不能作撤防大陳之聲明。美國外交無政策，全受英國之操縱竟如此也，余決依約力爭，決不容其食言也。召集軍事會談，聽取參軍處視察軍隊之報告，甚有效益也。午課後修正講稿，晡約集陳、張、俞[3]等商討對葉復電，決令其如前約言力爭，不能變更失信也。晚約蘭卿來談，屬其嚴正電報其政府，切勿失信食言，以助長共匪之侵略行動。散步後晚課，又服安眠藥矣。

---

1　孟子（前 372- 前 289），名軻，戰國鄒人。戰國時期儒家代表人物。弟子萬章與其餘弟子編著《孟子》一書。繼承並發揚孔子思想，成為僅次於孔子的一代儒家宗師，被尊稱為亞聖。
2　葉即葉公超。
3　陳、張、俞即陳誠、張羣、俞鴻鈞。

## 上星期反省錄

一、俄對日提出恢復外交正常關係照會。

二、俄對西德提出取消戰爭狀態照會。

三、紐西蘭提臺灣外島停火案,並主張邀約共匪到聯合國辯論。

四、美參議院對其艾克授權案,以八十五票對三票在激烈爭執後通過,其眾
　　議院更以四百〇九票對三票迅速通過。

五、共匪與俄帝以全力破壞中美互助協定,而英國以全力阻止美國協防金馬
　　區,無所不至。

六、美國授權案雖已通過,而其政府為英國操縱,故將背棄諾言,不肯發表
　　協防金馬之聲明。其外交如此無主,將何以領導世界,可痛。

## 本星期預定工作課目

1. 英國聯合王國各總理會議開幕。

2. 聯合國對紐西蘭提案之處理如何。

3. 美對協防我外島之聲明如何。

4. 俄共對紐案之策略動向。

5. 本周外交與國際形勢最為重要之關鍵。

6. 擬對聯合國之責任與道義精神加以闡明。

7. 催促中美互助協定美國會之通過。

8. 大陳撤防業務與方針之重定。

9. 對俄共侵略臺灣之心理與策略如何利用。

10. 俄提譴責美國侵華案後,對美心理之運用。

11. 聯合國對紐案與俄案之處理方針如何。

12. 世界局勢之重心全在臺灣,主動之權已操在手中,應如何運用?

## 一月三十日　星期日　氣候：晴　氣候清朗

雪恥：朝課後正在記事時，又接葉[1]電，乃知美果不肯發表聲明，並以金門、馬祖是否協防，仍待其愛克臨時決定，而葉等竟不與美杜勒斯力爭，反來如此電報，要求趁愛克談話之機，從速發表撤退大陳之單方聲明，可知我國之所謂外交家，其凡到重要最後成敗關頭，其腦筋昏沉卑劣，幾乎絕無智覺之孩稚，殊為痛心。如此外交，焉能不受人輕侮欺詐耶？隨後又接一電，稱羅勃生接蘭卿電報，知我反對美方失信態度，乃來抱歉求情，代其來電，速撤大陳軍隊也。此種屬員只有置之不理，乃命外交部奉令代復，應照昨電交涉，餘無他言之意告之。葉、顧[2]乃為中國有數之外交家，而其無識、無力如此，誠不知國家如何能生存於此世界之中矣。

## 一月三十一日　星期一　氣候：雨

雪恥：昨午禮拜後，約宴美史敦普[3]太平洋艦隊總司令後，與蘭卿談話半小時，再嚴正警告其美政府，並以我最後決心，不問美國是否協防，余必一本向來方針，無論大陳或臺灣，皆必與共匪背城借一，義無反顧，切勿視外交信義如兒戲也。蘭問美國若不如約發表聲明，則大陳撤退行動決不開始耶？余曰然，令其每一字句詳報其政府（談話記錄另存）。

午課後記事，召見卡奈[4]夫婦畢，與妻車遊山上一匝回，閱報，妻往祝陳辭修夫人[5]五十生日也。散步，讀詩，晚課。

---

1　葉即葉公超。
2　顧即顧維鈞。
3　史敦普（Felix B. Stump），又譯史登浦，美國海軍將領，曾任美國大西洋艦隊航空司令，1953 年 7 月至 1958 年 7 月任太平洋司令部司令。
4　卡奈（Robert B. Carney）。
5　譚祥，字曼意，譚延闓三女。1932 年元旦與陳誠結婚。來臺後協助宋美齡管理婦聯會，致力於婦女運動與救濟事業。

本卅一日七時起床，朝課，記事。到研究院紀念周畢，始悉俄帝對海峽戰事已先紐案提出其要求，指斥美國侵略中國領土案，雖未見其全文，但預料此案用意專在破壞中美協定，而其結果如我能運用得當，反可激發美國對俄共敵愾心，或能促成協定之提早批准也，而且紐案停火之惡意亦可由此抵消矣。經兒十六時後起飛赴大陳。

# 上月反省錄

一、本月對外交業務最為繁重,但對高級將領之考察與遴選,以及軍事教育與政治、經濟之措施,未敢或忽,尤其對於解決共產思想與方法的根本問題講稿之繼續研究,悉心審核,不遺餘力,可謂竭盡心力,然體力亦疲乏甚矣。

二、泥黑路[1]在印尼對記者問其將來亞非會議為何不邀請中華民國參加,泥答「因為沒有這樣一個國家」。其侮辱與得意之情態,自忘其今日之印度從何而來矣。如無中華民國,安有今日之印度耶,吾將拭目以視其結果可也。

三、俄伏羅希洛夫[2]公開支持共匪侵臺,並明言歐洲戰起,則中共軍隊即為其俄國總預備隊,共同對西方國家作戰矣。

四、英國對共匪之防備已由微至顯矣。

五、雷德福此次來訪,解決增加我九個預備師,其他一切拒絕。對協防外島問題,彼明言其政府政策實無此意也。

六、美民主黨「艾其生」派力謀破壞中美協定無所不至,加之郵報等反華各報以及哈馬紹由匪區回美後竭力為匪宣傳,恫嚇美政府,務使中美協定延閣〔擱〕,不予通過生效之形勢兇猛已極。情勢甚危,實有功敗垂成之現象。

七、(1)共匪在十日狂炸我大陳以後,美第七艦隊再不敢照前巡弋大陳附近海面以壯我聲勢,可歎。

七、(2)一江山由我王生明指揮七百餘將士,在二十日晚全部殉職,該島乃被共匪侵佔,此役之壯烈,實為黃花岡以來所未有之史詩,乃可永光史冊矣。

---

1　泥黑路即尼赫魯(Jawaharlal Nehru)。
2　伏洛希洛夫(Kliment Y. Voroshilov),又譯伏羅希洛夫,蘇聯政治家、將領,曾任部長會議副主席、國防委員會主席,時任最高蘇維埃主席團主席(即國家元首)。

八、愛克（二十日）建議我撤防大陳，以其協防金門、馬祖為條件，余在再
三考慮後，決定允其所請，不料其至月杪竟食言，不肯發表其協防之聲
明，而反要求我單獨聲明撤退大陳之妄言。此可忍孰不可忍，而葉、顧[1]
在美乃竟順從其意，反來電代其要求我自動撤防，豈不可痛。余乃三次
召蘭卿來談，指斥其政府背約失信，視外交信義為兒戲，並明告其如美
不允協防，則余決不撤退大陳之決心。最後愛可以書面保證其協防，但
不能正式發表其聲明，彼亦實為其內外反華派之反對，只有如此為止乎？

九、俄國與共匪希圖破壞中美協定，而以利用哈馬紹返美，為其代作威脅利
誘之宣傳，乃最毒之一着。

十、美國會對愛克要求全權處理協防臺澎及外島案，幾乎全場一致之通過，
聊足慰懷。

十一、紐西蘭提臺海峽停火案於聯合國安全會之前，俄帝因要破壞此案，乃
先紐而提美國侵華案於安理會，無異為我解圍也。共匪且亦於最後拒
絕聯合國要求其到會辯論之請求矣，而其目的仍在威脅美國，阻止中
美協定耳。

十二、美之急求我撤防大陳與願協防金、馬，以及要求其國會通過授權案，
其實皆受哈馬紹警告其共匪必侵臺與外島的反宣傳之所賜也，天乎。

---

1　葉、顧即葉公超、顧維鈞。

**蔣中正日記**
Chiang Kai-shek Diaries

# 二月

蔣中正日記
Chiang Kai-shek Diaries

蔣中正日記
Chiang Kai-shek Diaries

# 民國四十四年二月

## 本月大事預定表

1. 專長分類制推行成績如何。
2. 辦事各個守則與服務職責之說明。
3. 軍事教育應着重風、火、雨、雪、地震時神態行動之鎮定如常，不可稍些萎靡垂頭之象。

## 二月一日　星期二　氣候：晴

雪恥：昨午課後修正特別黨部閉幕詞完。晚昌煥面報美使藍卿來談經過，乃知美接我斥責其背約之後，已有重發其聲明之意，並報俄帝提出安理會，指斥美侵華案之詳情後，乃命其電葉[1]，乘機速促美國會通過中美協定，以對抗俄案也。散步、讀詩如常。晚課，廿二時寢。

昨夜熟睡時間幾足八小時之久，此為最近所未有之佳象。本晨七時後方醒，即起床朝課，記事。入府，召見魏大銘[2]，嘉獎其電信測驗技術室工作有效也。另見將官六員後，召集一般會談，討論聯合國之紐案與俄案情勢。批閱公文。午課後審閱日記。晡見昌煥，乃知美國已提對金、馬於戰事開始協防之談話，

---

1　葉即葉公超。
2　魏大銘，江蘇金山人。時任國防部第二廳電訊室主任。

但其為偏〔片〕面自主的行動，而不受雙方之約束，此比毫無根據自進一步，但仍無保證，而且此僅非正式的秘密談話，並非備忘錄，更非照會也。可笑。

## 二月二日　星期三　氣候：晴

雪恥：昨晚又接東京消息，稱英聯總理會議，邱[1] 提臺灣外島皆由我撤退，實行停戰之決議。余聞此消，乃早為預料所及者，其無法無理，只以強權暴力為主，而迫使弱者服從，為其犧牲一切，此乃英帝沒落之神態，不足為奇。彼誠不識我中國政府之精神與民族之人格所在也，自可置之不理，但不能不屬美國，警告英帝之此種凌弱獎惡，不知天下有公義與正理法律所在，余決不為強權所屈服也。晚膳後散步，讀詩，晚課，廿二時寢。

本（二）日朝課，靜默時，突悟對控俄侵華案此其時矣，乃決與美商討，要求其贊成也。記事後與陳、俞、張[2] 等決定接受美國之書面談話，但聲明我單方聲明，仍須提及金、馬在協防之內也。入府與美使蘭卿談話，約一小時半（另錄），余目的全在中美協定能早日通過，不因此受延緩之影響也。到中央黨部後，回寓，遊覽，散步。

## 二月三日　星期四　氣候：昏沉　雨

雪恥：昨午課後閱報，考慮英國邦聯會議對臺灣與外島之陰謀，乃再屬蘭卿，促其政府注意，並要求英國切實表明態度後，不使我撤防大陳之中途發生變化也。（一）大陳撤防，金、馬亦一併撤退。（二）外島交給共匪。（三）

---

1　邱吉爾（Winston Churchill），英國政治家，保守黨成員，國會議員，曾任首相，1951 年 10 月至 1955 年 4 月再任首相。
2　陳、俞、張即陳誠、俞鴻鈞、張羣。

外島中立化。（四）停火與臺灣有關問題，在聯合國之外召集國際會議等幻想邪說，都在其英聯會議中討論也。英帝國之沒落期間，其卑劣荒妄，蓋如此也，能不戒備乎？乃電葉[1]對美交涉，要求其對英國各種幻想切實打消之保證也。晚課如常。

本（三）日朝課後，手擬致葉電畢，記事。入府會客，召見軍、師長十四員，至十三時半方畢。妻宴文武高幹之家眷。午課後閱報。昌煥報稱，蘭卿答復我昨日談話，其政府復電，仍不贊成我單方聲明金、馬協防之字句，可惡之至，余決心不能再予遷就。

## 二月四日　星期五　氣候：昏沉　雨

雪恥：昨晚與孟緝談話，聽取其撤退大陳之計畫後，乃知不能先自撤退大陳之居民，而軍民副食與燃料已發生問題為慮。膳後散步，讀詩。晚課後親批國防大學指定學員名冊，廿二時半寢。

本（四）日六時後起床，朝課，記事。閱報，共匪拒絕聯合國要求其對紐案停火會議之辯論，此乃對我國與美國撤防大陳交涉之新因素，應作鄭重考慮。本擬對美痛責其反對我單方聲明協防金、馬之無理與背信，但今以共匪橫暴自絕之關係，或為我對國際運用之良機，故忍之，乃令沈昌煥代見蘭卿，詢以共匪拒絕聲明後，美國對我大陳與金門聲明之態度，有否重作考慮，以及中、美今後更應密切合作之意告之。幹部會談至十一時方畢。入府，召見軍、師長六員後，回寓已十四時，乃約狄爾[2]與顯光午餐。午課後閱報，再與昌煥指示，其不作聲明，而以我談話（撤退大陳）方式出之，是亦一道也。

---

1　葉即葉公超。
2　狄爾，美國營養專家。

## 二月五日　星期六　氣候：晴

雪恥：昨晡與妻車遊山上一匝回，手擬談話稿要旨三項，乃以不作損害我復國救民目的之戰，徒然使我軍民作無益之犧牲，亦不願違反我先行防衛臺灣與中、美互助之關係，鞏固西太平洋兩國有關之防務，而為遠離臺灣之大陳孤島引起大戰，以增加我友邦特殊之負擔，乃作敵人所樂意之戰爭，故在兩國協商同意之下，即日撤退大陳之軍民，以便轉移兵力，增強金、馬等外島之兵力，用於保衛臺灣基地直接有關之防務，希我全國軍民共喻此旨為要。晚膳後散步。與少谷談話後晚課，讀詩，廿二時寢。

本（五）日朝課後記事，審閱少谷所擬之聲明稿，亟待修正。十時舉行參校將官班第四期畢業典禮後，召見學員卅名，聚餐，讀訓。午課後召集軍事會談，決定接受美國之掩護我大陳軍民之撤退，與同意美國之聲明稿。

## 上星期反省錄

一、本周為一、二月之交，我國與國際皆發生重大而且緊急事項：第一、美對撤防大陳，兩國預定之諾言竟於臨時背棄，不肯明言協防金、馬，乃與之力爭，相持不下者幾逾一周時。余於此有二前提盤旋於腦中者：甲、大陳撤退以後，是否引起俄共侵臺之妄念，繼續來犯金、馬，演成大戰。乙、撤退期間，在美軍掩護下，共匪敢在中途挑戰，進犯我中、美之運輸艦隊否。丙、俄共以我撤退為畏縮，乃更進一步，由英、印轉逼美國，要求我撤退金、馬乎。丁、至於美國以我不允其要求，則其第七艦隊仍退回琉球，讓共匪來攻大陳，此乃我始終決心死守大陳，故決不為俄、共、美三方之直接威脅所動搖也。最後美乃修正其聲明，比之其初稿為佳，故作撤退之決定。

二、俄先於紐西蘭停火案而提出控美侵華案，在聯合國安理會皆列入議程，惟作紐案未決定以前，不討論俄案之決議。此二案對我固甚惡劣，但亦

有利用之處，並非全無益也。

三、英國邦聯總理會議適在此時開會，其用心皆對我不懷善意，尤以印度主
張金、馬與臺灣皆歸匪幫為和平條件，余於本周所最憂慮者，乃此會賣
華之陰謀也，幸時時防範，嚴正警告美國，故其並未投入陷阱耳。

## 本星期預定工作課目

1. 陳嘉尚[1] 任空軍副總司令。
2. 第卅四師長[2] 入防大受訓。
3. 黃仁霖防大傍聽，又，黃杰[3]。

## 二月六日　星期日　氣候：晴

雪恥：昨晡接見美國太平洋區地面部隊司令克拉克[4]將軍，茶會後與妻車遊淡
水道上。膳後散步，讀唐詩。晚課，廿二時後寢。

本（六）日六時起床，妻病，亦照常祈禱讀經，靜坐。朝課後手擬對外聲明
稿與對內講稿。十時見德記者[5]後，召集陳、張、俞[6]等，商討聲明稿。美國
已於今晨五時，下令實施其掩護我軍民之撤退，並發表其聲明。余亦下令大

---

1　陳嘉尚，字永祥，浙江杭州人。原任空軍作戰司令部司令，1955年3月升任空軍總司
　　令部副總司令。
2　張文博，陝西興平人。時任第三十四師師長，1955年12月調任第九軍副軍長。
3　黃杰，字達雲，湖南長沙人。1954年7月，接任陸軍總司令部總司令。1957年7月升任
　　總統府參軍長。
4　克拉克（Bruce C. Clarke），1953年至1954年率領美軍第十軍駐防南韓，並培訓南韓第一
　　軍。1954年至1956年出任美國太平洋區地面部隊司令。
5　德記者即邁納特。
6　陳、張、俞即陳誠、張羣、俞鴻鈞。

陳軍民之撤退，自八日起先撤民眾一萬六千餘人，要求我全體運臺，並無一人願留者，只有八十歲以上老者六人，不能行動，無法來臺者，余亦電令軍隊，協助其來臺，以免被匪殘害也。禮拜後寫經兒信，令其在大陳督導軍民安全撤退，以慰軍民之心也。膳後再核最後決定之聲明稿。午課後記事，修正談話稿後，入浴。晚在研究院觀紹劇，三孫[1]皆同回。晚餐後回去，晚課，散步。

## 二月七日　星期一　氣候：晴

雪恥：本日乃大陳撤防開始之日，心神沉重，又修正要稿兩篇，故時感腦筋作痛，但並不激烈也。

朝課後記事，重校談話稿。十時半舉行研究院聯合作戰研究班第四期畢業典禮，報告一江山官兵全部壯烈犧牲，其與陣地共存亡的作戰經過，以及大陳軍民撤退之計畫與目的甚詳。據報，美海、空軍自昨日開始掩護我大陳撤退之預定計畫實施後，共匪並不敢挑釁，而且其空軍斂跡無影，更使美國了解共黨只有以強力對付之一道也。聚餐後回寓，囑妻審閱談話英文稿，略有修正，至十四時半方完。午課後審閱明日講稿。在院中散步後，與妻車遊回，廣播。膳後散步，晚課，讀詩。

本日為舊歷元宵，亦大陳等島軍民撤退開始之日也。

---

1　三孫即蔣孝文、蔣孝武、蔣孝勇。蔣孝文，字愛倫，為蔣經國和蔣方良長子，生於蘇聯，1937 年隨父母回國，1949 年隨家庭來臺。蔣孝武，字愛理，為蔣經國和蔣方良次子，生於重慶，1949 年隨家庭來臺。蔣孝勇，字愛悌，為蔣經國和蔣方良三子，生於上海，1949 年隨家庭來臺。

## 二月八日　星期二　氣候：陰

雪恥：俄酋馬林可夫[1]對其蘇維埃大會提出辭呈，明言其領導無方（其輕工業主張不能貫澈之表示），繼其任者為國防部長「蒲假人[2]」，此乃久傳黑利雪夫[3]與馬林可夫二人內訌之暴露。無論如何，俄國內爭從此開始，共產集團之附庸自必亦有所變化，至少朱、毛[4]匪幫之靠山已經動搖不穩，就觀其結果之如何而已。

朝課後修正本日預備之講稿。十時主持月會，宣布對聯合國停戰案之不法以及其內中之陰謀，尤以兩個中國之說以及英國對臺灣地位尚未確定聲明之駁斥，其失信背義，無異於俄帝，難怪俄帝之破壞波茨坦之宣言也。會後召見軍、師長畢，批閱公文。

## 二月九日　星期三　氣候：晴

雪恥：昨午課後記事，閱報。與妻車遊山上一匝回，入浴。膳後乃得俄息，仍散步如常。晚課前，緯兒視察大陳後回報，軍民撤退秩序良好，尤以民眾之組織及其可歌可泣之事，更令中外人士感動，經兒督導之成效已見矣。

本（九）日朝課後記事畢，詳閱俄帝政變有關及杜勒斯在其參議院對中美互助協定經過之報告等新聞。余敢斷言，今日以前，馬與雪（黑利雪夫）為黨

---

1　馬林可夫（G. M. Malenkov），蘇聯共產黨，1953 年 3 月至 1955 年 2 月任部長會議主席。
2　布加寧（Nikolai Bulganin），又譯蒲假人、布假人，蘇聯將領、政治家，1948 年起成為共產黨中央政治局委員，1955 年 2 月至 1958 年 3 月出任部長會議主席。
3　赫魯雪夫（Nikita Khrushchev），日記中有時記為黑利雪夫、黑魯雪夫、赫力雪夫、黑力雪夫、黑裡雪夫、俄黑、赫酋、赫魔，蘇聯政治家，共產黨中央委員會第一書記。
4　朱、毛即朱德、毛澤東。朱德，字玉階，中華人民共和國成立後，先後擔任中央人民政府副主席、中共中央紀律檢查委員會書記、中華人民共和國副主席、中共中央副主席等職務。毛澤東，字潤之，1945 年任中國共產黨中央委員會主席。1949 年 10 月，中華人民共和國成立，當選為中央人民政府主席。

政之爭，今後雪（黑利雪夫）與「蒲假人」將為黨與軍之爭，其禍必更速而擴大不可收拾矣，俄共黨制度必由此動搖而消滅矣。到中央常會，聽取去年黨務總報告後，討論俄共內訌問題，是皆書生主觀之見也。午課後審定昨日講稿後，處分江海東[1]糾集群眾破壞秩序案。讀詩，散步，晚課。

## 二月十日　星期四　氣候：陰

雪恥：昨日美國參議院對中美互助協定案，以六十四票對六票通過，其舉行投票之程序如此簡易而迅速，又是出乎意外而順利之事，可知美國人民對我反共抗俄之戰爭，其贊成者實有三分二以上之人數，不過反對者亦尚有人在也。此事自去年十月十二日，勞勃生來談紐案時起，至今已將四個月，終能得到一結果，不可謂非逢凶化吉之大事，此非上帝賜我國家轉危為安之朕兆乎。

本（十）日朝課後記事，閱報乃悉朱可夫[2]為俄國防部長，此乃其軍人執政之保障，今後黑利雪夫與蒲假人之爭，決不如對馬林可夫之易易，且將以軍制黨，否則俄國必將因內訌而分裂，內亂無已時矣。入府會客，召見軍、師長六員，十四時方回寓。午課後巡視石牌實踐學社。晚獨自觀影劇（楊乃武[3]）。膳後讀詩，散步，晚課如常。

---

1　江海東，字喬森，江西宜春人。原任中華民國軍人之友社總幹事，1955 年 11 月調任國防部總政治作戰部設計指導委員會專任委員。

2　朱可夫（Georgy K. Zhukov），蘇聯陸軍將領，曾任駐德蘇軍司令，1953 年 3 月任國防部第一副部長，1955 年 2 月至 1957 年 10 月任國防部部長。

3　係香港新華影業公司 1955 年出品的電影《小白菜》，由李麗華、黃河、鍾情主演，故事改編自清末四大奇案的「楊乃武與小白菜案」。

## 二月十一日　星期五　氣候：陰　寒

雪恥：一、美國軍方計畫隨時變動，而且多以其主觀為根據。此次大陳撤退計畫，本預定十一個整日，不料其海軍指揮官以近日進行順利，要求我軍於十日（即不到三整日）必須撤完，否則彼不負掩護之責矣。此種幼稚輕妄之言行，亦惟有美國人之生性如此，幾乎視約言與軍事如兒戲，但據理依法予之力爭，則最後其亦屈從情理，不敢違反。故對美國幼稚言行不可一意俯順，必須據理抗爭方可也。

朝課後記事，閱報。入府會蘭卿、蔡斯，慰勞其大陳之行，協助我撤退工作，並提出從速協商金、馬、南麂防務也。召開國防會議，對於外匯率准不變更，以穩定金融也。午課後閱報，約紐約大學副校長哈爾[1]等茶會後，散步。近日胃甚不佳。晚聽報，讀唐詩，散步。晚課，洗目，廿二時寢。

## 二月十二日　星期六　氣候：晴

雪恥：朝課後記事，閱報。入府，批閱，召見調職人員八人。召集軍事會談，聽取大陳撤退軍民情形之報告，秩序與精神以及實施中之行動，無論陸、海、空軍與後勤，皆深得中外記者之好評，尤以經兒早在大陳親自督導，始終其事，更令人感動也。對於臺灣省藉〔籍〕之士兵，深以其見一江山作戰敵火猛烈為懼之心理，應力加糾正，以免影響臺民以入伍為榮之習尚也。午課後審閱對俄帝此次內訌消息，與中外各方之觀察，以及余個人之判斷各點，另錄於本周反省錄之中。晚宴澳洲內長康德修[2]，相談甚洽，誠以澳洲今日在太平洋及亞洲反共地位極關重要也。晚課，入浴。近日氣候忽寒，右腿筋肉作痛，擬急電療也。

---

1　哈爾（Harold O. Voorhis），1945 年起長期擔任紐約大學（NYU）副校長兼秘書。
2　康德修（Wilfrid K. Hughes），澳洲政治家，國會議員，時任內政部部長。

## 上星期反省錄

一、本周重大事件：甲、中、美各發表撤退大陳及其掩護之宣言，此乃十日來相持不決之事得告一結束。乙、中美互助協定卒由美國參議院通過，此舉可信美兩黨議員對我協助而無惡感者，實在四分三以上之人數，此乃十餘年對美忍辱負重之結果也。丙、大陳如計撤退，尤以人民全體來臺招待無缺為慰。丁、英國邦聯之總理會議，對於臺灣停火之陰謀未能具體實現，亦未作有任何之決議。戊、印度等仍想以日內瓦會議式來宰割我臺灣與外衛各島，以取奉俄共之妄想，猶力謀不懈也。

二、俄帝內訌政變，今可得以言者：甲、內訌鬥爭必有進無已。乙、下次必將進於軍事獨裁，以朱可夫任國防部長，則蒲假人不致為黑裡雪夫之黨方傀儡矣。丙、內政以軍事第一之政策。丁、外交：（子）氫武器勝過美國，自認其軍事已居優勢。（丑）武力外交更趨強硬。（寅）積極向亞洲發展，擴張勢力範圍，以補救其國內經濟之窮乏。（卯）全力拉攏共匪，指使其侵略（在政治為臺灣，在經濟為東南亞，在軍事為南韓之目標）。（卯[1]）待德國重整軍備開始時發動大戰。（辰）其對英、美必先發制人。

## 本星期預定工作課目

1. 對大陳官長之召見，與一江山戰事檢討。
2. 臺藉〔籍〕士兵之會議與宣傳要領。
3. 實踐學社第三期學員之挑選。

---

1　原文如此。

## 二月十三日　星期日　氣候：晴陰

雪恥：一、空照判讀訓練（防大與參校）。二、海岸防務應由民防隊替代。三、各種專技訓練應先召訓各級官長着手。四、部隊中校以下官長，任免權與賞罰權之擴大。五、各種部隊訓練周期延長。六、敵傘兵防範與符號之再證複查。七、測驗訓練之結果，成績如何。八、第二廳與情報保密之關係與意見之協調。

朝課，記事。經兒由大陳督導撤退工作回來，其精神與體力尚佳也。記上周反省錄後，清理積案。午課後批閱公文。晡召集岳軍等，商討明日對記者談話準備。入浴，膳後審閱對解決共產思想與方法之根本問題，各意見批評書，甚得益也。整理人事，晚課後電療。

## 二月十四日　星期一　氣候：昏沉

雪恥：中信局長人選。（一）立夫[1]召回。（二）武官對留美軍生之輔導負責考核。（三）畫報之增刊。（四）印尼青年運動。（五）[2]

朝課後手擬對記者談話補充稿四條，認為不可少者也。召見少谷、南如[3]等，商討定稿。入府召見劉廉一、沈之岳[4]、胡炘[5]等，加以慰勉。十一時半召集中外記者六十餘人，發表書面問答，並慰勉其前往大陳訪問之勞也。回記

---

1　陳立夫，名祖燕，字立夫，以字行，浙江吳興人。1949 年 6 月至 1950 年 3 月任行政院政務委員，1950 年 8 月任中國國民黨中央評議委員。時以參加道德重整會議名義，帶全家離開臺灣，定居美國。
2　原文如此。
3　吳南如，字炳文，江蘇宜興人。1954 年 1 月至 1956 年 2 月，出任行政院新聞局局長。
4　沈之岳，浙江仙居人。1947 年任國防部保密局第二處科長，1949 年 3 月任蘇浙情報站站長並兼石牌訓練班副主任，1951 年後任大陳防衛部政治部主任、大陳區行政督察專員等職。
5　胡炘，字炘之，浙江永嘉人。1954 年 7 月，調任第四十六師師長。1955 年 9 月，調任裝甲兵司令部司令。

事。午課後往木柵分院，對臺省縣市議員研究班結業訓話。回途與辭修、
屬生[1]同車，談研究院務事。因審核軍、師長人選，以及國防大學實踐學社與
參校優生成績，幾乎化費三小時之久，猶未完結。散步，晚課，電療。

## 二月十五日　星期二　氣候：晴陰

雪恥：一、省府速遷臺中。二、防空演習，每一居民避炸之處所與行動（負
責督導人員之指定）。三、南麂方針之決定。

朝課後記事，聽報。入府，見美記者二人[2]與會客，面授軍事人員調學、調職
之辦法後，召集宣傳會談，聽取此次大陳撤退之宣傳經過，成績甚佳。孟緝
報告南麂取舍之意見，經國認為美國如不協防，則應早日放棄，以免第二之
一江山犧牲與人心再度之動搖也，余以為必須問明美國是否協防，限其速答，
如彼不協防，則決放棄南麂。此時戰略要旨，與其為敵逐次消滅，不如促其
早來侵犯金、馬也。午課後，記上周反省錄。約見美記者二人後，與妻車遊
山上一匝。晚宴勞德夫婦[3]後，散步，晚課，電療。

---

1　張屬生，字少武，河北樂亭人。1954 年 8 月，改任中國國民黨中央委員會秘書長。
　　1959 年 3 月，出任駐日本大使。
2　賀伯萊（Earnest Hoberecht），歷任美國國際合眾社（United Press International）東京
　　首席記者、亞洲區總經理和副社長。史東（Walker Stone），時任美國國際合眾社記者。
3　勞德（Oswald B. Lord），為美國紡織業商人，勞德夫人（Mary Pillsbury Lord），原名
　　瑪麗・皮爾斯伯里（Mary S. Pillsbury），為美國駐聯合國代表團人權委員會代表。

## 二月十六日　星期三　氣候：晴

雪恥：一、電謝史敦普。二、海軍總部政工不負責，應處分。三、劉廉一調三廳長，孫成城[1]調金門區參長。四、各軍、師長結業論文與讀訓之調閱。

朝課後記事，勞德夫婦來辭行。閱報。十時到中央，召見劉廣凱[2]後主持總動員會報，指示農會經費從速解決，與字紙遺散之禁止，必須由主官負責監督燒毀。此係小事，但對國際觀察我智識程度之判別與輕視之關係甚大也。十三時半方畢。午課後考查人事，見韓國參謀總長丁一權[3]等。散步後續考人事，對於軍長人選親自核定，頗自得，蓋高級人事非親自詳選，不能建軍與反攻也。膳後車遊山上回，晚課，電療。

## 二月十七日　星期四

雪恥：一、國華任中信局。二、全黨八屆代表大會是否展期之方針。

朝課後記事，入府，批閱公文，召見調職人員鄭為元[4]等六人。十一時祭一江山陣亡將士，見到一般孤兒寡婦，無言安慰，內心悲哀不堪。回寓休息，在院中散步自娛。本日氣候清和，實為今年之第一佳日也。午課後，到劍潭安全局聽取改制會議後，總報告二小時，心神不佳，感覺發燒，回寓。約西方

---

1　孫成城，遼寧遼陽人。1954 年 9 月任大陳防守司令部參謀長，1955 年 3 月調任第三十二師副師長。
2　劉廣凱，字孟實，遼寧海城人。1954 年任海軍特種艦隊司令，9 月調任兩棲部隊司令。1955 年 3 月升任海軍總司令部副總司令。
3　丁一權，1950 年 7 月至 1951 年 6 月出任韓國陸軍參謀總長，1954 年 2 月再次接任韓國陸軍參謀總長。
4　鄭為元，安徽合肥人。1954 年 7 月，任第一軍團司令部參謀長。1957 年 2 月，調任國防部第三廳廳長，兼中興計畫室副主任。

企業公司姜斯登[1]茶點，該公司結束矣。晡參閱英國各報，皆主張金、馬等一切外島讓給共匪，要求美國對我壓迫，以期實現其賣華之陰謀，而且紐約時報亦同一主張，殊為可痛，但余心甚定，毫不為其憂懼也。

## 二月十八日　星期五　氣候：晴

雪恥：昨夜熱度至九十九度六，故晚課後，十九時就寢。

本晨朝課，除體操暫停外，其餘皆如常舉行。記事。體溫仍有九十九度，故決在寓休養。上午見芳澤大使[2]，約談一小時半後，見趙霞[3]，聽取其南麂防務之報告，聞北麂與北龍山已為敵佔領。正午接海軍今晨與匪在臺山列島以南之海面激戰，擊沉敵艦多艘，聞匪以大批運輸艦由其海軍掩護南下，想先來佔領馬祖以北海面之各島嶼，甚歎俄共行動之迅速與積極也。午課後審閱新調軍、師長之讀訓心得數篇，對於高級軍職之挑選，自認為不遺餘力矣。晚課，讀詩，廿一時半寢。下午熱度已退矣。

## 二月十九日　星期六　氣候：陰　今夜最寒　溫度：攝氏九度

雪恥：一、高級政工人員，由高級將領中遴選調職。二、軍事教育必須以澈底貫穿，最後擊滅敵人為勝利之基準，而消滅敵人之道，應以不戰而屈：

---

1　西方公司（Western Enterprises Inc.），為美派駐臺灣之一機構，1951 年 2 月成立，由約翰敦任董事長，皮爾斯負責臺北辦事處業務。此公司實際隸屬美中央情報局駐臺機構美國海軍輔助通訊中心（Naval Auxiliary Communications Center, NACC）。約翰敦（Charles S. Johnston），又譯姜斯登、摩斯頓，曾在中美合作所工作，時任美國中央情報局政策協調處轄下西方公司總裁。

2　芳澤謙吉，曾任日本駐中國公使、駐法大使、外務大臣等職。1952 年至 1955 年出任中日復交首任大使。

3　趙霞，1953 年 6 月出任陸軍官校教育長，1954 年 5 月調任大陳島防守區司令部副司令。

（甲）使敵戰志喪失而降伏。（乙）先以如何俘獲敵將為第一，若只消滅其武力，而對甲、乙二項要旨一無所得，則百戰百勝，非善之善者也。（丙）窮追與冒險、積極、決心、犧牲，乃為將者第一具備之性能，否則不成其為將才矣。

朝課，記事，審閱將領讀訓心得。入府召見調職人員八名，召集軍事會談，檢討昨日臺山列島海戰經過，以及南麂島之守棄情勢，參謀部與海總皆以一勝自得，余乃以前項甲、乙、丙三種之要旨嚴評，尤以對南麂守棄方針仍無主張，極為悲傷，以無一盡職之將才也，奈何。午課後與妻車遊後草山陽明公園，觀櫻花，尚未盛放也。晚審閱讀訓心得三篇。王啟瑞[1] 不能任軍長也。晚課，觀影劇。

## 上星期反省錄

一、金門、馬祖外衛島嶼問題，美、英本周之輿論高漲至極，英各報主張由美壓迫我實行撤退，而美國之英系報紙亦漸趨此一傾向。論勢甚危，但余據道理與法律為基礎，此心雖苦，然絕不動搖，余對之惟以兒戲視之，蓋意志既決，無論如何形勢險惡，毫不為之憂懼，英國自私與損人之帝國主義，其陰謀不成，只有加之以恫嚇威脅，其他尚有何辦法耶。以國家存亡關鍵，欲求其轉危為安，起死回生，區區此等曲折與危難自所必然，何足為慮。

二、南麂島之防棄方針爭辯不定，余認為此時應主動放棄，不問美國之決定如何。自臺山列島海戰後，該列島已為共匪先一着佔領，故南麂更無固守之理，亦無可能也。乃於周末面命孟緝，速作撤防之準備矣。

---

1 王啟瑞，號文霞，湖南資興人。1952 年 12 月調任總統府參軍。1955 年 3 月出任國防部戰略計劃研究委員會委員。1963 年調任第八軍軍長。

三、軍事高級之人事，亦在本周時局艱苦中全力審核決定，此實為建軍復國最重要之基礎也。

四、共匪與俄帝本周大祝他們同盟五年紀念，因此想及到五年前，我空軍大炸上海發電廠之關係，不能不說效力之重大，幾乎對其偽同盟之成敗具有決定性之影響，余實促其成立，且惟恐其不成耳。將來我最後復國成功，須特別注重此一段歷史。共匪憒憒，安知其滅亡之基點即種因於此乎。

## 本星期預定工作課目

1. 實踐學員之召見。
2. 高級將領之調職考核。
3. 聽取攻擊戰鬥群具體戰術之講解。

## 二月二十日　星期日　氣候：晴　溫度：攝氏九度

雪恥：一、軍事高級領軍大員，新舊不接之今日最為困難，不得已而求其次乎。此時要使敵人對我人事調動之處理與新人才之可畏，在心理上先能佔勝一籌，殊為要着耳。二、作戰指導核心之促成。

朝課後記事，閱報。審核將領讀訓心得數篇，劉鼎漢[1]較佳，但亦非創造與發展之才也。禮拜。整理人事，新調之軍長、師長人選大體決定矣。午課後仍審閱人事，孟緝、黃杰、仁霖之調整已得一梗概，此為最重大之困難，惟有

---

1　劉鼎漢，字若我，湖南鄜縣人。1951 年 4 月，調第五軍副軍長，1952 年 12 月奉調總統府高級參謀，1954 年調升第十八軍軍長。

如此而已。晡與妻車遊山上一匝回，入浴，續審人事。晚將團長級應調之人事亦得一梗概，但費力極矣。晚課。

## 二月二十一日　星期一　氣候：晴　寒

雪恥：一、商船之訓練組織與改裝必須適合作戰。二、海軍之通信裝備（美援中第一）。三、改善海軍副食給與。四、被匪圍俘與不能達成增援，與不能鑽隙突破之原因與戰術之研究。五、特種訓練如山地、偵搜、游泳等，速拍電影教育。六、後勤制度之速報。

朝課後記事，修正答史米斯[1]美參議員之問題。入府，召見陳堯聖[2]、夏季屏[3]及調職人員楊維智等四員[4]後，葉部長[5]面報美約經過情形，以及民主黨反對力量之重大，如延期數日簽約則必不成之危機，事後乃知此約訂立之不易也。午課後到實踐學社召見學員九人。晚宴美女參議員史夫人，並照相，錄音，相談甚苦[6]。晚課，廿二時後寢。

---

1　瑪格麗特・蔡斯・史密斯（Margaret Chase Smith），美國共和黨人，曾任眾議員，1949 年 1 月至 1973 年 1 月為參議員（緬因州選出）。
2　陳堯聖，歷任中國國民黨中央組織部總幹事、外交部情報司科長、駐英大使館一等秘書，1950 年斷交後，續留英國，創辦自由中國新聞社，並成立自由中國之友協會，出版中英文周刊等。
3　夏季屏，字成吾、寄萍，江蘇武進人。1949 年去臺灣，隨後奉派至大陳島，任江浙反共救國軍海上突擊總隊司令。1955 年出任反共救國軍第一總隊總隊長。
4　楊維智，號未之，浙江紹興人，1954 年 6 月調升海軍總司令部政治部副主任，1957 年 11 月調任國防部總政治部副主任。張勤進，號乃仲，江蘇松江人。1951 年 10 月任第十八軍政治部主任，後調任第七軍政治部主任。1955 年 3 月升任第七軍第十七師副師長，1956 年 7 月調任第九十二師副師長。1957 年 1 月調任特種作戰第三總隊總隊長。王鴻圖，號龍負，河北濮陽人，時任海軍陸戰隊第一旅政治部主任，1956 年 11 月調任軍官外語學校政治部主任。王孟博，時任海軍陸戰隊第二旅政治部主任。
5　外交部長葉公超。
6　原文如此。

## 二月二十二日　星期二　氣候：晴

雪恥：一、南麂撤防行動應即日實施，美既同意我計畫，彼且予我以空軍掩護，更應從速行動。二、召見高任[1]、杭世騏〔騏〕[2]、袁國澂〔徵〕[3]、唐俊賢[4]、廖發祥[5]與黃達雲，問鄭昆[6]事。

朝課後記事，電國華轉立夫，回國省其親病。入府，召見胡璉、石覺、華金祥[7]等十員，召集一般會談，批閱公文。午課後召見實踐學員十員，頗多優秀有望之人才，甚慰。令孟緝研究南麂行動宣傳要旨與原由，此乃大陳地區最後一部分之計畫，行動前以南麂民眾要求留守，待其撤完民眾後再撤軍隊，故不能不防，固守一時也。晚審閱將領履歷，批閱公文。廿二時晚課後寢。

## 二月二十三日　星期三　氣候：晴

雪恥：一、攻擊戰鬥群（三角形），余之着眼點，主旨在取攻勢防禦時之部署之隊形而設，並非指單純進攻之隊形而言，其要旨乃在防禦或宿營與途中休息時，為俄共不測之襲擊（在側背），或為其從各方面向我多處鑽隙滲透

---

1　高任，號庭惠，山東嶧縣人。原任第二十六師第七十六團團長。1957 年 9 月調任陸軍預備部隊訓練司令部訓練處處長。

2　杭世騏，安徽定遠人。1954 年 7 月調任第一軍團司令部副參謀長。1955 年 2 月調任澎湖防衛司令部參謀長。

3　袁國徵，號養農，安徽桐城人。1950 年 12 月任第四十五師第一三五團團長。1953 年參加東山島戰役，作戰有功獲勳。1957 年 4 月調任海軍陸戰隊第一師師長。

4　唐俊賢，號英毅，廣西鬱林人。歷任第十九師副師長、第一軍參謀長、第十九師師長。

5　廖發祥，號實之，四川三台人，時任第七十五師第二二五團團長。1955 年 8 月調任第八十四師副師長。

6　鄭昆，號郁父，江西萬安人。1954 年 6 月任第九十二師師長，後調任國防大學校教官。1957 年 1 月調任陸軍總司令部政治部副主任。

7　華金祥，號康治，江蘇無錫人。1952 年 2 月任國防部第三廳第二組組長，12 月調任第六十七軍參謀長。1955 年 3 月任金門防衛司令部參謀長兼第五十八師副師長，10 月升任第四十六師師長。1957 年 6 月任國防部第三廳副廳長兼中興計畫作業室助理主任。

之戰術所困擾時，惟有取大小三角形之戰鬥群，方能面面反擊，即使其滲透到我陣地中心點，我亦可以從容作戰，在三方面或二方面協力圍殲也。總使一般將領對俄共滲透與襲擊或突變之戰法，皆確有應戰把握而無疑懼，故平時演習之休息時，皆應以此為訓練作戰之惟一指導要領而成為習慣也。

# 二月二十四日　星期四　氣候：晴

雪恥：昨日朝課記事後，召集陳、俞、張、周、孫[1] 以及各總司令，指示南麂撤防之決心，徵詢其意見後，乃決於明日撤退也。上午到中央常會。午課後到國防大學，聽取實踐學社對三角形攻擊戰鬥群研究結果之報告二小時畢，最後加以訓示大要。回審閱秦孝儀[2] 所修正之唯物辯證法駁斥稿，不能用也。晚閱報，殲甲，晚課後寢。

本（廿四）日朝課後記事，南麂撤退工作決於本晚完成，但發表時間當在東南亞聯盟會議（曼谷）閉幕以後為宜，惟恐為敵發覺我行動，先我發表戰報，故仍以我撤退工作之完成為發表消息之標準也。十時到實踐學社聽講旅順（日、俄）戰史。中午約宴評議與中委。午課後召見學員十一人回，審閱對辯證法意見書。晚課，廿二時寢。

本日咳嗽未痊，胃甚不良，以近事重要，無法休息為苦。

---

1　陳、俞、張、周、孫即陳誠、俞鴻鈞、張羣、周至柔、孫立人。
2　秦孝儀，字心波，湖南衡山人。曾任中國國民黨中央秘書處議事秘書，時任總統府侍從秘書，8 月兼任中國國民黨中央委員會第四組副主任。

## 二月二十五日　星期五　氣候：晴

雪恥：一、空軍警衛旅政治部之責任。二、金門沈副司令[1]調防大受訓。

朝課後記事，十時到實踐學社，續聽日俄旅順戰史，甚有所得。正午即與各學員聚餐，指示戰史之重要。午課後再到實踐學社，召見學員十二名完畢。回與妻車遊淡水道上，笑談為樂。晚彙集對辯證法各種意見，加以整理，直至廿二時。晚課後就寢。心神頗感疲勞，實為近來之特殊情形，甚覺憂慮，惟南麂撤退工作已全部完成為慰。本日東南亞反共聯盟，在曼谷第一次會議完滿結束，此乃對共匪之重大威脅乎。

## 二月二十六日　星期六　氣候：晴

雪恥：一、對孫[2]行動。二、高級將領調職問題。三、空軍政治工作與組織之加強。四、防大入學人員之指定名單。五、彭[3]、黃杰、黃仁霖、劉廉一、胡宗南[4]、唐守治[5]等職務。

朝課後即重修（辯證法）解決共產主義的根本問題第二度稿。十時入府，召見美經署長及調職人員六人，又接見大陳義民代表十人。照相後召集軍事會談，聽取南麂撤退工作之經過報告。午課後續修（辯證法）解決共產主義的根本問題，至十七時大部完成。與妻遊陽明公園，觀櫻花消遣，以近日事忙神倦，藉以休憩也。晚整理人事畢。晚課後記昨日事，廿二時即寢。

---

1　沈向奎，名紫文，福建詔安人。1955 年 2 月出任金門防衛司令部副司令官，並兼任福建省政府委員。
2　孫即孫立人。
3　彭即彭孟緝。
4　胡宗南，原名琴齋，字壽山，浙江孝豐人。1951 年 8 月化名秦東昌，出任江浙反共救國軍總指揮兼浙江省政府主席。1953 年 7 月，任總統府戰略顧問委員會顧問。1955 年 9 月，出任澎湖防衛司令部司令官。1959 年退役，復任總統府戰略顧問。
5　唐守治，字浩泉，湖南零陵人。1954 年 5 月，調任第一軍團副司令。1955 年 3 月，調任海軍陸戰隊司令。1957 年 4 月，調任臺灣防衛司令部副總司令。

## 上星期反省錄

一、南麂島軍民撤退完成,並無損失。

二、實踐學社第二期學員召見完畢,尚有大部優秀將才也。

三、聽取日俄戰爭對馬海峽之海戰史四小時,甚為有益,此亦平生心願之一也。

四、研究攻擊戰鬥群戰術之講義,此乃為余自身對匪戰法心得之一也,應繼續研究,期底完成。

五、對於高級將領讀訓心得之審核以及其成績之考察,自覺已盡心力,而身體疲乏極矣。

六、東南亞聯盟在曼谷會議已正式閉幕矣。

## 二月份反省錄補誌

一、本月第三周,共匪狂祝其與俄帝聯盟五周年之紀念,據其宣傳,旅順軍港亦交還了共匪,且聞尚有潛艇數艘亦送交共匪。其中內容究竟如何,雖不得而知,惟此俄匪協定之訂立,實由我空軍當時大炸上海電廠與上海市所促成。以毛匪正在莫斯科朝貢,對於其聯盟協定是否訂立,尚在猶豫不決之際,若不由我大炸上海,則毛匪未必有此聯盟之決心,而且其一面倒之奸計,亦未必能如此實現,此乃於余所最不利者。故彼匪今日以聯盟賣國為喜,而余則惟恐其締盟不成耳。

二、軍、師、團長人事之審慎調動完成,實為本月份對內整軍最重要工作之一也,然而本月體力之疲乏多病,亦實為近年來所未有者也。

## 二月二十七日　星期日　氣候：晴

雪恥：一、特務長訓練班之設立。二、陸軍補給司令部與人選之速定。三、
劉廉一任務。四、軍會。

朝課後記事畢，聽報。在院中遊覽，觀魚訪鳥，散步消遣，與經兒談人事。
禮拜後，與妻車遊桃園道上。午課後，審核人事，約三小時方畢，乃與妻車
遊汐止道上。回入浴後續修解決……根本問題，最後增補辭闢「中國非宗教
與無神論」之一段，甚為重要。膳後散步，晚課畢寢。

1. 空軍飛機警衛之加強方法，每隊官兵各一人就地搭篷值夜的辦法。2. 戰爭
計畫作為之聽取。3. 陸戰隊學校羅章〔張〕[1]中校之召見。4. 指揮與人格。5. 木
簰渡海登一江山之匪部精神。6. 共匪軍力與前不同。

## 二月二十八日 星期一 氣候：晴

雪恥：一、速度與機動。二、訓練官兵勇猛與犧牲精神之方法與組織。三、
快步、跑步與山地、夜間行軍快速之特練。四、軍士與特務長教育。

朝課後補修解決共產……根本問題稿畢，記事。十時到木柵分院，對黨務中
心工作研究會致詞後，入府，召見唐守治後，召集財經會談，商討外匯與美
援增加款項，協助我軍中老弱殘疾官兵之退除役七萬名處理與生活問題，美
金四千二百萬圓之方針，其要求先於補充兵經費案提前解決，余允之。午課
後補修講稿，召見黃杰總司令後，在院中散步。晚續修講稿後，散步，晚課，
廿二時後寢。高級軍事將領候補人選已全部決定，實為一月來重要工作之中
心，今得解決，自覺快慰。

---

1　羅張，字建宇，江西新建人。時任海軍陸戰隊第四處處長。

# 上月反省錄

一、美對撤防大陳與協防金、馬之約言失約食言之經過，實為上月杪與本月初最大之難關，得此教訓，又於我對美外交多得一教訓矣，幸能堅持嚴責，仍得其書面之保證，然其不肯正式聲明，仍為今後其自找麻犯〔煩〕之空隙，更易引起共匪之來犯也。

二、美在北韓海面附近擊落匪機兩架。

三、共匪拒絕聯合國邀約其到會辯論停火案。

四、七日開始撤防大陳，至十一日完成此一大事。對於我將來復國之損益如何，尚未可斷定也。

五、美國五日下令其第七艦隊掩護我撤退大陳之運輸。

六、中美互助協定，美參議院於九日激辯之後，經過無數周折，終得大多數票之通過矣。

七、英國聯邦會議，上月底在倫敦會議，幾乎以海峽停火、出賣外島與托管臺灣為其主題，終以余過美再三提出警告，未為英、印所算也。余之所以要等待英國聯邦會議對於其停火與對臺灣之陰謀打消以後，方允撤防大陳之本意亦即在此，否則彼等將認撤退大陳為撤退金、馬與臺、澎之先聲矣。惟印度泥奴出賣中華民國一日未成，則其心一日不死耳。

八、俄帝八日政變，以「蒲假人」代「馬林可夫」為其總理，亦正是我撤退大陳期間，此二件大事，對於今後國際局勢之轉移，實有相等之影響也。

九、澳洲內長康修士[1]來訪。

十、十四日召開記者會議。

十一、臺山列島海面，我海軍擊沉共匪運輸船艇多艘，以阻遏其增防臺山列島之運兵也。

---

1  康修士即康德修（Wilfrid K. Hughes）。

十二、英迫美國強制我放棄金、馬,以求共匪之停火,此項陰謀美或不為其
　　　所動,其實英亦並未知美已對我早有戰時協防金、馬之密約耳,但其
　　　勢甚兇,故十七、八日實為最苦悶之時期,身心幾乎不支矣。

十三、英在曼國[1]會議之後,其在新嘉陂〔坡〕召集東方高級軍政會議,其參
　　　謀總長哈定[2],會後且親到南韓與香港巡察其防務,可知英對俄共在東
　　　亞之行動,亦已積極準備戰事矣。

十四、月初總統府月會,嚴斥英國與共匪對臺灣及外島領土主權之歪曲謬論,
　　　加以痛斥。

十五、空軍在虎尾機場,又被早經淘汰學生[3]偷乘教練機飛逃匪區,其警衛旅
　　　之無用,甚憤也。

十六、南麂島軍民已於月杪全部撤退完成矣。

---

1　即曼谷。
2　哈定(John Harding),英國陸軍將領,曾任駐德佔領軍司令,1952 年至 1955 年任陸
　　軍總參謀長。
3　空軍官校停訓生劉若龍、宋寶榮,於 2 月 23 日凌晨潛入虎尾機場,竊取 PT-17 型教練
　　機(編號 393)逃往大陸。

# 三月

**蔣中正日記**
Chiang Kai-shek Diaries

# 民國四十四年三月

## 本月大事預定表

1. 開疆拓土名將與殖邊政治家歷史之編訂。

2. 遠程旅行調查發展歷史人才之編冊。

3. 復國完成後，應予蒙、疆、藏在聯邦制度下，許以對外交、法律獨立自主。

4. 組織東亞集團中、日、韓、泰、緬、菲、印尼及越南三邦各國為基礎團員。

5. 中美聯合作戰指揮部與組織。

6. 中美聯合作戰計畫之督導。

7. 軍援顧問團長人選之同意。

8. 中菲聯盟之提倡。

9. 中泰聯盟計畫之研究。

10. 國防大學第四期、實踐研究員第五期人選與開學。

11. 九個預備師案之交涉與促成。

12. 高級軍事人員之調整。

13. 續閱戰爭論。

14. 亞洲反共會議之方針。

15. 調整兩兵團部隊配屬案。

16. 高級將領皆應學習電機與汽車之構造原理，與初淺之修理課。

17. 約宴諸〔資〕政、顧問與學者之日期。

18. 海軍二副司令人事案。

# 三月一日　星期二　氣候：晴

雪恥：一、杜卿[1]來訪時談話要旨：乙[2]、中菲盟約。丙、曼谷會議與英美密談，對臺灣問題之內容與結果如何。丁、對俄共之觀察如何。戊、日本政局傾共之注意。戊[3]、協防外島計畫之具體方案。己、中美參謀團之組成。庚、協案與海軍小型提議之消極情形甚不滿意。辛、美國對東方外交不能聽納當地事實之意見與經驗之供〔貢〕獻，因之援助無效而且招怨，應〔因〕主觀太重。壬、蘭卿大使留任問題。

朝課後記事，續修講稿。九時與妻到陽明山五中全會開幕典禮主持預備會議後，回寓，續修講稿，在院中散步。午課後，到實踐學社聽講日俄戰史海戰部門。晚仍修講稿完，晚課，散步，廿二時半寢。

# 三月二日　星期三　氣候：晴

雪恥：一、與杜談話重點：甲、金門、馬祖與外島停火問題之決不同意。乙、聯合國兩個中國問題，如共匪加入，中華民國必然退出，應先對盟國聲明。丙、凡關中國事，除聯合國內開會以外，中國對其任何會議決不參加。丁、中國必守盟約，凡對俄共與國際反共政策或行動，中國必與美一致，決不單獨行動有違盟約之事。

朝課後記事，重修解決共產……根本問題講稿，補充「中國哲學思想，自然偏向於心的一方面，但其並不輕視物質，凡是根本思想精神有關問題，多是心、物並提的，故其決非唯心，徒以玄理空談者可比也」一段，於此全稿完成矣。續聽日俄海戰史二小時，甚有益也。正午約幹部商談對杜談話要旨。

---

1　杜卿即美國國務卿杜勒斯（John F. Dulles）。
2　作者塗去「甲、東北亞公約如何進行」項。
3　原文如此。

午課後，手擬常務委員候選人名單畢，散步。晚在全會聚餐，觀紹劇。回晚課，廿二時後寢。

## 三月三日　星期四　氣候：晴

雪恥：一、中美參謀團之組織。二、高級軍事人選之決定與發表日期。三、聯合指揮部。

朝課後，省察對杜談話要點，作最後之決定，再擬本日全會閉幕詞，約二小時餘，頗費心力。十一時舉行閉幕典禮，致詞約一小時。今日在對外交百忙之中，甚恐詞意錯誤或散漫無緒，結果摘要提示尚覺有條不紊，且能道其要旨，並不煩瑣為慰。十三時杜等自中山堂舉行中美互助協定書交換典禮畢，來寓聚餐畢，舉行正式會談約二小時，余所欲言各要點，皆已明告無遺，結果尚稱圓滿。杜言英外相[1]此次在曼谷與其私人會談，乃最反對海峽停火協定云，乃其別有用意，不足驚異。餘談另有記錄，並與勞勃生單談半小時後辭去。中美協定，半年交涉至今，乃得告一結果矣。

## 三月四日　星期五　氣候：晴陰

雪恥：昨晡外賓辭出後，略覺清閒，精神放鬆，如釋重負也。休憩，略眠，午課如常。入浴後，膳畢，與妻車遊山上一匝回，獨自散步，觀月吟詩。晚課，廿二時寢。半月餘來，傷風咳嗽不已，牙床亦破，食物惟艱，惟事情繁重，無法休假，強勉支撐，甚覺疲勞，實為近年來所稀有者，今後當可

---

1　艾登（Robert Anthony Eden），英國保守黨成員，國會議員，1951 年 10 月至 1955 年 4 月任外務大臣，1955 年 4 月至 1957 年 1 月任首相。

稍憩乎。

本（四）日朝課後記事，十時入府，召見橋本[1]，彼認毛匪必不久人世，與俄匪雙方猜忌與矛盾時見，我政府恢復大陸必無問題，惟對共匪方法應越寬大，越能使其崩離也。召見調職人員六人，批閱公文。午課後，審閱解決共產……根本問題，作最後之審定。晚約卡奈等便餐畢，彼提金、馬聯合作戰與臺灣防空之指揮問題，彼意應歸美海軍指揮，但未明言，余允考慮。晚課，廿三時寢。

## 三月五日　星期六　氣候：陰

雪恥：本晚約辭修夫婦與史登浦[2]等二十友人，在寓祝妻誕辰。宴後，觀一鳴驚人影劇。晚課，廿三時寢。

朝課後，召見叔銘[3]、孟緝、大維，商討臺灣本島空防歸美軍指揮方針，即照余意，戰時可歸其指揮之原則，但其組織系統範圍應詳加另議之意明告「卡乃」，使其轉報美政府安心也。此次「卡奈」（海軍參謀總長）之來，專為臺灣及外島協防作戰之方針而來，其關係實甚重要也。十時入府，召見童子軍代表後，召見調職人員六位畢，再約「卡乃」與俞部長[4]在國防部會談。各員來見，表示嘉勉。批閱公文後，與岳軍討論立法院質詢案後回。正午全家兒孫與至親在寓宴會，祝妻五十六歲誕辰也。午課後，重校解決共黨……根本問題至第二篇完。

---

1　橋本徹馬，日本政論家，首相佐藤榮作的私人顧問。戰後合組立憲青年黨，出版《日本世界》。並重建「紫雲莊」，在機關刊物《紫雲》發表政治評論。
2　即史敦普（Felix B. Stump）。
3　王叔銘，本名勳，號叔銘，山東諸城人。曾任空軍官校教育長、空軍副總司令。1952 年 3月至 1957 年 7 月任空軍總司令。
4　俞部長即俞大維。

## 上星期反省錄

一、高棉王「西哈路克[1]」宣布退位，讓位於其父「蘇拉馬里特[2]」，已於三日
　　登位，此又一俄共之陰謀也。

二、杜勒斯在臺舉行交換中美協定之手續，由此中美盟約發生效力，中、美
　　在名義上已成盟國矣。不論其事實效果如何，惟此為我反共抗俄之第一
　　步計畫，已得告一段落矣，不知受過其幾多之忍辱與周折，乃得有此完
　　成之一日耳。

三、與杜談話二小時，尚能盡我所言，尤以死守金、馬，決不停戰，與反對
　　兩個中國在聯合國之謬傳，更能澈底詳道無遺為快也。

四、美海軍卡奈特來談，商討對共匪緊急應變之聯合作戰方針與組織，於此
　　可知美國對匪作戰已下決心，而非如過去對我徒托空言之應酬行為耳。

## 本星期預定工作課目

1. 匪幣改變後之情形。
2. 邱吉爾對氫彈效用未能與美國相等以前，不能完全控制美國外交政策之說
　　明（在英下院），殊值深思。

---

1　施亞努（Norodom Sihanouk），又譯西哈路克，1941 年 4 月至 1955 年 3 月任柬埔寨國王。
2　蘇拉馬里特（Norodom Suramarit），1955 年 3 月至 1960 年 4 月任柬埔寨國王。

## 三月六日　星期日　氣候：陰

雪恥：一、黎[1]專任艦隊司令，曹仲周[2]為副總司令。二、對龔德柏[3]案之判處。三、高級將領緩調。

朝課後記事，本日以傷風未痊，除題贈李承晚[4]等各畫幅外，終日在寓，續修解決共產思想與方法的根本問題篇，詳細校讀全篇之後，凡文字重複各點，皆加以一一修正，但內心仍覺不安，甚恐尚有不妥之處耳。午課、晚課如常。入晚頗感精神不佳，乃完全休息，未敢看書。晚課後廿一時半早寢。

## 三月七日　星期一　氣候：晴

雪恥：一、訪蒲氏[5]病。二、召見美醫。三、視察通信訓練所。四、月會。

本日傷風如昨，仍在家休養。朝課後往靜觀室送史登普之行，告以戰時海、空軍指揮官最好派一中國副指揮官，俾可多得學習之機會。上午重校解決共產……根本問題講詞，仍有修正，對於過去「不偏於精神，亦不偏於物質」之說，改為「視心重於物」，此乃心物一體論最重要之一點，於心甚慰。午課後記事，聽報。約見公超，聽取其在美期間各種經過之報告，約一小時畢。與妻車遊淡水道上，傷風漸癒為快。晚重校講稿為樂，近年來看書成癖，只要在家，就非看書修文不可，故目疾日增，此乃無可奈何之事，故一有閑暇，

---

1　黎玉璽，號薪傳，四川達縣人。1952 年 4 月，調任海軍總司令部副總司令兼海軍艦隊指揮部指揮官，1955 年 9 月免兼。1956 年 10 月，兼海軍六二特遣部隊指揮官。

2　曹仲周，號書範，江西新建人。1954 年 5 月接任海軍軍官學校校長，1955 年 10 月調任國防部參謀次長，1959 年 3 月升任海軍總司令部副總司令。

3　龔德柏，字次篔，湖南瀘溪人。從事新聞工作，以潑辣的作風針刺時弊、鞭撻權貴。1950 年 3 月 9 日遭政府軟禁，直到 1957 年 2 月 18 日方獲保釋。即遞補國大代表，和光復大陸設計研究委員會委員。

4　李承晚，字承龍，號雩南，韓國黃海道人。長年推動韓國獨立運動。1948 至 1960 年任韓國大統領。

5　蒲立德（Alfred M. Pride）。

只能在院中散步或乘車外遊，聊養目力疲倦而已。晚課後廿二時半寢，服安眠藥後沉睡。

## 三月八日　星期二　氣候：陰晴

雪恥。

朝課後增補講稿一段，記事。十時入府，約見美醫營養專家「撲拉克[1]」，聽取其對國軍改良營養經過之報後，批閱公文畢。約見美第七艦隊司令蒲雷德，要求我供給其對匪之電報、情報也。與岳軍談立人問題後，往訪蒲來德，談半小時，再巡視三軍聯合通信班後，回寓。午課後與經兒談海軍人事問題畢，整書。十六時與妻乘車上角坂山休養，十八時半到達。膳後審閱講稿，晚課。

## 三月九日　星期三　氣候：陰

雪恥。

起床時精神不適，覺有熱度。朝課後乃召醫測量體溫，果有一百度〇四分。服藥後審訂解決共產思想與方法的根本問題，重閱一遍畢，記事。正午熱度已較早晨增高二分，且發寒冷，乃即就寢，熟睡三小時。起床，在妻書房休息。十八時以寒熱甚烈，乃即就寢。午課、晚課仍在床舉行。

---

1　卜勒克（Herbert Pollack），又譯撲拉克，時任駐華美軍軍醫總監營養顧問，1954 年 9 月起領銜美軍營養試驗小組，合作進行國軍營養改善計畫。

## 三月十日　星期四　氣候：晴

雪恥：世界大戰迫於眉睫，近日世局演變，自信此見不誤。第一，為俄共自「蒲假人」主政後，很明顯的，他是決心發動戰爭，而且俄國戰爭思想是以先發制人為主的，過去俄土戰爭是其顯例。第二次大戰以後，史大林[1]雖有卅年不致有戰事之說，此其自認俄國科學工業預定須卅年方得趕上美國之程度而言，但其今日，原子與氫武器，未到十年已追及美國，則其發動戰事必不及待了，此其一也。其次，為英國已積極備戰，其對美國應戰之政策，已不如過去積極阻遏之態度，而對俄亦不存過去妥協之奢望。其三，是美國不惜一戰之決心已表露無遺，乃可知愛克過去之和平論調是以退為進耳。

本日熱度已退，但精神尚倦，肚間作痛成瀉，惟並不劇耳。

## 三月十一日　星期五　氣候：晴陰

雪恥：昨日朝課，惟體操暫停。上午批閱後，續閱克勞塞維治[2]戰爭論第三篇第一章，以去年十一月起，應〔因〕草擬解決共產思想方法的根本問題，以及修正各重要講稿，尤以專心注意中美協定之促成，故無暇再閱戰爭論也，今日預定工作既如計完成，故得重新續閱耳。午睡三小時，午課如常。續閱戰爭論，聽報，杜勒史前日對美民之講詞，其政府對共不惜一戰之決心已表白無遺矣。晚在妻書房休憩，觀畫閒談，晚課。

本（十一）日朝課後記事，熱度全退，惟精神未能復元。上、下午除閱報外，皆閱戰爭論第三篇，至第八章完，修正費力。午課後略外出，巡視小學與庭

---

1　史達林（Joseph Stalin, 1878-1953），又譯史大林、斯大林，曾任蘇聯共產黨總書記、部長會議主席。

2　克勞塞維茲（Carl von Clausewitz, 1781-1831），又譯考勞維治，普魯士將軍、軍事理論家，著有《戰爭論》。

園種植，多已欣欣向榮為樂。回寓後又略感傷風。晚餐前後在妻書房休息，觀畫。晚課後八時半就寢。

本日注射強胃藥針。

## 三月十二日　星期六　氣候：晴

雪恥：一、楊寶琳[1]、彭爾康[2]入研究院。二、王多年[3]任三廳長。三、宗南任衛戍司令，玉璽專任聯合艦隊司令。四、劉廉一任聯合作戰處長。

近日山上氣候不適於休養，夫妻皆覺寒瑟不已，乃決於本日回臺北，轉往高雄療養。朝課後記事，膳後外出，先巡視院中，在妙高臺向南眺望山景與溪上便橋，並指示植樹。留戀一刻時，妻亦來同覽山水美景，其雄偉頗足欣賞。頃之，相偕視察手植各種苗木後，步至國民小學視察畢，乃即登車起程。正午回蔣林寓中，閱報，續審戰爭論。午課後審閱戰爭論後，召見孟緝，聽取其與蒲司令協商組織中美聯合作戰計畫書已提出其具體概念為慰。晡車遊後審閱，晚課。

本日為總理[4]逝世卅周年紀念矣。

---

1　楊寶琳，山東荷澤人。1948 年在山東省婦女選區當選第一屆立法委員。1949 年赴臺灣，
　　當選為中國國民黨中央執行委員，擔任立法院內政委員會召集委員、程序委員。
2　彭爾康，湖南攸縣人。1948 年在礦業工會及鹽業工會當選第一屆立法委員。
3　王多年，安東鳳城人。1955 年 1 月接任國防部第四廳副廳長，5 月調任國防部第三廳
　　廳長。
4　孫中山（1866-1925），名文，字逸仙，化名中山樵，廣東香山人。曾任中華民國臨時
　　大總統，中國國民黨總理。

## 上星期反省錄

一、本周杜勒斯回美後公開演說，直接對共匪而其間接實對俄寇之警告，其戰爭迫在眉睫，與不惜一戰之嚴重措詞，無異挑釁行為。又，俄國為氫彈對邱吉爾三個氫彈即可毀滅英國之議論，皆已演成開戰前一刻必然經過之形勢。吾甚望其能延展之〔至〕明年開始，在此一年時間，實為我國應戰至少時間之準備耳。

二、卡奈回美後，美安全會似已決定其建議，故其蒲司令已於本周末對我聯合作戰計畫之概念及組織大要案，乃以臺、澎、金、馬為聯合作戰之戰區，則金、馬在聯防範圍自無問題乎。

三、「解決共產思想與方法的根本問題」篇訂正版，已於本周完全脫稿付印，此為一重要事件。三個月來為此篇而操心，幾乎與中美條約之完成先後相終始，故用腦過度，精神亦因此更倦矣。

四、克氏戰爭論乃始克繼續校閱矣。

五、星一送史敦普行後，翌日乃即上復興山（即角畈山）休養，不料發燒二日，心身更不舒適，乃又於周末返回蔣林，期轉高雄養憩也。

## 三月十三日　星期日　氣候：陰　寒

雪恥：一、中美聯合作戰計畫，如對來犯之共匪擊滅以後，我軍如何行動，美案毫未提及，是其仍以擊退匪部後，一以保守原有島嶼為己足，而不願加以追擊與助我反攻。余本擬另提一案，但此時提出反增加其恐怖與反對或另生枝節，故決暫予默認，將來再視實際情況如何而定。惟我不能不作乘機反攻之方案，以便臨時提出實施也。

朝課後記事，經兒來談，閱報。十時見屬生與文亞[1]，商黨政軍聯合作戰第五期學員人選，並督促開學。十時半見岳軍與鴻鈞，指示美援增款用度及最近中美聯合作戰計畫方針後，記上周反省錄，審閱戰爭論。午課後即起飛來高雄休養，胃部疲弱，時作反胃嘔土〔吐〕，已非靜養不可矣。晚審閱戰爭論，晚課。

此為三月十三日記事誤記於此。[2]

## 三月十四日　星期一　氣候：晴

雪恥：一、中美盟約生效以後，外交上次一步驟為中菲與中泰聯盟交涉之進行，先使中美與東南亞二盟約連接，發生緊密關係，然後再進行東北亞同盟計畫。然而今日形勢，日本政情重在俄共，且其決心騎牆，則中、美、日、韓之聯盟乃為不可能之事？

本日腹部略感微痛，故不敢多食。朝課後記事，閱報，補記本月工作表。十一時後，往左營吊祭周雨寰[3]之喪，今日安葬也。午課後審閱戰爭論第三篇完，與妻車遊鳳山道上回，入浴。晚讀唐詩，晚課，廿一時就寢。

本（十三）日記事誤記於十九日之日記，應改正。

1　倪文亞，浙江樂清人。1948 年 5 月當選第一屆立法委員，1950 年至 1952 年任中國國民黨臺灣省黨部主任委員。1957 年 10 月獲選為中國國民黨第八屆中央委員。1961 年 2 月當選立法院副院長。
2　本日內容記於原 19 日頁面，經蔣親筆改正。
3　周雨寰（1912-1955），字艾芹，四川忠縣人。1950 年 1 月調任海軍陸戰隊副司令兼第二旅旅長，8 月升任海軍陸戰隊司令，並成立海軍陸戰隊學校。1955 年 3 月在海軍陸戰隊司令任內病逝。

## 三月十五日　星期二　氣候：晴

雪恥：一、約宴諮〔資〕政、顧問之日期。二、約宴學者與臺大教授。三、
于豪章[1]、汪敬煦[2]、王永樹[3]調學〔社〕。

朝課後記事，朱仰高[4]醫生來診，認為腸部微腫，須減食休養，二周後方能復
元也。重審解決共產思想與方法的根本問題，全篇閱讀一遍，仍有修正也。
十一時召見于豪章，聽取其陸戰隊內容與人事之報告。午課後續審閱戰爭
論，晡與妻車遊沿海環島公路。晚讀唐詩，晚課。

## 三月十六日　星期三　氣候：晴

雪恥：一、金門部隊應歸屬第一兵團指揮。二、第一兵團與第二兵團戰鬥序
列應從速修正。三、孫[5]之思想、態度與心神殊為可憂，豈真無法感化乎。

朝課後在海濱散步一刻時回，膳後記事，續閱戰爭論，並將解決共產……根
本問題講稿修正後付印，作為增訂版也。午課後批閱數件，續閱戰爭論，第
四篇第八章審核完。晡與妻車遊半屏山一匝回，觀國產影劇，晚課，讀詩。

---

1　于豪章，號文博，安徽鳳陽人。1953 年 1 月出任海軍陸戰隊參謀長。1955 年 1 月調任
　　海軍陸戰隊司令部副司令。1957 年 4 月調任第五十一師師長。
2　汪敬煦，浙江杭縣人。1950 年任第六十七師第一九九團團長。其後歷任國防部兵棋室
　　主任、第二軍團工兵指揮部副指揮官、第二軍團第三處助理參謀長兼處長。1958 年 11
　　月，調任第八十一師師長。
3　王永樹，字重三，浙江淳安人。1951 年 7 月任國防部總政治部第一組組長。1952 年 4
　　月至 1955 年 12 月任政工幹部學校校長。1957 年 2 月調任第九軍軍長。
4　朱仰高，名慶鏞，字仰高，浙江嘉善人。在滬行醫多年。抗戰時期赴重慶，曾任軍事
　　委員會侍從室醫官。戰後接收上海公濟醫院。1949 年隨政府遷居臺灣，開設私人診所，
　　並為蔣中正特約醫官。
5　孫即孫立人。

## 三月十七日　星期四　氣候：晴　溫度：八十二

雪恥：一、陸軍補給司令編制之督促。二、招待菲列德[1]。三、電武官，訪蒲[2]病。

朝課後散步回，膳後審閱戰爭論第四篇至第十章後，批閱公文，記事。聞美國決於今日發表雅爾達密約經過之內容，此心只有慚愧，但其發表或於目前國際與我國之將來復國事業上，亦有補益乎。午課後續審戰爭論同篇，至十三章完。晡與妻車遊海濱公路回，入浴，觀影劇。晚課後納涼，廿二時寢。

本日體力較昨有進步矣。

## 三月十八日　星期五　氣候：晴

雪恥：一、組織黑格爾[3]學術研究會。二、參校、防大皆增加電機、汽車構造原理一課。

朝課後記事，外出，海濱散步回，朝膳畢，審閱戰爭論第五篇開始。午課後葉[4]部長來談，印尼回教反共游擊隊領袖將秘密來臺，進行合作問題。聞霍華德[5]已來臺，約其來見。晡與妻車遊左營，沿海濱軍路回寓。膳後觀美製影劇後，晚課。

---

1　符立德（James A. Van Fleet），又譯菲列德、符理德、菲列塔、菲列得，美國陸軍將領，曾任第八軍團司令、駐韓聯合國軍總司令。
2　蒲即蒲立德（Alfred M. Pride）。
3　黑格爾（G. W. F. Hegel, 1770-1831），德意志地區哲學家，十九世紀唯心論哲學的代表人物之一。
4　葉即葉公超。
5　霍華德（Roy W. Howard），又譯勞異霍華德，美國報人，霍華德報系負責人。

# 三月十九日　星期六　氣候：晴

雪恥：一、機械科學在軍官教育應特別加強。二、機械工業在普通學校更應提倡。

朝課後記事，膳畢往海濱散步回，審閱戰爭論第五篇至第九章完。正午約紐約時報「小沙絲白克」[1] 來談並聚餐，告以近日該報反對其政府協防金、馬，並主張金門交與共匪，以響應英國政策，余特告協防金門與否，美國人如有主張，自不為過，但要我退出，金、馬交匪，此為不道義之主張，而且隨從英國之政策，殊為不可之意，囑其切戒該報。午課後召見高級將領六員，略感傷風。核定黨政軍聯合作戰班第五期學員名單後，入浴。膳後讀詩，記事，晚課。

# 上星期反省錄

一、十七日美國務院發表其雅爾達秘密協約之經過詳情，羅斯福[2] 與邱吉爾英、美聯合出賣其盟友中國於俄史，此雖為過去之事，但世人未知其詳細內容。此一發表，倍增我當時外交之無知與無能的慚惶之心，但或於我今後對美外交，使美國大部人民瞭解其當時政府如何之對我欺詐與為俄所愚弄，亦可了然於我大陸之被俄共侵略，以此為其契機，美國應負其重責。彼政府往日對華白皮書中，詆侮我政府失敗之咎由自取，思逃避其責任，更足證明馬歇爾與艾其生之謊〔荒〕唐與欺騙其本國人民之罪，不能為世所容矣。而其所最難堪者，厥為邱吉爾一人，以羅、史[3] 身

---

1　沙資勃克（Cyrus L. Sulzberger II），又譯小沙子白克、小沙絲白克，美國新聞記者，1940
　　年代和 1950 年代《紐約時報》（*New York Times*）外國通訊員。
2　羅斯福（Franklin D. Roosevelt, 1882-1945），美國民主黨人，1933 年 3 月至 1945 年 4
　　月任總統。
3　羅、史即羅斯福（Franklin D. Roosevelt）、史達林（Joseph Stalin）。

與其事者皆已死亡，易為世人所漸忘與不究，而獨邱吉爾之奸詐狡猾、賣友自私，以養成今日國際不可收拾之赤禍與俄患，更為世人所不齒矣。嗚呼，十年枉屈，猶能身見此一報應，不可為非不幸中之幸事。天乎，再經十年以後，惟願賜我收復全國，雪此恥辱，更能將一切榮耀得歸於我主矣。

二、戰爭論已看至第五篇第十章矣。

三、研究院聯合作戰第五期學員已核定矣。

四、此次病症不易復元，乃知過去半年工作之費力如何矣，惟過去並不知虧乏至此耳。

# 三月二十日　星期日　氣候：晴

雪恥：一、黃珍吾[1]調第一兵團副司令或吳仲直[2]。二、陳簡中[3]調第一兵團參長或蕭銳[4]。三、孫成城調金門參長。四、汪敬煦調實踐學社。

朝課後巡視庭院，獨在海濱散步回。召見張國疆[5]後起程，在屏東上機，至臺中降機，與妻乘車直上日月潭，十三時後乃到。傷風漸痊為快。途中禾田漸乾，且猶未插秧為憂。午課後審閱戰爭論，批閱公文。晡霍華德來訪。晚膳後長談舊雨，彼實一直諒之良友，明告其金、馬之必守，至美國是否協防，不計在我軍民決心之中。約談一小時半。晚課後廿二時半寢。

---

1　黃珍吾，字靜山，廣東文昌人。1954 年 9 月調任臺北衛戍司令部司令。1955 年 7 月調任國家安全會議委員。

2　吳仲直，字佐之，浙江諸暨人。1954 年 6 月起先後調任國防部戰略計劃委員會委員、國防部高級參謀等職。1956 年 6 月接任國防部聯合作戰計畫委員會副主任委員。

3　陳簡中，江西贛縣人。1954 年 10 月出任第四十五師師長，1955 年 2 月調任第一軍副軍長。

4　蕭銳，字慎哉，湖北麻城人。1954 年 7 月調任第一軍軍長，1956 年 2 月調任國防大學校教官。

5　張國疆，字逆夷，號涵生，河北安次人。1954 年 3 月任高雄要塞司令，1956 年 7 月調任預備第六師師長。

## 三月二十一日　星期一　氣候：晴

雪恥：一、反攻補給如要應糧於敵，以及殲滅匪部實力，只有在戰術上強調迂迴抄襲，以及截獲與斷絕其後方為惟一原則。

朝課後記事，重核研究院軍事組學員，使之工作不致停頓，又不使美顧問疑忌指摘，故頗費心力，作最後之決定。十時起與霍華德君談話，至十一時後。彼乃時時為我國利害打算，誠良友也。午課後閱報，審核三月廿九革命青年節告書稿，甚多缺點，非重加修正不可。十七時與霍氏夫婦[1]乘舢板，泛遊潭上至水口處，其水已枯，因流量甚少，故不見其源矣，惟求上帝速降大雨，以解救旱象。與霍談俄、美政情甚快。晚膳後觀影劇（大眾情人[2]），幼稚粗陋，不能觀也。晚課。

## 三月二十二日　星期二　氣候：晴

雪恥：一、艾靉[3]、陳簡中任第一軍團副司令與參謀長。二、戰術與幾何學的關係之講述，並據實例為證。三、思考程序。

朝課後記事畢，到霍華德房中送行，閒談，看其為其夫人[4]整衣物，收拾行李，而其夫人坐談自若，毅然如監督者，為其賢夫之主人，乃知霍君年已七十有三，而心身強健之由來矣。上、下午審閱戰爭論第五篇，至十六章完。晡與

---

1　霍華德（Roy W. Howard）及其夫人瑪格麗特·霍華德（Margaret Rohe Howard）。瑪格麗特·霍華德（Margaret Rohe Howard），美國記者。
2　《大眾情人》（*Lady Killer*），1933 年出品的美國犯罪電影，洛·迪爾·羅夫（Roy Del Ruth）導演，詹姆士·格尼（James Francis Cagney Jr.）、梅·克拉克（Mae Clarke）和瑪格麗特·林賽（Margaret Lindsay）主演。
3　艾靉，號業榮，湖北武昌人。1953 年 9 月，調任國防部戰略計劃研究委員會委員。1955 年 4 月，調任第一軍團副司令。1956 年 2 月，調任三軍聯合參謀大學高級教官。
4　即瑪格麗特·霍華德（Margaret Rohe Howard）。

妻遊潭即回，入浴。晚宴菲列德將與阿欽克羅斯[1]，敘談至廿二時，似又感着涼傷風矣。晚課，廿二時半寢。

## 三月二十三日　星期三　氣候：晴

雪恥：近日紐約時報主張放棄金門、馬祖，反對其美政府協防之論調甚烈。前日沙氏[2]來訪，余以為尚無成見之人，故以實情指示該報對金、馬看法之錯誤，望其有所改正，不料其為受英、印影響甚深，存有成見，其來臺觀察，乃專為發表其放棄金、馬之意見，或其直接受英國之指使亦未可知。但余未知其來臺後，在未訪余之前，已有主張其放棄金、馬之報導，及其見余後，雖將余言要旨亦據實報導該報，但其最後按語仍懷不良之意，且認余為好戰者，此乃英國操縱美國輿論，而美國受英愚弄之又一事實也，可痛。

朝課，記事後，與菲烈德談話，約一小時別去，此乃直率之軍人也。上午審閱戰爭論第五篇完。午課後修正三、二九文稿後，與妻散步。晚課，讀詩。

## 三月二十四日　星期四　氣候：晴

雪恥：一、菲烈德告余，應防美國壓力，斷絕油彈供給，如昔日對韓之辦法。余告其安心，任何壓力與斷絕，決不能動搖余之決心。余始終以自力更生為根據，而且今日臺灣形勢，美國雖斷絕一切接濟，即余單獨對共匪作戰，則美亦不能制〔致〕我死命也。

朝課後記事，膳後散步。重修青年節告書第三次畢，秘書不知負責精校，反

---

1　阿欽克羅斯（Charles C. Auchincloss），又譯奧欽克勞斯，美國律師、銀行家、實業家。
2　沙氏即小沙絲白克（Cyrus L. Sulzberger II）。

視余為其秘書，可痛。午課後審閱五中全會講稿未完。晡與妻出外散步，約半小時回。觀國製影片（梅岡回春），對社會與政治教育頗具意義。膳後又修正青年節文稿。晚課後讀唐詩，廿二時寢。

## 三月二十五日　星期五　氣候：晴　地點：日月潭

雪恥：一、澳洲總理[1]由美回澳時談話，美國對臺灣新計畫，彼甚同意之說，路透電又稱美正以臺灣新計畫徵求其盟國同意之舉。證諸杜勒斯在加拿大演說，如臺灣海峽雙方不以武力為其爭取目的，則皆有其權利可用正式解決其問題之謬論，是其顯為兩個中國在聯合國之卑劣政策為其內容也。果爾，則杜勒斯比之艾其遜一筆勾消之陰謀尤為愚拙，是無異代艾實行其未行之政策而已。應警告蘭卿，轉斥杜勒斯之荒謬，決不能成其目的，而其政治生命亦必從此斷絕矣。

朝、午、晚各課如常。上午記事後手擬上月反省錄稿。下午批閱公文，閱報。晡散步。晚擬一月反省錄。

今朝下雨約一小時，對耕種並無補益為憂。

## 三月二十六日　星期六　氣候：晴

雪恥：一、中美互助協定未在美參院通過以前，掀起無數之邪惡波折，自在意中，不料該約通過與交換生效以後，在其下院與輿論，仍發生其所謂臺灣由聯合國托管與金、馬交歸共匪，以及兩個中國參加聯合國荒謬妄說，連接不絕。可知該約英國贊成之意，全為兩個中國之種根，與海峽停火及外島交

---

1　孟席斯（Robert G. Menzies），澳洲政治家，1949 年 12 月至 1966 年 1 月任澳洲總理。

匪以及為其苟安共存陰謀之實現之計，而美國政府至少亦有其八成之同意，根本並無誠意援助中華民國之反共復國也。最近加拿大皮爾生[1]所謂「解決臺灣難局的機會，直接談判比任何其他方法都好」之聲明，顯與杜勒斯此次訪加時獲得諒解之內容，是美國已準備與共匪直接開會，商決臺灣與外島問題，此乃第二雅爾達密約之重演，應嚴密戒備。但今日美國民情與自我獨立之決心，美、英政府卑劣之陰謀，未必果能實現耳。

本日朝、午、晚課如常，默禱上帝降雨五次，而並無效驗為憂。上、下午除記事外，補記去年十二月、本年一、二月自反錄完。

## 上星期反省錄

一、三個月來，每月終無暇記每月反省錄，乃在此休息期間最後之兩天補記完成。而且趁此反省此三個月中之外交形勢，以及俄共與英、印中立主義者之賣華滅蔣陰謀，更令人愧怍痛憤。尤其是美國發表雅爾達密約以後，自覺愚鈍無識，被人賣弄，受此無窮之恥辱，益知革命救國只有自立圖強，任何與國皆不能信賴其為益友助我也，尚不醒悟乎。

二、霍華德以去年受吳逆國楨[2]謊言欺妄，反對我父子甚烈，引起美國一般輿論對我之疑慮，吳逆更因之狂妄詆陷，毫無忌憚。今次霍夫婦來訪修好，彼自知其受吳欺妄，此事雖成過去，實足自慰，彼實為美國對我之良友也。

三、美、英合謀海峽停火與兩個中國之奸計益露，事急矣，應如何加以遏制之。

四、天時旱象漸烈，禱雨無效，仍祈上帝速賜全省甘霖，以免災荒也。

---

1  皮爾生（Lester B. Pearson），加拿大政治家，1948 年 9 月至 1957 年 6 月任對外事務部部長。

2  吳國楨，字峙之、維周，湖北建始人。1949 年 4 月，辭上海市市長職務；12 月任臺灣省政府主席兼保安司令，至 1953 年 4 月辭職獲准。5 月 24 日偕妻出國，滯美未歸。

五、克氏戰爭論第五篇審核完成，頗覺自慰。

六、青年節告書五易其稿，最後完成，讀之得意，當為青年節每次文告之第一篇乎。

## 本星期預定工作課目

1. 檢討中美聯合作戰計畫。

2. 青年節文告。

3. 宴誥〔資〕政、顧問。

4. 研究院務會議。

5. 國防大學開學典禮。

## 三月二十七日　星期日　氣候：晴　臺北陰

雪恥：一、美國最近對華政策之研究與警告。二、中美共同作戰計畫之研究。三、尹仲容[1]案之詢問。

朝課後記事，膳後記上周反省錄。十時後與妻乘船遊覽對岸高山族居地，其環境衛生之改善優於其他平原各地，對於社會服務社主任劉皇叔予以嘉獎。旅潭以來，今日上午為真正遊息之三小時也。午膳後起程，途中午課。見至臺中附近禾田多已枯乾為慮，近日禱雨甚切，望能有效也。上機時以風扇大開，又感傷風。回蔣林，入浴，巡遊庭園。晚重審戰爭論第一篇未完，晚課。以傷風廿二時後即寢。

---

1　尹仲容，本名國鏞，湖南邵陽人。1954 年 6 月出任經濟部部長兼中央信託局局長。1955 年 7 月，因「揚子木材公司貸款案」被提起公訴。10 月 30 日，獲法院宣判無罪。

## 三月二十八日　星期一　氣候：晴

雪恥：一、法國會上院昨已通過了巴黎協定、對德獨立建軍等四個議案，此為俄國對美、英、法最大制〔致〕命的一個打擊，今後所謂其四國高階層會議之召集，自在意中，但決無結果，乃可斷言。此一德國獨立與建軍案實行，雖為美、英對俄計畫達到最高點之程度，但天下決無完滿之事，完滿即為招損之始。余信第三次世界大戰即已種因，為巴黎協定完成與德國建軍開始之日，當無疑義。

朝課後記事，約見岳軍、鴻鈞，商討胡光麃[1]與尹仲容案，仍留尹為經濟部長。上午審核戰爭論第二篇，改正原稿。午課後重閱第一篇第一章完。晡見大維、孟緝，聽取其中、美共同作戰所商定之計畫大要約一小時。晚讀唐詩（贈孟浩然[2]），晚課，廿二時寢。

## 三月二十九日　星期二　氣候：晴

雪恥：一、六年前決心放棄大陸，退守臺灣之初，對於國內所有誣蔑叛變與各種不測之變，雖非預料所及，但其中亦有預想所得，不甚為奇。惟外交上之無公理、無信義，乃至其所有公法約言以及聯合國憲章，亦不得應用於中華民國，而一以強權現實，所謂共匪已能控制大陸，政權穩定為其政策之標準，尤其是美國艾其生對華白皮書等各種污辱言行，打破外交之慣例，如此國際社會，更令人夢想不及。英國態度自為預想所及，而印度「泥黑路」之

---

1　胡光麃，號叔潛，四川廣安人。1947年購得上海揚子江木材株式會社，改名為揚子木材廠，1949年在高雄設立新廠。1954年與美海軍部簽約承造一百艘登陸艇，翌年被立委指控騙取貸款外匯遭羈押，時稱「揚子案」。同年10月獲判無罪，事後自商場退隱，專心著述。
2　孟浩然（689-740），名浩，字浩然，號孟山人，以字行，唐代襄州襄陽人，又稱孟襄陽，盛唐時期著名詩人，屬於山水田園派。

喪心病狂、投機賣買一至於此，實非世界所應有者。凡此種種，只可認為上帝鍛鍊中華民族，使之經歷千挫百劫，以建立其復國建國、救人救世之基業。如此大國舊族，若不經此九鍊百折，何能使之發揚廣大，改造此一偉大之中華大國耶。

# 三月三十日　星期三　氣候：晴

雪恥：昨為革命紀念節，朝課，記事，閱報。十時到忠烈祠致祭，再往太原五百反共烈士殉職紀念亭與梁敦厚[1]碑基憑弔畢，到三軍球場青年大會致訓，青年之熱烈親愛，可感也。回寓，審閱戰爭論第一篇第二章，午課後繼續審閱完。晡見法國記者。膳後與妻車遊山上一匝。晚課，讀唐詩，廿二時後寢。

本（卅）日朝課後記事，早膳，聽報。十時與妻到中央主持總動員會報，對於旱象嚴重為慮。據報六十年前之甲午、乙未、丙申三年亦成旱災，而以乙未為最云。午課後重審戰爭論軍事天才章未完。晡見時代雜誌奧斯本，談一小時，其主人魯斯[2]將為余特出專刊，報導臺灣近況，甚可感也。晚審核洪自誠著菜根譚[3]，準備重編印行也。與妻車遊回，晚課，廿二時後寢。

---

1　梁敦厚（1907-1949），字化之，1948 年任山西特警處處長。1949 年任山西省代主席，是年 4 月 20 日國軍太原失守，率眾集體在省政府仰藥自殺後焚毀遺體，史稱「太原五百完人」。
2　魯斯（Henry R. Luce），又譯羅斯、羅次，生於中國，美國新聞媒體發行人，創辦《時代》、《財星》、《生活》、《運動畫刊》等刊物。
3　洪應明，字自誠，號還初道人，其創作《菜根譚》乙書，融合釋、道、儒三家思想，與明朝陸紹珩《小窗幽記》和清朝王永彬《圍爐夜話》並稱「處世三大奇書」。

## 三月三十一日　星期四　氣候：晴

雪恥：一、車輛、醫務、通信、保密各技術加強。二、參校、防大學員畢業之前，應受修車與電信機學術課程為必修課。三、官長首要精神：甲、明了職務與責任。乙、自動作業盡職。四、美顧問參加各機構之業務會報？五、駐英聯絡員李任民不行。六、閻國棟[1] 傘訓處長應受訓。

朝課，記事，聽報。十時到研究院院務會議，指示軍事組課程重點。午課後重審戰爭論天才章。晡邀約各國使節夫婦茶會後，與妻車遊淡水。回寓，入浴。膳後讀唐詩，重審天才章。本日報導，愛克對記者聲明，決不使自由中國因防衛金、馬外島而士氣低落，表示一旦戰時發生，美必積極協防之意，此乃上周霍華德報導之功效也。

---

1　閻國棟，山西平遙人。1951 年 2 月，任陸軍傘兵總隊第三大隊大隊長。1954 年 3 月，任陸軍游擊傘兵總隊訓練處處長。1955 年 2 月，調任陸軍總司令部高參。1956 年 11 月，任陸軍步兵學校訓練部戰術組組長。1959 年 3 月，任陸軍空降步兵教導團副團長。

# 上月反省錄

一、本月一日為余復職五周年。至三日，而中美互助盟約乃在臺北交換生效，此乃五年忍辱奮鬥之結果，使絕續不定之國脈重新生根，可謂起死回生之神續〔蹟〕，不有上帝護佑，盍可臻此。惟願再加五年時間，使我能光復大陸全土，拯救我苦難垂死之同胞，亦使之能起死回生則幸矣。自信必蒙上帝垂憐，在此五年之中，定得消滅全國共匪，完成統一，以建立基督教理，三民主義富強康樂新中國，完成上帝所賦予之使命也。

二、如此古舊而腐敗之老大國家，一躍而為第一等大國，果何如事。十年以來，所受各種之侮辱欺詐，以及其不堪壓迫與動心忍性之苦痛，何足為意。至於各種挫折與非常失敗更是理所當然，若不經如此試鍊，何能期其復興與重生耶。

三、美國對停火問題，不斷發出試探性之宣傳，果為何意，應密切注意。

四、十七日美國務院突然發表其雅爾達密約全文（惟對馬下兒[1]有關部分剔除乎），對我個人言，慚惶交集，但對將來國際外交之教訓言，是有其重大意義，而且此舉可以抵消美國艾其生之對華白皮書，與馬下兒始終侮蔣賣華之謬妄罪惡，俄共所以能竊據大陸之總果與責任誰屬，乃可大白於世矣。

五、中美協定生效後，中美聯合作戰計畫亦得雙方進一步之具體訂立矣。

六、本月美、英、俄之戰爭性宣傳，極可注意者：甲、邱吉爾明言，英對氫彈未能與美相比以前，不能控制美國之政策。乙、俄以三個氫彈就可毀滅英國之恫嚇。丙、杜勒斯由東亞反〔返〕美後，對俄共發表挑戰性之公開講演不只一次，究為何意？丁、俄對美國，尤其是伏洛希洛夫，明言此次戰爭結果，並非為世界文明毀滅，乃是不合時代的資本主義之毀

---

1　馬下兒即馬歇爾（George C. Marshall）。

滅也。凡此各種言行，豈僅為恫嚇其對方止步之宣傳乎。

七、對「霍華達」[1]與「少沙絲白克」發表兩篇談話，少沙氏雖表示不服之意，但我原文在該各報發表，則必發生重大作用也。

八、法國上議院已批准其巴黎協定，美國亦已通過矣。

九、本（三）月份完成工作：甲、解決共產思想之根本問題增訂版脫稿付印，此為一重大工作也。乙、克氏戰爭論審閱至第五篇譯稿完成。丙、青年節文告自覺得意。丁、去年十二月以來，三個月之反省錄皆補記完成。戊、實踐學社第三期學員選定。

十、體力至本月疲極，休養一月方漸復元，但仍易感冒不息耳。

---

1　霍華達即霍華德（Roy W. Howard）。

蔣中正日記
Chiang Kai-shek Diaries

# 四月

蔣中正日記
Chiang Kai-shek Diaries

蔣中正日記
Chiang Kai-shek Diaries

# 民國四十四年四月

## 本月大事預定表

1. 嚴格訓練自衛隊壯丁，以替代補充兵之缺額。

2. 加強步兵降落傘訓練一萬人之計畫。

3. 國防法案通過之督導。

4. 攻擊戰鬥群戰術之審定。

5. 特務長全部訓練之計畫。

6. 陸軍對登山夜行軍與跑步行軍之特訓。

7. 如何使官兵勇猛攻擊，與犧牲樂死精神之養成方法，應具體研究。

8. 作戰指導中心機構之組織速成。

9. 亞非會議之注意。

10. 俄匪長射程火箭砲之性能與防備之訓練。

11. 共匪對戰時兵員之控置〔制〕方法要領，與補充其損耗之辦法如何，應切實研究。

12. 戰術與幾何學有關之要領設題，舉例，講話。

13. 海防兵力減少與替代。

14. 山地與各特種訓練應用電影教育。

15. 各軍校副食與海軍、海勤副食加給。

16. 商船之改裝與船員之訓練計畫。

17. 兩兵團部屬應促重新編配。

## 四月一日　星期五　氣候：晴

雪恥：一、危險為戰爭（過程中）進行時所遭遇無數磨折的變故（險象危境）中之一種（克氏戰爭論戰爭之危險章）。二、戰爭挫折時，不可落到失望的地步。人如失望，簡直等於絕望，因為失望的人決不能再抵擋仇敵的攻擊了，所以要切戒失望。務使逃避這樣可怕的仇敵─失望，猶如逃避一條致命的毒蛇一般。除非你願意一敗塗地，否則切不可在他面前慢慢地轉身，應該立即恢復你對革命必成與主義必勝的信心，鼓起勇氣，守住盼望，打破這仇敵─魔鬼作祟─失望，求得轉敗為勝，達成戰爭任務─最後的勝利。

朝課後手擬講稿要旨。十時，到防大開學典禮訓話，為海軍參校第四期畢業生點名。入府會客。回寓，記事，清理人事要務。

本日起，時刻照夏令節，提早一小時。

## 四月二日　星期六　氣候：雨

雪恥：昨午課後，續審閱軍事天才章，又，戰爭危險章完，接見黑人美以美會監督。晚讀唐詩，為經兒與右老生日，各題夫人寫竹一幅。晚課後，廿二時半寢。一、兵團所屬部隊改編。

朝課後記事，十時入府，軍事會談，聽取中美聯合作戰計畫之報告，約二小時餘畢。在府宴誥〔資〕政、顧問等八十餘人，聽其意見。黨外者要求超黨派之全國一致，反共為名，其實為分得政府職位，方謂之一致也。其在黨之黨員，多以未能常得親見為怨，必須每員面談，接受其高見，方能滿其顧問之心意。余惟和婉聽之，而不知其已過去矣。午課後批閱，召見孟緝，指示研究院本期軍事組課程時間之分配。晡與妻車遊山上一匝。晚讀唐詩，晚課，廿二時半寢。

今日各地普得甘霖。

## 上星期反省錄

一、加強士氣之條件：甲、提高信念。乙、奮發士氣。丙、增強戰力。丁、協同一致。

二、計畫：顧慮周到，富有彈性，使各級指揮官深入狀況。

三、執行：兵力活用，行動果敢，獨斷專行，有臨機應變之能力。

四、中美聯合作戰計畫審核已畢。

五、美國輿論對金、馬協防問題，紛紜複雜，不可究極。各國對此之各種提議，對我政府侮辱倍至。乃知國家惟有信靠自己，一經淪陷則任何公法與情感恩德及歷史關係皆屬廢物，尤以韓、泰、日、越之近態，更為痛心。而泰國鑾披文[1]分訪菲、韓、日各國，而獨對我政府不理，此種小族軍閥之心情雖不足計校，但其畏共與求免妥協，甚至希求中立之心理，則於此更明矣。不知是非，不識真正利害者，何足論哉。

## 本星期預定工作課目

1. 戰地聯合作戰之組織：甲、一切通信機構與譯電員，由政治部負責統一管訓。乙、擴音與收音機統一管理。丙、政治部主任為總部秘書長。丁、實現黨為軍、政之靈魂（但黨不能出面）。

2. 92D 二七六團長項育位[2]成績查報，應撤換？

3. 以後未畢業學員不能先調職。

4. 第四軍各師應提前集訓十三周。

---

1　鑾片汶（Plaek Phibunsongkhram），又譯鑾披文、鑾披汶，泰國陸軍將領，曾任總理，時二度任總理。

2　項育位，時任第九十二師第二七六團團長。

5. 金萬舉[1]，美參，22D 砲指，召見。

6. 高級政工人員皆入參校受訓。

7. 22D 副師長陳玉玲[2]成績如何，有否入防校。

8. 被匪圍俘之原因，應專題研討與對策戰術。

## 四月三日　星期日　氣候：雨

雪恥：一、研究院訓詞要旨：甲、學問為一切的力量與成功之基礎。乙、國學為一切學問之先務（文以載道，文以達理）。丙、精神教育以心理與觀念為重點，失望與信心（意志）為革命事業（戰爭、政治）成敗之關鍵。丁、危險為戰爭過程無數磨折和不測變故所經常發生中之一種，應視為普通之常事。戊、責任感與榮譽心為將領必具之第一性能。己、對俄戰術與戰史，及其軍人之傳統習性的研究最為重要。庚、將領不僅在學以致用，而以激發部屬之良知良能、奮鬥勇猛、樂死犧牲、冒險（犯難）積極之精神，能使之以一當十，為真學問（舉一反三，臨幾應變），祛除過去只求無過，不求有功之卑劣習性。

## 四月四日　星期一　氣候：晴

雪恥：昨晨又以暫不戴帽而發生傷風，故終日未外出。朝課後記事，上午記上周與上月各反省錄，查察高級將領讀訓心得之論文，幾乎及格可觀者不及

---

1　金萬舉，號適剛，遼寧遼陽人。時任第二十二師砲兵指揮官、後任高雄要塞參謀長，1956 年 5 月調任陸軍步兵學校教育長。

2　陳玉玲，浙江鎮海人。時任第二十二師副師長，後調任第五十七師副師長。1957 年 2 月升任第三十四師師長。

百分之一、二，如此學問與修養之將領，焉得望其復國建國耶，應設法改正。至於根本之圖，乃在軍官學校基本教育時，特別注重國文之課程也。午課後，審閱各軍事學校教育得失情形之報告，加以詳示。晡觀華製電影（愛之俘虜[1]）。晚讀唐詩，準備講稿要旨。晚課，廿二時寢。

本（四）日朝課後記事，十時研究院第二階段第五期開學典禮，本期為石牌實踐學社合併訓練，或可避免美員之疑忌也。午課後，增補解決共產根本問題篇兩段，甚費心力也。晚宴美陸軍部長史迪文生[2]後，晚課，廿三前寢。

## 四月五日　星期二　氣候：晴

雪恥：一、反攻第一目標之準備：甲、廈門。乙、泉州。丙、福州。丁、東山。二、堅定幹部信心，與百折不回，不失望之訓示。

朝課後，修正對立法院成舍我[3]質詢龔德柏、馬乘風[4]案，在月會中講稿要旨。十時，到總統府月會，聽取司法部長報告後，繼親自報告龔、馬等各案經過情形，與指示其質詢不當之處，約三刻時畢。召集一般會談，全省雨量可說已經落通矣，感謝上帝恩澤，免我旱荒。午課後記事，審閱受難節講稿二篇，

---

1　《愛的俘虜》（*Prisoner of Love*），1951 年香港永華影業公司出品，程步高導演，羅維、吳家驤等主演。影片講述富人吳秉中與妻子文濤及情人家庭教師柳詠青之間的一段三角關係，最後吳秉中兩愛俱失，黯然離去。

2　史典文生（Robert T. Stevens），又譯史迪文生，美國企業家，1953 年 2 月至 1955 年 7 月任陸軍部部長。

3　成舍我，名希箕，又名漢勛，湖南湘鄉人。1948 年在北平市當選第一屆立法委員，誼屬革新俱樂部。北平被共軍占領前逃往南京，後寓居香港，1952 年冬定居臺灣。1956 年在臺北創辦「世界新聞職業學校」。

4　馬乘風，名鴻昌，河南宜陽人。1948 年當選第一屆立法委員。1952 年初，為保安司令部逮捕。1955 年秋，被控煽動前第八兵團司令劉汝明叛變，以及包庇「匪諜」趙守志入境兩個罪名，判刑無期。

皆不適用。晡記〔見〕國際社記者阿姆斯脫郎[1]，此人亦有成見，反對協防金、馬者也。晡車遊淡水。晚批閱公文，讀詩，晚課。

## 四月六日　星期三　氣候：晴

雪恥：一、補充兵每年訓練十四萬人之計畫與經費數目案。二、協案。三、希望補足廿四師之輕、重武器全備之數量，另撥三個至六個師之輕武器訓練預備師。

朝課後記事，十時到中央常會，研討共匪全會開除饒漱石[2]與高崗[3]等之整肅案內容與原因後，討論軍人平時受司法審判案之方針，未作決定。午課後，除增補解決共匪……的根本問題，增訂本第二版付印外，審修戰爭論第一篇第二次完。晡約見日人龜山氏[4]外，並約美空軍派楚琪[5]夫婦茶會後，與令傑[6]車遊山上一匝。晚讀唐詩，晚課。

---

1　阿姆斯脫郎（Orland Kay Armstrong），又譯阿姆斯托朗、阿姆斯壯，美國共和黨員，1951 年 1 月至 1953 年 1 月為眾議員（密蘇里州選出），退出政壇後，回歸記者與作家本業。

2　饒漱石，原名石泉，號漱石，曾用名梁樸、趙建生，江西臨川人。1955 年 3 月被控與高崗結成反黨聯盟遭開除黨籍，4 月，又以「饒漱石、潘漢年、揚帆反革命集團」罪名被捕。

3　高崗（1905-1954），原名崇德，字碩卿，陝西米脂人。1949 年 4 月任中共東北人民政府主席，9 月任中共中央人民政府副主席。1952 年 11 月，出任國家計劃委員會主席，後與饒漱石密謀取代劉少奇和周恩來而遭批判，1954 年 8 月自殺身亡。1955 年被開除黨籍。

4　龜山直人，日本東京大學教授，應用電氣化學專長，1949 年至 1954 年任日本學術會議會長。

5　派楚琪（Earle E. Partridges），美國空軍將領。

6　孔令傑，孔祥熙與宋靄齡次子，時為駐美軍事採購處陸軍武官，往來美臺之間，為蔣中正、宋美齡傳訊。

## 四月七日　星期四　氣候：雨

雪恥：一、幾何學與戰術應用有關之基本課題之講解。二、任顯羣[1]案之辦理。三、五千二百萬軍援改為軍協案。四、對美宣傳機構與人員之調整案。五、疏散與防空工作積極實施。

朝課後，手擬耶穌受難節證道詞稿，未完。十時入府，召見六員，召集情報會談，對於匪黨集體領導制與整肅高、饒[2]案等重要因素，其皆受俄共之控制一節至為明顯，乃對共匪內容有進一步之了解，更覺其崩潰之易予也，要在自我準備之如何耳。午課後，續擬證道詞完，心力甚為疲倦。晡與妻車遊淡水回，入浴。晚觀國製影劇（小丈夫），頗佳。晚課後廿二時半寢。

## 四月八日　星期五　氣候：上雨　下晴

雪恥：本日為耶穌受難節。朝課後處理要務，審閱美援增款一億元交涉經過詳情等畢，記前日事，再審閱證道詞稿，甚覺自得。十時入府會客，召見調職人員四名後，召集財經會談，督促疏散與防空工作，各部會之精神與生活，簡直比平時之宴安苟且猶不如也。正午回寓，與妻同到蔣林堂證道，前後約一小時餘。午餐以禁食故停止。休息安眠一小時後，午課畢，至十六時後乃進餐。惟朝食，以妻勸余體力太疲乏，不能再禁食，故朝餐如常耳。晡與妻及傑甥[3]車遊基隆，一路禾苗甚秀為慰。晚與妻等視察圓山飯店後，巡遊市區回。晚課，讀詩，心身似已復元矣。

---

1　任顯羣，原名家騮，江蘇宜興人。1949 年 12 月任臺灣省財政廳廳長，1950 年 1 月兼任臺灣銀行董事長（1951 年 3 月卸任），1953 年 4 月卸任公職，開設律師事務所維生。1955 年以「掩護匪諜」罪名被捕。
2　高、饒即高崗、饒漱石。
3　傑甥即孔令傑。

## 四月九日　星期六　氣候：陰雨

雪恥：一、作戰中心機構之催促。二、防大與研究院各開學訓詞之呈閱。

朝課後記前、昨二日事。批閱公文畢，與令傑談話，指示美軍援特增款項之交涉方針。十時入府，令鄭[1]、毛[2]追究任顯羣包庇匪諜案，令吳南如追究紐約每日新聞記者造謠案，令鴻鈞對美軍援五千二百萬增款仍改為軍協案後，召集軍事會談，解決兵役法改正案與軍費預算增加士兵餉項每名十圓案，對於俄共匪機性能，乃由叔銘報告，可得其概要，增益頗多。午課後閱報，與妻車遊淡水回，讀唐詩，閱報。膳後記事，晚課。

本日體重減至一二三磅。

## 上星期反省錄

一、邱吉爾本周三日已告老辭職，此與美國發表雅爾達密約不無間接關係，此其自認在他生前公開此約，實為其平生最為內疚之事也。第二次世界大戰反納粹陣線四首腦，羅、史[3]皆死，而今邱亦下野，則所存留者惟余一人，且其年齡以邱為最老，而余為最少者。余與邱氏相差幾十四歲，如天父願留余當政，再有十年，自信乃可完成第三次大戰反共抗俄之使命。然而邱雖賣華反蔣之主持者，但其實為今日反共謀俄之不可少者，故其下野，不能不為之惜耳。

二、亞洲（和平）會議，七日在印度開會，聞印度各黨會員以該會乃為共產集團（世界和平會之化身），全為共黨所操縱，故多退席表示反對。此

---

1　鄭介民，原名庭炳，字耀全，廣東文昌人。1952 年 10 月，任中國國民黨中央委員會第二組主任。1954 年 8 月，任國家安全局局長。

2　毛人鳳，浙江江山人。時任國防部保密局局長。1955 年 6 月保密局改組為情報局，仍任局長。

3　羅、史即羅斯福（Franklin D. Roosevelt）、史達林（Joseph Stalin）。

乃為印尼萬隆所召集之亞非會議（泥黑路）與周恩來爭奪領導權之伏流乎。

三、本周指示要務較多：甲、加強壯丁民防部隊之訓練。乙、臨時反攻大陸，沿岸目標之督導。丙、特增之美援改為軍協案之要求。丁、大陸情報工作之指示。戊、在月會答立法院質詢案。

四、匪黨全國代表大會整肅高岡〔崗〕與饒漱石案之重大，實為共匪外受俄共之控制操縱，內部訌裂與激鬥之表面化。而其去年以來，所謂集體領導制，尤為俄共削弱毛酋之重大陰謀也。


## 本星期預定工作課目

1. 亞洲反共同盟開會日期之決定。
2. 巡視金門、馬祖之戰備。
3. 戰術與幾何學應用及原理、要領之講解。
4. 防空工作與疏散計畫之實施。
5. 攻擊戰鬥群之審議會議。
6. 聯合作戰中心之組織。
7. 獎勵負責，解決問題，不怕錯誤之精神。
8. 確保榮譽與榮譽戰死為將領第一德性（犧牲決心）。
9. 俘獲（生擒）敵將，抄襲敵後為剿共第一要務。
10. 組織黑格爾學術研究會。
11. 軍人平時犯非軍法罪者，應歸司法審判。

## 四月十日　星期日　氣候：晴

雪恥：一、防空演習之普遍實施與測驗，及積極改正與加強。

本日為舊歷三月十八日，經兒四十晉六生日，正是耶穌復活節，為經兒禱祝。朝課後記事，約見德國前裝甲兵司令「溫托[1]」，相談半小時。德國軍人總有一種自尊自重行動，成為風習，殊足敬愛。到蔣林堂禮拜。午課後審閱戰爭論第二篇第一章完。晡諸孫來家吃長壽麵，為經兒祝福後，與妻車遊山上一匝回，觀「海誓[2]」影劇。晚讀唐詩，晚課。

## 四月十一日　星期一　氣候：晴

雪恥：一、日本出版自由中國新聞應津貼擴充（宓汝卓[3]）。二、德國投標之結果如何。三、研究院學員基本考課標準為國文。

朝課後記事，召見白鴻亮[4]總教官，報告其回日所見近情，頗詳。十時到國防大學主持紀念周，宣讀解決共產思想與方法的根本問題（約二小時餘）增訂第二版，以讀者無學無識，錯誤甚多為憾。午課後手擬重要令稿數通，約二小時後，召見孟緝，報告蔡斯對研究院高級將領教育之抗議，以及第四軍供應油料等表示不滿，余令置之不聞。晚修正增訂第二版稿，讀唐詩。晚課，廿二時後寢。

---

1　溫托（Walther Wenck），德國陸軍將領，戰後任西德煤焦公司（Dr. C. Otto & Comp）經理。
2　《海誓》，香港永華影業公司出品，1949 年 11 月 22 日上映。程步高導演，李麗華、陶金等主演。影片講述漁夫和漁霸老闆的恩怨情仇故事。
3　宓汝卓，浙江慈谿人。1945 年任臺灣省專賣局高雄分局分局長，1947 年 7 月至 1948 年 7 月，派任嘉義市市長，1951 年任中國國民黨中央改造委員會日文書刊編譯委員會委員兼秘書。
4　富田直亮，前日本陸軍第二十三軍參謀長，化名白鴻亮，1949 年 11 月 1 日抵臺，協助訓練國軍幹部，為實踐學社（白團）之總教官。

## 四月十二日　星期二　氣候：晴

雪恥：一、劉振寰[1]為金門參謀長。二、金門空軍防空掩蔽部經費。三、金門碼頭工程與機械之督促。四、電小金門羅重毅[2]。五、金門運輸手續之簡化。六、金門照明設備與滅火器增加數量。七、油彈多存。八、蔡斯視察陽明研究院之日期。九、發令傑款。

朝課後記事，九時與妻出發，飛金門巡視，十一時到達，在大武山新建指揮所休息，午課。十三時後召集團長以上官長，聽取報告後，訓話約半小時畢，開始視察。先到陣亡將士公墓致敬，再到第六十九師部視察後，到珠山一五五加農砲兵陣地，然後再到省縣政府，此為舊日駐所也。最後到第八軍指揮所，聽取作戰準備報告後，乃起飛，已十七時半矣。金門各種建設進步，比之四年前大不同矣，胡璉乃一有將領[3]，惜其軍閥舊習未能杜絕耳。

## 四月十三日　星期三　氣候：晴

雪恥：昨回臺北已十九時矣，晚重閱解決共產的根本問題，仍有修正。晚課，讀唐詩，廿二時寢。

朝課後記事，召見孟緝，訓戒之。十時到中央主持常會，研討現役軍人平時犯民、刑事法，是否歸司法機關審判問題，及決定亞洲反共會議日期等案。正午手擬各項要令十餘通。午課後入浴，閱報。晚膳後廿一時到基隆，與妻上洛陽艦出港，前往馬祖視察。晚課如常，廿二時寢。

近日美國對金門、馬祖協防與撤退之輿論，可謂龐雜已極，而以民主黨史蒂

---

1　劉振寰，黑龍江嫩江人。1955 年 4 月任金門防衛司令部參謀長，9 月調任總統府高級參謀，後調任第一軍六八一砲兵指揮部指揮官。
2　羅重毅，號誠堅，湖南邵陽人。時任第三十四師師長。
3　原文如此。

文生[1]為首，紐約時報小沙氏[2]以及國會民主黨議員茅廁[3]等，又所謂新基督教派十二人，反對協防，並主張強逼我撤退金、馬最烈，幾乎完全視我中國為無物矣，愚魯可笑極矣。

## 四月十四日　星期四　氣候：晴

雪恥：昨夜在艦中悶熱，不甚安眠。今晨起床，朝課如常。八時達馬祖島外，以霧重，在島外待小艇。九時後方在馬祖澳上岸，華心權[4]師長來迎，聞美顧問測驗作戰準備三晝夜，今晨八時講評方完。先入三〔山〕隴澳上指揮部，與美顧問等相晤，麥唐納[5]副團長亦來見，聽取其測驗結果之成績不差，認為能確保馬祖群島無疑為慰。繼聽取師部作戰準備之報告後，經兒亦由北竿塘島來見。聚餐後對營長以上軍官訓話、點名畢，巡視福澳山上之砲兵陣地與高射砲陣地，眺望北竿塘與高登各島甚清也。十四時在福澳上艦，先在北竿塘，再轉白犬各島外巡視一匝，乃即回航，在艦上休息，午課。晚膳，在艦中與麥唐納等聚餐，問答測驗經過情形，甚為有益。經兒仍留馬祖，未能同回也。廿二時回蔣林，晚課，入浴。

---

1　史蒂文生（Adlai E. Stevenson II），又譯史丁文生、斯丁文生、史塔生，美國民主黨人，曾任伊利諾州州長，1952 年競選總統敗選。
2　小沙氏即小沙絲白克（Cyrus L. Sulzberger II）。
3　摩斯（Wayne L. Morse），又譯茅廁、毛斯，美國共和黨人，1945 年 1 月至 1969 年 1 月為參議員（奧勒岡州選出）。
4　華心權，字家駿，陝西商縣人。1952 年 11 月，任總統府侍從參謀、高級參謀。1955 年 3 月，調任第八十四師師長兼馬祖守備區指揮官、馬祖戰地政務委員會主任委員。1957 年 3 月，調升第二軍軍長。
5　麥唐納（Joseph C. MacDonald），又譯唐納爾，美國陸軍將領，時任駐華軍事顧問團副團長兼陸軍組組長。

## 四月十五日　星期五　氣候：晴

雪恥：一、江學海[1] 兼代八十四師參謀長。二、250 團顏珍珠[2] 與三三六營砲營長孫資文[3] 各升上校。三、無線電不定期開放通信。四、外島工事材料應優先運輸。五、艦上磁器與掛巾銅桿不夠擦淨。

朝課後寫華心權師長函，指示其工作要務。朝膳後遊覽庭園，訪魚問鳥。回，記前、昨二日事。午前後重讀解決共產的根本問題，有所增補。對徐培根[4] 讀訓心得，評者定為甲等再優者，但詳閱其卷仍不能謂有心得也，難哉。午、晚課如常。晚審閱實踐學社課程表，並自題解決共產的根本問題書面。廿二時後寢。

## 四月十六日　星期六　氣候：晴

雪恥：一、聯合國我國代表為何不用國語。二、外交人員應作限期、有計畫對調。三、召見童俊明[5]（49D 砲指揮）（美砲校）。

朝課後記事，召見孟緝，談日本教官之家眷，在日有為美國情報人員探報石牌日藉〔籍〕教官工作者，故蔡斯甚為氣憤，彼昨往研究院中實地視察，盡告其日人所教課程，但猶未袪其疑乎。美人如此，只有聽之。對下周中美聯合作戰會議，我方應着重在敵匪空軍對臺灣威脅，在六百英哩半徑區內，共

---

1　江學海，字勉之，江西上高人。1955 年 3 月，任第八十四師副師長，7 月調任預備第五師師長。1961 年 9 月，調任陸軍第一士官學校校長。
2　顏珍珠，字中柱、履淵，湖南茶陵人。1954 年 7 月任第八十四師第二五〇團團長，1957 年 3 月升任預備第五師副師長。
3　孫資文，字桂喜，湖南益陽人。時任第八十四師第三三六營營長。
4　徐培根，字石城，浙江向山人。1954 年 7 月任副參謀總長，8 月任國防大學校校長。1955 年 9 月再任副參謀總長。1956 年 8 月再次出任國防大學校校長。
5　童俊明，號自新，察哈爾宣化人。時任第四十九師砲兵指揮官，1957 年 4 月調任第六十九師參謀長。

有八百優良飛機同時可以轟炸，臺灣全省幾乎可以全毀之問題。若非先發制人，則無保全之法，問其應作如何策畫，此為第一要務也。入府召見調職人員後，批閱畢，軍事會談，約二小時。午課後批閱公文，與妻車遊。晚讀詩、題字，晚課。

## 上星期反省錄

一、巡視金門與馬祖，作戰準備工作完成。馬祖土質與社會，幾乎與浙海之大陳無異，而金門，則其石岩之土質更劣，乃與浙土完全不同矣。此行在余甚為平常之舉，但在各國與匪共各方面，已引起極大之重視，何其怪哉。惟金、馬士氣與戰備則可確保不失，而且成為反攻大陸惟一之跳板也。

二、美顧問團在金、馬測驗作戰準備之結果，對於我軍又得一個重要教育與軍事進步之效益也。

三、共匪飛往印尼萬隆會議者八人，由香港乘印度航空公司起飛至中途，起火失事，匪人全部覆滅，惜周匪[1]未在該機為所算爾。

四、共匪對我金、馬之進犯，究敢冒此大險，作最後孤注一擲乎？此乃余六年來之惟一目的也。據最近俄共在福州、泉州、漳州與汕頭各地，積極建築機場與布置雷達網之情勢測之，其不動則已，動則必挾俄共全力，準備世界大戰與一舉毀滅臺灣之全境。故其最近期內，各地機場未完成以前，未必敢冒此大險乎，然而不能不積極防備耳。

---

1　周匪即周恩來。

## 本星期預定工作課目

1. 外交人事與組織之改正加強。
2. 中美聯合作戰會議之指導。
3. 七萬退役官兵安置計畫之督導。
4. 對下年度美援增加之督導。

## 四月十七日　星期日　氣候：晴

雪恥：一、軍事各學校考績，以國文為第一要課。二、「師範必修課本」應用於軍官學校。三、軍人對於五大信條服膺之要義。四、對共匪作戰之戰術與計畫，首在生擒匪首，次在突襲其指揮部，再次則破壞其通信機構與系統。五、獎勵負責，解決問題，不怕錯誤之精神。六、確保榮譽與榮譽戰死之「軍人第一德性」。七、省察敵情，檢討缺點，注視客觀條件。

朝課後遊覽庭園。膳後記事，審閱海軍將領讀訓心得，幾乎無一人能列乙等者，更為我軍隊前途危也。禮拜如常。午課後記上周反省錄。晡約菲列濱商務次長[1]夫婦等茶點後，與妻車遊山上一匝回，觀臺製影劇（嬰〔罌〕粟花[2]），甚有進步。晚課，讀詩。

---

1　拉吉爾（Perfecto E. Laguio），時任菲律賓工商部次長。
2　《罌粟花》（*Opium Poppy*），1955 年出品，由夷光、盧碧雲、王珏、龔稼農雙生雙旦合演的反共諜戰片。劇情敘述大陸淪陷初期，政府派遣工作人員到澳門與當地工作人員取得聯繫，企圖打入以綽號「·罌粟花」之女為首的中共情報組織，將其所控制的物資倉庫、通訊設備加以破壞。

## 四月十八日　　星期一　　氣候：陰

雪恥：一、對美宣傳機構與組織計畫之審核。二、國防法案反對意見與改正條陳之研究。三、機械修護檢查與科學精神為現代將領必修之課程。

朝課後記事，召見孟緝，指示今日中美聯戰會議應注重之要旨後，到陸軍參校舉行正規班第五期畢業典禮，訓話約四十分時完，再令讀訓畢已十二時，乃攝影。聚餐後訓話又四十分時畢。召見畢業優生二十名，皆青年有望之軍官也，回寓已十五時矣。午課後批閱要公，閱報。入浴後批閱公文、人事，約二十餘件。晚與妻巡視臺北市內回，讀唐詩，晚課，廿二時寢。亞非會議以「泥黑路」為首，亦在萬隆開會矣。

## 四月十九日　　星期二　　氣候：陰

雪恥：一、萬隆之亞非會議，中立勢力必越鼻張，反共與親美國家其人民心理必益懷疑。二、大陳撤退後，我政府對內外與各地華僑，心理與威信已經動搖，大有如東北失陷時期之情勢。三、俄共對我不動則已，其動必挾全力以攻我臺、澎無疑，在其構築沿海各地機場，可料其必然也。四、美對我各種技術皆秘而不教，視國軍非盟友，而遠不如俄國之對共匪之精誠。至於武器之供給，則更不及矣。五、美軍對我廿一師只允六個軍之計畫，為完全無誠實之表現，可歎。

朝課後記事，審核對美宣傳計畫。入府召見嚴主席[1]等六員，批閱公文，召集情報會談二小時。午課後閱時代周刊本期「臺灣具有真知的人」社論，魯斯君乃真知我之性格者也。與妻車遊淡水。晚讀唐詩，晚課，廿二時寢。

---

1　嚴家淦，字靜波，江蘇吳縣人。1954 年 6 月出任臺灣省政府主席，並兼任美援運用委員會副主任委員。

## 四月二十日　星期三　氣候：陰　寒

雪恥：一、卜勒克營養計畫[1]之實施。二、雷德福與勞勃生忽傳來臺，此心頓覺驚異，若非要求撤退金、馬，則必要求海峽停火，以應付其美國內外之壓力，其行動幼稚無主，可笑亦復可憐。余應直告其整個大陸已為人所賣，現在僅存金、馬區區之島嶼，可是此等島嶼乃為中國之靈魂，此一海峽，實為中國一線之命脈，若美國不願協助保持，則美國可以自決，但不能強求我與匪敵停火立約，不可強我出賣靈魂與命脈。甚望美國不在中美互助協定範圍之外從事協商，以違反我兩國道義，則幸矣。

朝課，記事。到中央常會。午課後批閱要公、團長人事數十通。晡得雷、勞[2]來臺消息，憂疑之餘，約集中美聯戰會議人員茶會後，與妻車遊山上一匝，為美國之態度幼稚不勝浩歎。晚批閱人事數十件，讀詩，晚課。

## 四月二十一日　星期四　氣候：陰

雪恥：一、美援特款五千二百萬元之答覆如何。二、疏散計畫。三、獎券用度與收拾如何。四、對日貿易交涉如何。五、胡案[3]。

朝課後記事，審核國防法案，立院反對各種意見，甚為浩歎，彼等誠不知革命與國家為何物，尤不識今日在臺灣為何地與何時，以及當面之如何敵人耶，而惟以立法院委員為至高無上，為所欲為自居，如此政府與所謂民意代表，

---

1　1954 年 9 月起，由駐華美軍軍醫總監營養顧問卜勒克（Herbert Pollack）博士，領銜美軍營養試驗小組，合作進行國軍營養改善計畫。
2　雷、勞即雷德福（Arthur W. Radford）、勞勃生（Walter S. Robertson）。
3　胡風反革命集團案是 1950 年代在中國大陸發生的一場從文藝爭論到政治審判的事件，因主要人物胡風而得名。在民間和學界被廣泛視為中華人民共和國成立後發生的一場大規模文字獄。胡風，原名張光人，筆名谷非、高荒、張果等，曾任中國左翼作家聯盟宣傳部部長。中華人民共和國成立後，因其文藝思想與主政者不和而遭到整肅，並掀起一場涉及面巨大的政治批判運動。

其將何以反攻復國也，可痛孰甚。下午加以一一批示指正之。十時入府，審閱外交文件後，召見調職人員十人，召集情報會談。午課後批閱，甚費心力。晡與妻車遊山上回，入浴。晚觀國製影劇，妻對國製影片已發生興趣。晚課，廿二時半後寢。失眠，至一時半方睡去。

## 四月二十二日　星期五　氣候：陰

雪恥：一、與雷、勞談話要旨：甲、共匪沿海修築機場，不是僅為金門與臺、澎，而乃是為世界大戰之預兆（先聲）。乙、最近期內不會進攻金、馬，令其安心。丙、非協助我進攻大陸，不能免除大戰威脅，亦不能折服國際所謂共匪已經能統治大陸，而杜塞其對共匪綏靖共存可能之妄想。丁、如俄不準備大戰，則長江以南之反攻戰事，彼必不出面正式參加，乃可斷言。

朝課後記事，入府召見六員後，召集財經會談，指示建築材料與美國建築空軍基地之準備後，批閱公文十餘通。午課後到聯勤第一醫院檢查身體，並無減弱之處，二年來目疾閃光病象亦已消除，但自覺有時蒙霧耳。入浴後與妻車遊。晚批閱及擬覆適之[1] 函稿，晚課。

## 四月二十三日　星期六　氣候：晴

雪恥：一、周匪[2] 在亞非會議倡言，願與美國直接談判，緩和臺灣地區緊張局勢問題。二、俄同意日俄談判在倫敦舉行。

---

1　胡適，字適之，安徽績溪人。曾任駐美大使、北京大學校長。1950 年 9 月至 1952 年 6 月，任美國普林斯頓大學葛思德東方圖書館館長。時任中央研究院院士、第一屆國民大會代表，寓居紐約。1957 年 11 月任中央研究院院長，1958 年 4 月返臺就職。
2　周即周恩來。

朝課後記事，十時入府，約見西德廣播公司記者後，召記〔見〕藍欽大使，討論雷、勞[1]來臺使命如何問題，余告以雷、勞皆中國良友，他們此來必為協防外島，增加軍援問題，決非為海峽停火或撤退金、馬而來。須知金、馬是中國之靈魂，俄共雖侵佔我大陸，拘束我整個身體，但不能拘束我自由的靈魂—金、馬。如海峽停火，乃無異自縛我靈魂矣。雷、勞必明此理，決不為此束縛我人之靈魂而來，乃可斷言也。召集軍事會談二小時，聽取此次中美聯戰協調會議之報告。午課後閱報，致適之覆函。晚閱報，讀唐詩，晚課。

## 上星期反省錄

一、上周特別情報二則：甲、俄駐美武官邀宴美參謀次長，探詢美對金、馬作戰是否參加，美答決定參戰，其態度表示堅定。乙、印度要員遊說加拿大，要求美與匪直接談判後，又至美探詢美願與匪直接談判否，匪則極願與美直接談判也。余得此消後，乃知俄共必將對美試誘，而其不敢進攻金、馬則甚顯著，且可知匪在沿海一帶增築機場，乃半為恫嚇美國作用也，並以此在美猶豫不定期間，完成其對臺、澎與琉球之作戰準備耳。惜不明察俄共之獝詐，乃竟於本周派雷、勞來臺，此又中俄共之奸計，以窺破其怕戰弱點也。而共匪周恩來亦於周末在印尼亞非會議中宣布，願與美國直接談判，並托各國轉達其願望，益覺美國態度之幼稚萬分，不足與謀大事矣。

二、本周國際要事：甲、俄要求美、英、法召開四國對奧和約會議，三國覆俄，定於五月二日在奧京開四國大使會議，商討對奧問題。乙、亞非會議在印尼之萬隆召開，參加者有廿九國之多，但其結果，共匪與「泥黑路」皆無所得，反為反共各國代表對俄共新殖民地主義之斥責聲浪所籠

---

1  雷、勞即雷德福（Arthur W. Radford）、勞勃生（Walter S. Robertson）。

罩。而泥黑路此次在會中亦甚沉寂，不為共匪之應聲蟲，而其不能獲得大會之主席，其領袖慾自不能達成。且哥倫坡五國中，對「泥」自居為領袖之地位亦完全喪失，今後只靜觀共匪與泥黑路鬥爭如何結果可矣。丙、南越內訌益烈，內戰亦激，此又美國政策與行動失敗之一種也。丁、東南亞軍事會議在菲開會。

## 本星期預定工作課目

1. 令各總部詳研顧問團去年度報告書。

## 四月二十四日　星期日　氣候：陰晴

雪恥：一、對勞[1] 補充之語：甲、美、英看黃種都是劣等民族，所以任所欲為，但須知中國人是重道義，守信用，尚氣節，不肯臨難苟免，惟利是圖而背棄信義的。乙、我是一個沒有智識，不懂學問的人，但小學生的常識與天性，亦能判別是非得失與利害輕重，以及其羞惡廉恥之心，則人皆有之，不可以我蔣介石為這一點亦不如人也。丁[2]、至於以截查匪船與杜絕英國等接濟共匪，即可替代金、馬，以妨礙共匪軍事行動與準備，不切事實，尤其是匪港口捕〔佈〕雷，更為戰爭行動，則啟釁責任仍在美國，其與准我轟炸匪沿海機場更進一步，這美國是不能亦不願為也，其誰欺乎？（甲、乙二項不言為宜。）

---

1　勞即勞勃生（Walter S. Robertson）。
2　原文如此。

朝課後記事，批閱公文，遊覽庭園，禮拜如常。午睡不能成眠，以周匪[1]在亞非會議聲言，要求與美國直接談判臺灣區域問題事，以為雷、勞[2]之來即為此事，思有所準備談話之方針也。十七時半與雷、勞談話開始（另錄）。聚餐後讀詩，晚課。


## 四月二十五日　星期一　氣候：晴

雪恥：昨日勞氏談話，完全為欺詐之談，雖小學生亦能了解，而其助理國務卿竟出此種言行，可知美國人之幼稚無知，其淺薄愚妄誠不可及也。而其夜間對公超談話，恫嚇無聊，更為粗狂無禮，乃知外交官與政客，以及其陸軍在「馬下兒[3]」手下做過事的人，無論其對馬氏態度反對，或對中國抱不平之徒，口頭與書面對我如何頌贊，而其實皆視黃種是賤種，無時無地不想在欺壓剝削而為其奴役也。吾於勞氏與魏德邁[4]見之，而勞、魏皆反對馬下兒在華之所為，且為馬之直屬部下耳。余今更不信外國人所謂對華友義交情，及其所謂愛護中國之人也。國不自立，人不自愛，誰能不加汝以侮辱耶。

朝課，記事。開列宴客名單後，即往角畈山，沿途視察疏散地點，在「洞口」湖邊為經兒選定處所，亦平時所愛之地也。角畈風光此時最佳，獨自休憩。午課後即相度在望月臺，為辭修選擇一地，作疏散住處也。

---

1　周匪即周恩來。
2　雷、勞即雷德福（Arthur W. Radford）、勞勃生（Walter S. Robertson）。
3　馬下兒即馬歇爾（George C. Marshall）。
4　魏德邁（Albert C. Wedemeyer），1944 年底任盟軍中國戰區參謀長，及駐華美軍指揮官，1946 年 3 月間卸任，1947 年 7 月再奉命為特使來華調查，任美國陸軍部戰略作戰處處長，並提出「魏德邁報告」，主張援助中華民國政府抗共，杜魯門總統並未採納，後擔任改制後之國防部計劃及行動處總長，1951 年退役。

## 四月二十六日　星期二　氣候：晴

雪恥：昨日回程，由大溪轉大埔、山〔三〕峽、八張、板橋之公路回臺北，妻在桃園路上相迎不遇，乃折回到東門，方同車回寓，報告其公超與勞[1]等所談之經過情形也。入浴後遊覽庭院一匝。晚宴會，並慰勉此次中美作戰計畫之協調會議人員也。宴後，略事應酬談話後，即登樓晚課。

本廿六日朝課後記事，在寓修正談話錄第一次稿（與雷、羅[2]廿四日談話）。午課後為妻修正譯文，甚費心力。與妻車遊山上一匝回，遊覽庭園。十九時三刻雷、羅來談，聚餐後談至廿三時半（談話另錄），勞勃生之粗淺無恥極矣。余詳敘十年來，中國為美國之故，以致大陸淪陷，而僅留此二島為國家一線之命脈，乃美竟要求我連此二島亦完全放棄之慘痛情緒，約述一小時餘，而此勞仍不顧語意，始終要求我與其愛克會面等幼稚欺妄之誕，重複又重複，不知人之討嫌也。晚課後廿四時寢。

## 四月二十七日　星期三　氣候：晴

雪恥：今晨初醒，余屬妻留家送客，而余自不屑與之作別，決先到中央開會，以免勞氏纏擾不清，並速其早離臺灣也。

朝課後膳畢，乃先入府避囂，略憩。十時到中央主持總動員會報。二小時後，妻來報告雷、勞辭別談話情形，並告公超屬勞，對於此來談話使命，不可公開發表，以免共匪即來轟炸金、馬也。余屬其往告公超，改正其言，認此為其私人之意也，以表示余不怕其公開之意耳。如其一公開此次談話經過，則愛克背約失信，必將其國內攻擊無已，故彼必不敢公開耳。午課後記事，公超來報其與雷、勞在機場臨別談話經過。勞稱此次談話，一切不作決定，並

---

1　勞即勞勃生（Walter S. Robertson）。
2　雷、羅即雷德福（Arthur W. Radford）、勞勃生（Walter S. Robertson）。

言余認為共匪最近並無進犯可能之判斷甚為正確，故須待其回美覆命，再由其愛克作決定也。並稱對中國與余為最忠之人，始終不渝。聞之殊堪吐唾，勞誠一流氓之尤者，而雷實正人也。

## 四月二十八日　星期四　氣候：晴

雪恥：昨夜約辭修、鴻鈞、厲生等來談，告以與雷、勞[1]談話經過內容，並以談話錄示之，使其都能了然也，並告其周匪願與美直接談判臺灣區域問題之誘脅後，美國及國際輿情關係，其政府必將與匪直接商談，此乃我國最困難之境地，情勢甚為嚴重，但斷言其最後必無結果，以其主題為海峽停火，其關鍵全在金、馬二島，如我堅定不撓，不為任何情勢以及全世界之重壓與遺棄，不堪忍受之環境屹立不動，則不過三月之苦痛，仍可渡過此一最大之難關，但無最後之危險耳，屬彼等準備此一形勢之來臨也。晚課後廿二時半寢，甚能安眠，更覺泰然無慮也。

本廿八日朝、午、晚各課如常。上午記事後入府，批示公文，清理積案卅餘通。召見經兒，示以與勞談話錄。十七時起飛，來馬公視察，巡視公園、水產學校。晚廿一時寢。

## 四月二十九日　星期五　氣候：晴　地點：澎湖

雪恥：昨日來澎湖，妻以近日疲勞過度，故喉症甚劇，未能進食為慮。

今晨醒後，追想勞氏來臺交涉經過情形，與英國最近對臺輿論，專以毀謗我政府與父子之情形，乃覺英國必欲滅亡我國之陰謀有加無已。去冬彼不反對

---

1　雷、勞即雷德福（Arthur W. Radford）、勞勃生（Walter S. Robertson）。

中美同盟，而且慫恿美國促成之時，余已料及其為兩個中國之基點。今日美國要我撤退金、馬，以各國共同保證臺灣之安全者，實即英國不許我固有領土之金、馬在我政府統轄之下，只留新收復之臺、澎，認為法律地位者留為我有，彼復將以臺、澎應由聯合國托管，為其最後滅亡我中華民國之步驟，思之寒心。美國盲幼無知，自羅斯〔福〕、杜魯門[1]以至今日之愛克，皆為其暗示上當而不自知也，思之寒心極矣，但我今拒絕不受，實為最大一次之勝利也。

## 四月三十日　星期六　氣候：晴

雪恥：昨廿九日在澎湖。朝課記事後，九時由馬公渡漁翁島，玉璽亦來陪。在艦中視察馬公軍港形勢，外港與內港更形了然。約半小時到流星山碼頭，登岸巡視反共救國軍由大陳撤來之遊〔游〕擊隊。自第三砲臺（流星山）經赤馬、小赤腳到竹篙灣，對官兵訓話後，再經內安，至舊臺址訓話後，乃回流星，對官兵及其總隊部人員訓話畢，乘艦回馬公駐所，正十三時。膳後，午課畢，到防衛司令部訓話，並聽取報告，頗有益也。十八時起飛回臺北，妻喉病已癒為慰。閱晚報，悉美參議員勒納[2]已對其政府準備放棄金、馬，犧牲盟邦，以圖與匪妥協和談，提嚴重警告矣。晚課後二十二時半寢。

本卅日朝課，記事。入府辦公，召集軍事會談。午課後記上周反省錄。召見公超後，與妻車遊山上，在頂北投散步。晚閱報，晚課後廿二時半寢。

---

1　杜魯門（Harry S. Truman），美國民主黨人，原任副總統，1945 年 4 月 12 日接替病逝之羅斯福總統，繼任總統，1949 年 1 月連任，1953 年 1 月卸任。
2　晉納（William E. Jenner），又譯勒納，美國共和黨人，時為參議員（印地安納州選出）。

# 上月反省錄

一、本周與勞勃生等談話的鬥爭，實自卅五年與「馬下兒」激戰以來最大一
次之決鬥，幾乎不信堂堂美國政府，竟出此無恥不德之言行，亦不信世
界之萬惡一至於此也。曾憶去臘，中美條約簽訂時，余致電愛克祝賀，
而愛克竟置之不覆一事，益覺愛克不僅有意失信，而其存心背盟，毫無
誠意，更可證實矣。此後惟有自力更生之一途，非自立自強，再無信賴
與國可言，且只有死中求生之一法，準備黑暗前途之來臨，以決最後之
一戰耳。

二、中美聯合作戰會議之議定書，本周雖已簽字交換，所謂軍事合作之聯絡
中心亦已成立，但究有何用。美國政府亦為無信義之國家，後之來者，
再不可重蹈我外交政策失敗之覆輒〔轍〕也。

三、本月國際各種集會變幻莫測，刺激最多，而以勞氏之愚魯狂謬，欺人自
欺最為可笑可憐。當此安危存亡關頭，不敢稍有疏忽，對於語言（態度）
容止時加警惕，始終尚能以「十六字話頭」（養天、畏天、法天、事天
四章）存養省察，故對勞氏之言行雖內心痛憤，終能以不亢不卑、中節
合度應之，此或修養進步所致，但對此國族命運所關之際，惟有一本於
寓理養氣，聽之天命，生死成敗皆非在意，以最後之犧牲，下最後之決
心，與此萬惡世界決戰而已。

四、本月國際形勢與變化雖多而且大，但其焦點完全集中於我金、馬。美國
大多數輿論均為英國及美民主黨史蒂文生等有組織之陰謀所操縱，其政
府完全動搖，並強求我撤退金、馬，見諸行動，而其共和黨諾蘭[1]等親華
議員，幾乎為其輿論壓迫而日趨下風，可說金、馬問題至本月杪，其不
利形勢已達頂點，今後試看其與共匪，如何開始作所謂「海峽停火之談

---

1　諾蘭（William F. Knowland），又譯羅蘭、羅倫，美國共和黨人，1945 年 8 月至 1959
年 1 月為參議員（加利福尼亞州選出）。

判」矣。美國幼稚，以為我不參加或不贊承〔成〕，彼亦可與匪成立停火協定，並想我總將為美壓力所屈服而承認其協定，豈不可笑。須知其關鍵全在金、馬，只要我專力固守金、馬，不自放棄，則其停火協定如何訂立，即使美國聲明不協防金、馬，甚至撤退其第七艦隊，則彼無異引匪侵犯金、馬，其導發戰爭之責決難辭卸。而且今日我軍自力作戰之地區，金、馬與臺、澎戰爭為不可分之事實，如匪之空軍不敢轟炸臺、澎，則臺、澎為我之庇護所，則在韓國作戰之形勢，對敵美完全相反，是我可立於不敗之地。蓋我今日空軍雖弱，但對掩護金、馬之上空，其制空權不為匪軍所完全操縱，則尚能為力耳。故余信韓國停火協定，美、英以犧牲韓國之暴行乃可壓迫求成，而其以為對我亦可如此，完成其海峽停火，誘匪參加聯合國，勉與俄共邪惡集團妥協姑息，不惜犧牲中華民國，而視我為無物之心理，其結果必將出於意外，乃可決定美、匪停火協定成立之日，即為世界大戰暴發之時。何況韓國停戰時，美、韓尚無盟約，而且有其所謂聯合國軍英、法等助美以牽制韓國，故韓在法律地位與軍事形勢無法反抗，但韓終亦反抗不屈，而今日我之地位較強與形勢（對美）簡單，而且能自力防守，尤其是我對匪不是要進攻，破壞其停戰，而乃是僅求自衛與防守，如其匪來進攻金、馬，則破壞其協停與和平，挑起戰爭之責，自不在我也，此又與韓國要求單獨攻敵之地位，又不同也。今日一切主動之權全操在我，則我何憂耶。

五、邱吉爾辭職下野。

六、匪黨全會發表其高岡〔崗〕與饒漱石之被其整肅，高且當時自殺，此實為共匪內訌與自殺之開始初息也。

七、印度之亞洲國家會議，完全為共產集團世界和平會議之化身，乃為印度所察覺，因之印度代表退席，此為印度與共匪裂痕之開始，故「泥黑路」在亞非會議中消極沉寂，不為共匪捧場之重要原因也。泥黑路不能在亞非會議扳〔扮〕演要角，達到其亞、非領袖之地位，而且反因之增加其面子之損害，是勢所必然也。

八、埃及與共匪有勾結趨勢，應加注意。

九、俄對奧和約採取主動地位，與共匪對美要求直接談判，皆為俄共和平攻
　　勢得計之月也。

十、東南亞聯盟八國會議，在菲召開軍事會議，是卑不足道也。

十一、中美軍事會議聯合作戰計畫雖已訂立，但其效果不可知也，惟比前大
　　　有進步耳。

十二、夫妻巡視金門、馬祖與澎湖各地，皆如期完成。

十三、國防大學第四期、陸參學校第五期、研究院聯合作戰班第五期，皆如
　　　期開學。

十四、對美援爭取之指示甚費心力。

蔣中正日記
Chiang Kai-shek Diaries

# 五月

蔣中正日記
Chiang Kai-shek Diaries

# 民國四十四年五月

## 本星期預定工作課目

1. 對美勞勃生據理力爭之大意如右：金、馬無撤退之理由：甲、中美防衛條約為確保和平之基礎，故我必遵守此約，毫不違反。乙、我對反攻大陸應得美國同意之諾言，是我和平之保證，故我實踐此一諾言。丙、共同防衛金、馬，協助我金、馬被侵略之戰爭，是美國對我撤退大陳之保證，雖為美國之偏面諾言，是無異雙方交換之信用保證。丁、如要求我撤退金、馬，不僅違反了中美防衛協定之精神，相反的，乃是鼓勵侵略，引起另一次大戰之危機。戊、中美協定限制我反攻復國，則我已盡到最大和平之義務，若再要我犧牲領土，撤退金、馬，乃是強制盟國放棄主權。如可自毀信約，則凡是過去所訂一切盟約，皆成廢紙，世界尚有信義之可言乎。
2. 調整外交陣容與組織之督導。

## 五月一日　星期日　氣候：晴

雪恥：余嘗以如此老大祖國與幼稚社會以及腐化之風習，而欲改造為一現代國家，且必先使之雪恥復國，則談何容易，故視一切橫逆侮辱之來，困窮危險之臨，都認為是日常便飯應有之事，若非經過長期禍患與不測艱險，以及最大犧牲與惡戰，何能幸致。由於上月杪，美國壓力與卑鄙之言行令人寒心，更覺來日大難之無涯，使余益感背盟違約，尤為該國便飯中之便飯，不足為

奇，而一切盟約諾言，皆為犧牲弱小之工具，根本沒有信守之意。且中美盟約，其在簽約之日，存心欺妄之心已十足表示無遺。余昔以為美比俄為有誠可信，而今乃知其為一丘之貉，或反不如俄對共匪具有若干合作誠意耳，能不痛心乎哉。

昨夜妻喉病大作為慮。今晨朝課，記事，記上周反省錄，禮拜。午課後入浴。晡邀約美國顧問、大小官長與各國使節千餘人茶會。晚宴顧問團組長以上人員，為該團來臺四周年紀念也。晚課。

## 五月二日　星期一　氣候：晴

雪恥：近日反省克制之時，更覺孟子養氣與學庸首篇之朝夕默誦，其效無窮，尤其是「窮理至本則知止，集義養氣則有定」，自修之語其味無窮也。傍晚工作初罷，思對美國所謂與匪直接談判，海峽停火之邪說，瀰漫囂張於其朝野，幾乎不能挽救之勢，乃忽然感覺有據理力鬥之必要，於是有何人停戰、何處停戰，以及何從停戰，對美之斥責，致電其政黨有力分子思有以補救之，以其愛克明日約其國會首領商討此案，以時計之，致電尚未為晚也。此乃靈感，如果能挽回，以消弭此無窮禍患，是上帝所賜之神恩也，天父乎。

朝課，記事。十時到國防大學紀念周，舉行空軍參校十四期畢業典禮，致訓。午課後續記上月反省錄。晡與妻車遊回，手擬致美國電稿，約五百餘字，妻以為將有大效也。膳後在月下散步回，晚課。

## 五月三日　星期二　氣候：晴

雪恥：一、明年美國大選，越南亦是民選總決之期，俄共認為美國政府在大選之前，必不敢從事作戰，故其拷搾勒索更為猖狂，此實引起大戰之基因。
二、共匪侵犯目標：甲、臺灣（金門、馬祖）。乙、越南、泰國。其中必

以最大之弱點為其指向之箭頭，如我金、馬、臺、澎堅定不撓，無隙可乘，則其必以越、泰為最易予之目標。而臺灣乃為其對美、英恫嚇，施以政治陰謀為解決之目的，非萬不得已，決不敢冒險進犯。但明年在東方，實為大戰爆發最可能之一年也。

朝課，記事。入府主持月會畢，召見空軍勇將五人[1]，並與照相後，批閱公文。午課後閱報，批示。晡約西班牙大使單佐律[2]夫婦茶會畢，與妻到研究院巡視。晚觀國製影劇後，晚課。

## 五月四日　星期三　氣候：晴

雪恥：一、本日杜勒斯致其藍欽（蘭卿）轉余之電文稱，愛克聽取雷、勞[3]報告後，深知我國對金、馬之堅定立場，乃派史頓普[4]（太平洋海軍司令）即日來臺協商，增強我軍事防衛之力量。最重要者，切望我對美國必不放棄中華民國之誠意如前無疑為要云。余得此電，乃知其美國對我確保金、馬，再不敢有所異議，而其一面協助我增防衛力量，一面即以此不能實踐其金、馬被攻時參戰之信約，其意甚明。余認為其不要求我撤退金、馬，比之不協防金、馬更為重要，再三考慮後，只有忍痛而不追究其是否協防金、馬或參戰也，以金、馬大戰必將牽入臺、澎無疑耳。

1　翁克傑、剛葆璞、戚榮春、楊世駒、王兆湘。翁克傑，廣東台山人。1954年7月空軍第六戰術偵察大隊成立，任首任大隊長，下轄第十二中隊、第四中隊、照相技術中隊。1957年2月升任第五聯隊副聯隊長。剛葆璞，號仁義，遼寧遼陽人。時任空軍第六大隊副大隊長。1955年8月升任大隊長。戚榮春，青島市人。時任空軍第六大隊作戰科長，1964年9月任大隊長。楊世駒，廣東人。空軍第六大隊第十二中隊副中隊長。王兆湘（1929-1957），安徽合肥人。空軍軍官、偵察機飛行員，1957年4月15日駕駛RF-84偵察上海時遭到共機攻擊，擺脫後於韓國巨濟島迫降失敗殉職。
2　單佐律（Fermín Sanz-Orrio），西班牙駐菲律賓大使兼駐華大使，1954年6月26日到任，1956年離任。
3　雷、勞即雷德福（Arthur W. Radford）、勞勃生（Walter S. Robertson）。
4　史頓普即史敦普（Felix B. Stump）。

朝、午、夕各課如常。記事。到中央常會說明雷、勞來臺談話大意，加以剖悉，使無疑懼。審閱戰鬥攻擊群研究之意見未完。晡與藍談話後，與妻車遊淡水。晚散步，廿二時半寢。

## 五月五日　星期四　氣候：晴

雪恥：一、共匪二日在平，開其解放臺灣之展覽會，對美國之叫罵攻訐，其表格地圖之說明可說體無完膚，不留餘地，是其過去半月來所謂不願與美國人民作戰，及要求美國直接談判之虛偽宣傳完全消失。大概英國向匪探詢以後，認為臺灣歸匪或托管皆不可能，其最大目的，乃消滅中華民國及最後臺灣歸匪之妄念，決非其利誘與威脅所能達到，故其（英與匪）幕後秘密交易已經不成乎。果爾，則此次外交惡戰，其已得到結果，告一段落矣。

朝課，記事。入府會客，召集情報會談，大陸人民對我情報人員，已改變其排除與報匪之態度，故今後我之組織必將發展較易乎。批閱。午課後審核攻擊戰鬥群研究（參校稿）完，車遊。晚散步後讀詩，晚課。

西德今日獨立矣。

## 五月六日　星期五　氣候：陰沉

雪恥：一、沙灘障礙物之試驗與計畫及其預算。二、外島防衛工事與武器加強之計畫，九公分高射砲與一五五加農砲增加一倍。三、東引是否撤退，或少數部隊暫守，隨時準備撤退，但烏坵必守。五[1]、外島雷達之增設。

---

1　原文如此。

朝課後記事，入府召見黃占魁、徐培根等，指示攻擊戰鬥群之原旨，乃要在兵力部署、陣地組織與隊形（戰鬥）形成，均以三角形原理為準則，而使一般將領洗除過去一線與數線式之戰術思想為主旨，並非對於武器備屬與兵力編組，對於目前戰術原則有所變更也。召集財經會談，美鈔黑市由三十漲至四十元臺幣，情勢嚴重為慮。午課後批閱要公，對於文化改造運動綱要之文字平凡，甚以本黨之國文亦無人為苦也。

## 五月七日　星期六　氣候：晴

雪恥：昨晡柯克[1]來談海灘障礙物原理與功效，頗為重要，約談一小時，彼以我將領只知陸戰，而對海上與島嶼作戰經驗之缺乏，並無此（海戰）思想為念，其意甚善，乃急求改正。與妻車遊山上一匝。晚散步，讀唐詩，晚課，廿二時寢。

本（七）日七時起床，朝課，記事。入府批示，會客後批閱公文。召集軍事會談，指示陸軍供應部與聯勤總部劃分權責方針，以不分割原有機構業務，聯勤將為國防部後勤政策與考核之主管部門，而以財務與軍援接收及外務為主務也。午課後重審克氏戰爭論第一篇第三次完，經兒來談。晡車遊回，入浴。晚宴伊拉克議長賈馬利[2]君，甚反共也。讀杜甫[3]別房太尉墓，甚有感。晚課。

本日起求雨二次。

---

1　柯克（Charles M. Cooke Jr.），又譯可克，曾任美國海軍軍令部副部長、第七艦隊司令、西太平洋海軍部隊司令，1948 年退役，1950 年春天起，組織「特種技術顧問團」，在臺灣推動非官方軍事顧問計劃，1952 年結束。
2　嘉馬利（Muhammad Fadhel al-Jamali），伊拉克政治家，曾任外交部部長、總理。
3　杜甫（712-770），字子美，號少陵野老，一號杜陵野客、杜陵布衣，唐代現實主義詩人，其著作以弘大的社會寫實著稱。

## 上星期反省錄

一、五日西德已經獨立，余於此更有所感。德、日皆為戰敗國家，而美、英與俄帝二方，皆想爭取為其與國，未〔惟〕恐不及，而且美國對德軍援列為首位，必欲助其軍備建設之完成，無所不至，而其對我本為盟國，乃其戰勝以後，棄之如遺，並秘密出賣，尤其是「馬下兒」助共侮華，速我之亡，更為寒心，而且今日仍為其繼續壓迫之中，余於此惟有自慚不已，何能怪人。蓋國本未立而急求強大，且眩惑於列強之林，而不自知其危殆，則其未有不亡者也。今後惟有圖本捨末，埋頭苦幹，更應以學術智識與科學工業，以輔佐民族精神德性，以為立國之本，先求其穩固自立，而後待時復興，至於成敗遲速，則聽之於天而已。

二、雷、勞[1]回美復命後，愛克知余之決心，不可強迫以動，故其反助我增強金、馬防務，特派史敦浦來臺協商實施，是其誠乎，偽乎，尚待事實判明，但國際外交無信義，而美之「馬下兒」以下如愛克者，其果能加我以誠意乎。

三、本周完成之工作：甲、戰鬥攻擊群之要領重加詳示。乙、聯勤與陸軍補給供應部權責之指明。丙、與雷、勞談話錄第二篇修正完成。

## 本星期預定工作課目

1. 審閱克勞塞維治戰爭論譯稿。
2. 對共「和平共存」宣傳內容之經驗談。
3. 修正重要講稿。
4. 今後美國對我動向及利害關係。
5. 東引島守棄方針應速決定。

---

1 雷、勞即雷德福（Arthur W. Radford）、勞勃生（Walter S. Robertson）。

## 五月八日　星期日　氣候：陰沉

雪恥：一、講稿要旨（德國恢復軍備）：甲、無競惟人（人以智、德、體、群為本）。乙、人才必須以教育為本，而教育應以學術、考驗、經歷、負責盡職、無私協調、合作互助為本，凡投機取巧（鑽營奔競）、本位、自私、利己之舊習應掃除盡淨。丙、教育以師資為本（以一人感化萬人之成效），秩序組織、禮節紀律為無形的生活與社會教育之目的，科學與文藝為智能與學術之本，機械工業為經濟之本。

朝課後修正戰爭論。膳後巡視背山衛兵營舍回，記事，記上周反省錄，禮拜如常。午課後閱龔楚[1]著「我與紅軍」，甚有益也。晡與妻車遊基隆。晚觀美影劇「後窗」，晚課，廿三時前寢。

## 五月九日　星期一　氣候：陰沉　陣雨五分時

雪恥：一、德國教育以哲學文藝為基礎，而其軍事教育以確保榮譽與榮譽戰死為第一德性之養成，此亦尚武精神，一般教育之要旨也。二、作戰定計之要務：甲、創造與反省（省察敵情、檢討缺點、注視察觀條件），但創造不如反省檢察之重要。乙、智力與果斷能並重發展，而不偏於一方。丙、腦筋冷靜而不過分熱烈，乃為理想之將才。丁、解決問題，策定作戰計畫之要領，即解決其問題的弱點所在，而予以合理之修正與充實無缺之謂也。

朝課，記事。到防大紀念周致詞，以德國恢復獨立與建軍為題，以知恥自反，發憤為雄相勉。午課後閱龔著「我與紅軍」各序文完。晡史敦普來談，轉報其含政府之命，此間應需之物品查明後，皆以最優先運來也。與妻車遊，妻言近甚消極，可慮。與史聚餐。晚課。

---

1　龔楚，字福昌，又名鶴村、松庵，廣東韶關人。曾任紅七軍軍長，後投降國民政府。1949 年 12 月後，滯留香港，退出政治。1954 年出版《我與紅軍》。

## 五月十日　星期二　氣候：陣雨

雪恥：一、俄共以全力製造中立陣線與中立地帶，以避免大戰而延長冷戰，其中立陣線且以〔已〕大部製造將成，暹邏、日本皆已傾向中立，為俄共利用而排擠我國。二、共匪策略，以和平共存口號緩和亞洲非共與反共各國，而且引誘美國直接談判，先以專力消滅臺灣，然後再圖其他之方針，即使越南弱點亦將放棄，而以集中目標於臺灣一點，企圖解除其制〔致〕命之威脅矣。三、美、英、法、俄所謂四巨頭會議，愛克已有允意，自將實現，其對我之利害關係最大，應特加準備惡戰也。

朝課，記事。入府會客，批閱公文，召集一般會談。共匪最近又加緊唯物辯證法教育，豈其已知我所講述之解決共產主義……的根本問題推行，而彼匪深懼動搖其黨徒思想所致乎。午課後重審戰爭論。晚宴史敦普後，晚課。

## 五月十一日　星期三　氣候：雨

雪恥：一、當此邪惡世界，眾矢集中於我臺灣一點，企圖消滅我政府，以達成其與俄共「和平共存」之目的。環顧四周，已無一國為我可靠之友邦，此時惟有以自力更生的精神，加強本身力量，鞏固現有基礎，不亢不卑，勿忘勿助，致力於以下各點：甲、努力各軍種教育之上進。乙、增強現有軍力之效果。丙、加強本黨組織與教育。丁、深入匪區之情報與宣傳工作。戊、整理臺省社會與經濟，力圖自主。己、加強金、馬之防務。庚、籌劃空軍對匪優勢作戰之有效方策。

朝課，記事。上午在寓，獨自考慮與史敦普談話要領，並與俞、彭、王、梁[1]

---

1　俞、彭、王、梁即俞大維、彭孟緝、王叔銘、梁序昭。梁序昭，福建閩侯人。1954 年 1 月，升任海軍兩棲部隊司令，7 月調任海軍總司令。1957 年 6 月，留任海軍總司令二年。

等研討美援，增加金、馬防務武器等。正午約宴史、藍[1]等便餐，提出美援急需物資與訓練辦法。對於匪機在對海新築機場進駐時，我即向匪機場攻擊一點，彼等表示驚異，余令其報告華盛頓可也。

昨日美與匪空軍在北韓黃海上對戰，匪機被擊落二架。

## 五月十二日　星期四　氣候：陰雨

雪恥：昨與史談話後，自覺攻匪機場一事不必在此時提出，並恐美因此對我空軍 F-86 式飛機更延擱不來為慮。但既經提出，不可自動修改，反增其疑竇，更被輕侮，惟待其政府如何反應，再定對策也。午課後經兒由澎湖回來，報告情形。重審戰爭論第二篇戰爭之理論章完，召見美顧問麥唐納。晚宴柯克，陳述其金門防務意見，較顧問團為更佳也。與妻車遊後，晚課畢寢。

本十二日朝課，記事。電國華，付胡、陳[2]款。入府，批閱公文，與公超談昨與史談話結果，聞史與藍談認為合理的要求。召集軍事會談，聽取柯克對金門防務之意見畢，指示應作各事後，再與俞、彭[3]、胡璉等分別談話畢，回寓已十四時矣。午課後整書，與妻同來角畈山（復興山）。晚觀影劇，晚課，廿三時寢。

---

1　史、藍即史敦普（Felix B. Stump）、藍欽（Karl L. Rankin）。
2　胡、陳即胡適、陳立夫。
3　俞、彭即俞大維、彭孟緝。

## 五月十三日　星期五　氣候：陰晴　溫度：六五
## 地點：角畈（復興山）

雪恥：一、分層負責，分職授權，在使部屬能負責守法，盡職自強，並利用其長處優點，使能發揮其才能，以補我之不足，加強成效，以免把持包辦與獨攬之惡習。二、業科專門學校之學生，須知畢業後，你的技術是國家所培植而成，乃即為國家的技術，應貢獻於國，轉授於其他不如我之技術人員，能增進國家力量，不可以為是個人之享受而私心自用。

朝課，記事。膳後外出散步，遊覽亭園，門外古松蒼翠，欣欣向榮，最為可愛。以該松根株本已暴露，且為山人剝削已久，余於去年纔築堤加土，適心修護，幸未大傷，今後乃可無憂矣。上、下午皆審閱戰爭論，至戰史評判章完。晡外出巡視，天氣放晴為快。晚閱報，讀唐詩。午、晚課如常。

## 五月十四日　星期六　氣候：晴

雪恥：一、所謂四國巨頭會議，對我有關問題如何。二、美國政治幼稚無知已極，絕無秘密可言，對金、馬防務讓我自決與自任之內容洩露無遺，無異明告俄共提早來犯也。三、禁止山地伐林開墾。四、改革文告方式。

朝課後審閱戰爭論第二篇戰史實例章完。上午記事後，續審戰爭論第三篇戰略章完。午課後續審第三篇堅忍章完。晡與妻散步，視察小學，操場跑道之改正，須以新築禮堂外司令臺為準則也。本日氣候轉晴，朝、午、夕三次在外散步，甚覺自得。晚觀影劇後讀唐詩。晚課後廿二時半寢。對於金門防務與將領之教育為念，甚想前往親自訓練數日也。

## 上星期反省錄

一、美派史敦普來商金、馬防務加強辦法，余提：甲、空軍 F-86 三大隊計畫提前完成。乙、九個預備師從速實施。丙、匪在閩沿海機場修築時，依照美意見，不予阻礙，但其機場建成後，如有作戰空軍部隊進駐時，我應即予攻擊，藍欽乃有難色。此外，余屬其轉告政府者：甲、余決不向匪挑釁，必守條約義務。乙、國軍必死守金、馬到底，不辜負其希望。丙、對其政府派史來臺協商，能加強防務，頗感欣慰之意，但並未提及美國對外島究否協防，抑果食言之事作為余並未明允其違反諾言也。

二、本周國際要事：甲、俄帝在華沙召集其東歐附庸各國舉行會議，組織統一指揮部，以對抗西方十五國北大西洋軍事聯盟。乙、北大西洋聯盟理事會舉行會議，西德正式參加其聯盟。丙、愛克以英國之要求，贊成先開四國巨頭會議，此舉全會〔為〕英國大選助成英艾登保守黨之形勢，可知英、美關係幾乎不分界限也。丁、美、法對越南政策成立折衷協定，顯為法國所不願也，而其美特使柯林斯[1]即將脫離越南任務，另派大使負責，此實美國明知越南不能確保，明年必為共匪所佔據之預作地步也。戊、海防已被越共所接收矣。己、美機在黃海擊落共機二架，此乃成為平常小事，無關宏旨矣。己[2]、四強外長在維也納會議簽訂對奧和約。

## 五月十五日　星期日　氣候：晴

雪恥：一、余卅八年之所以下野，其原因：甲、如不下野，不能暴露共匪惡毒真相於中外，亦不能揭發俄共侵略陰謀於美國，更無法使國際間對於俄帝

---

1　柯林斯（J. Lawton Collins），美國陸軍將領，曾任陸軍參謀長。1954 年至 1955 年任駐越南大使銜特別代表。
2　原文如此。

誘美賣蔣，助共亡華這一國際大陰謀之澈悟與了解。乙、本欲由余一人獨當反共抗俄之責任，不得不讓與美國承當。以余不下野，美國必然是反蔣助共到底，亦不能使之與共匪正面當衝，且以余之反共為自私，而並非為其掩護，認為與美毫無關係也。丙、如此國際空前之大陰謀，若始終願由一人承當到底，則決不可能，而且只有貽害人類更深。以國際陰謀，必須交由國際共同擔當，方能解決也。余認為於此六年間，共匪之滔天罪惡與俄共之空前陰謀乃得暴露無遺，實為余下野作用之最大功效也。今後一本此旨，忍辱負重，勿忘勿助，貫澈到底，則最後目的（反共抗俄）必可達成，自無問題也。

# 五月十六日　星期一　氣候：晴

雪恥：昨日星期朝、午、晚三課如常。記事，記反省錄後，往小學校，監督運動場之經始與設計，甚覺有趣。該校背景，高山雄峻而蒼翠，望之更覺可愛也。上、下午仍續審戰爭論第三篇，至「時間上集中兵力」章完。晡與妻散步，至小學督工。晚讀唐詩與審閱戰爭論，廿三時前寢。

本十六日朝課後記事，甚以十四年來美國對華無端侮衊污辱，尤以民國卅五至四十一年間為俄共陰謀所算，公開痛斥毒詆，非澈底毀蔣滅華不可之情勢，更足寒心。至今愛克猶為「馬下兒」之餘毒所中，未有覺悟也。美國始終為英、俄所愚弄，代其滅華，親美外交能不敗亡乎。上、下午皆審閱戰爭論第三篇完。午、晚課如常。晡與妻散步。晚聽報，讀詩，廿二時半寢。

## 五月十七日　星期二　氣候：晴

雪恥：亞洲反共會議第二次會，本定於廿三日在臺北召開，事先與韓國皆協商妥當，對日本派觀察員參加，彼亦有書面承諾。不料昨日韓又來電，食言反對，並以後入盟會員必先經全體一致之通過（照韓主張），否則彼不能派代表出席，其態度甚為驕橫。余對該會議，本不主張在臺北召開，徒為谷正綱[1] 等之熱中，故勉允之，今得此情勢，更覺亞洲民族之自私自大而毫無團結意志，難怪為白人所奴辱。此乃六年來親歷之經驗，我國如不能復興自強，則黃種必無自由獨立之可言，乃決依照眾議，派員赴韓疏解，以期如期召開，免為白種與共匪所譏刺，否則惟有延期後不再召開也。三月間，李承晚八十壽辰，彼希望辭修往韓祝壽，後以公超不贊成作罷。此事雖小，或以此而招致怨隙乎，但李之言行太不使人敬仰耳。

## 五月十八日　星期三　氣候：晴

雪恥：昨日朝、午、晚課如常，出外三次散步亦如常，每次約行千餘步。上、下午審閱戰爭論第四篇，至會戰章止，足有七小時之久。晚讀唐詩，廿二時後寢。

本十八日，朝、午、夕各課如常。上午記事，膳後到小學校散步，晡亦如之。本日審閱戰爭論第四篇完，約費六小時半以上工夫，自覺各章批示已盡心力為快，亦不感覺太過疲乏耳。晚觀影劇國製漁歌，妻贊其技術甚好，余嫌其配音不良為憾。廿三時寢，服安眠藥。克氏戰爭論會戰章（續一中）：戰爭以人類弱點為對象，一切皆應對此對象（弱點）而實施戰爭。

---

1　谷正綱，字叔常，貴州安順人。1954 年 1 月，出任國防部參謀次長，8 月改任亞洲自由國家聯合反共聯盟中國總會理事長。

## 五月十九日　星期四　氣候：晴

雪恥：一、臺灣歷史其為中華民族之正統血系之事實，及其所有大陸風習，尤其高山族亦為中華民族中之一系的歷史事證，皆應搜集編訂，製成電影片，用臺語普遍放演為要。二、禁止伐木、燒林與墾山，皆應速製電影，從速教化。

昨晚服安眠藥，故今晨七時半方起床。朝、午、晚各課如常。上、下午審閱戰爭論第五篇，至軍隊一般配備章完，甚感興味矣。朝、晚出外散步，晡另與妻散步如常。記事。晚聽報後讀唐詩，廿二時半寢。

## 五月二十日　星期五　氣候：雨

雪恥：一、此次雷、勞[1] 勸誘我撤退金、馬，本為對我最凶險不利之消息，但由我二次坦白之辯證，將我國之態度與真意澈底表示無遺，彼美乃知我之決心，絕無動搖之可能。愛克本以此金、馬為其與共匪談和之王牌，即將來所謂四巨頭會議，對遠東問題之解決，亦以此為其基本禮物者，自必知其為絕不可能之幻想而可以絕念矣。故其今後果有巨頭會議，再不敢如雅爾達之出賣中國，而且亦不敢出馬〔賣〕今日之金、馬，乃可斷言，此或不可謂非轉危為安之機乎？

朝、午、夕三課如常。本日全省防空演習，朝膳後出外巡視，仍有未遵照規定實施之民戶也。上、下午審閱戰爭論第五篇之舍營章完，手示經兒與武、勇諸孫。晚聽報，讀唐詩，廿二時半寢。

---

1　雷、勞即雷德福（Arthur W. Radford）、勞勃生（Walter S. Robertson）。

# 五月二十一日　星期六　氣候：晴

雪恥：一、十九日我空軍 F-47 機又在由閩工作回航途中叛逃至匪區，又被匪大事宣傳，以動搖美國對我空軍之信心，使之妨礙我噴射機建立之遲延或破壞計畫。得此消息，甚為憂慮，且起消極悲觀之心理，加之李承晚之卑劣污濁的行動之鄙惡，更增惶恐，故鬱悒異甚，乃悟對空軍人員之偵察與「反策反」工作，非積極設計與督導不可也。

朝、午、晚各課如常。上午記事，審閱戰爭論第五篇至策源章完。午後三時半與妻出發，往溪內（從前記內溪者，皆誤也）重訪瀑布，因雨水欠缺，故其形勢痠〔瘦〕弱，遠不如往日之雄壯矣。妻過雲霞〔霞雲〕鐵索橋時之行態，令人好笑不已，於是上午所有憂愁頓消矣。晡回，再往望月臺量地，設計客寓。晚讀詩。

# 上星期反省錄

一、本周在山專審克氏戰爭論，自第一之〔至〕第五篇，皆已詳審完畢。自覺由此次審閱後，其譯文與原著章可說大致無誤，甚感快慰，但每日於此深研時間，上、下午各有三—四小時之多，此為專門學術研究最苦之一次，實亦為平時重大工作之一也。

二、本周最苦悶之意外事件：甲、李承晚蓄意侮辱我國，不容我政府開成亞洲反共會議，除了其臨時抽後腿的卑劣手段之外，而其嫉忌污濁之心理更為可鄙。惟韓國出此人物亦殊不易，只有可憐可歎，一笑置之，但其已為共匪助長聲勢不少耳。乙、為飛行員何某[1]之被匪所俘，究為失事跳傘，抑為有意投匪，尚未判明耳。

---

1　何偉欽，江蘇常熟人。空軍第三大隊第七中隊參謀，1955 年 5 月 18 日，駕駛 F-47 戰鬥機，從臺灣屏東機場起飛，於廣東海豐迫降。

三、對奧國和約簽訂後，國際形勢瀰漫着和平姑息的空氣，今後應注重者：
　　甲、四巨頭會議。乙、匪、美直接談判：（子）海峽停火。（丑）釋放
　　美俘。丙、裁軍（四國）問題。皆應切實研究。

## 本星期預定工作課目

1. 對空軍飛行員在大陸上空失時〔事〕跳傘時被俘之特別教育與方法，應速
　實施。
2. 對匪陣地喊話及其惡毒宣傳的對策。
3. 陸軍供應司令部之組織。
4. 對金、馬將領的考驗。
5. 宴行政院、省政府各部、廳、處長。
6. 北區校閱開始。

## 五月二十二日　星期日　氣候：大雨

雪恥：家嫂今晨五時在臺北逝世，以胃癌症不能醫治，但其病臨無望時，願
受洗禮，認耶穌為其靈魂歸宿處所，且甚虔誠，亦可謂難得矣。
朝課後重審戰爭論第五篇之交通線、地形與瞰制三章完，克氏大著關於其戰
爭理論與戰略有關部分皆已研究完畢，今後只閱其下卷戰術有關部分，當較
易為，不如其上卷理論文義之難解矣。上午記事，記反省錄畢，辭修夫妻與
嚴主席[1]來談，留膳。午課後，談至十七時別去。所談者一為韓李[2]問題，二為

---

1　臺灣省主席嚴家淦。
2　韓李即李承晚。

臺省保林與教育問題。晡讀詩。晚閱報，研究中性一元論學說。晚課，廿二時半寢。

## 五月二十三日　　星期一　　氣候：雨

雪恥：一、近日心理時起悲觀，乃因內外各種環境變異而來。此種憂鬱，實即「神經不消化症」。欲療治此症，惟有將所有一切憂慮完全交托於上帝，再以「因愛上帝而愛敵人」之原理自治，此為惟一良方，比之醫生開刀與解剖更為有效也，勉旃。

朝課後記事，上午批閱公文，清理積案，以此二周來皆專力於審閱戰爭論，故貽誤要公亦多也。午課後審核三軍人事制度，頗感不耐，乃觀影劇解悶，但並不能如前日遊覽溪內，在「霞雲」觀妻過橋時情形之歡樂也。晚續審人事制度完，讀唐詩，並重閱戰爭論中其可作格言者之理論二句，其一即為戰鬥具體目的第四項「如何誘致敵人，採取錯誤處置與行動」，此實指揮官作戰最重要之本能也。晚課。

## 五月二十四日　　星期二　　氣候：陰雨

雪恥：一、周至柔為陪閱。二、戰略顧問參觀。三、約彭[1]來談聯勤改制事。四、美政府至今仍想利用吳逆國楨，將來為臺灣傀儡乎，能不寒心。

---

1　彭即彭孟緝。

五、陳、吳[1] 等准入參校。

朝課後記事，批閱公文，清理積案完。十時後由角畈起程，經大溪時，與妻視察別墅改築情形。十二時半回蔣林，經兒來談。午課後十六時到殯儀館，為家嫂入殮前禮拜，完全以耶教儀式也，遺容甚為平安如常為慰，妻則頓起悲哀也。晡閱報，整書後與妻往淡水道上，視察禾田雨水，仍未積水為慮。晚讀唐詩，晚課，廿二時寢。

## 五月二十五日　星期三　氣候：陰雨

雪恥：一、美政府對余所提，匪在沿海機場修成，如有成群匪機進駐時，我須開始轟擊匪機場事，不予同意。此乃必然之反應，余當先問其與史敦普所提其他各事，以及上月中美協防會議所訂各件如何決定之意再談，並望其政府早日批准實踐。二、韓李承晚手令金弘一[2] 與我商軍事同盟之提議，以冷淡應之。以李實自私無信之人，不可與共事也。

朝課後記事，妻往送家嫂出喪至其墓地。上午主持總動員會報。午課後批閱，約見土耳其大使[3] 茶點，談國際現勢。晡與妻車遊解悶。晚初閱克氏戰爭論第六篇開始。讀唐詩，晚課，廿二時半寢。

---

1 陳、吳即陳桂華、吳嘉葉。陳桂華，廣東東莞人。1952 年 10 月調任總統府侍從參謀。1955 年 8 月赴美受訓。1960 年任第三十二師師長，擔任金門金東地區守備任務。吳嘉葉，號其蓁，浙江浦江人。1952 年 3 月，調任第四十一師副師長。1952 年至 1955 年 7 月，任總統府第二局參謀。1955 年 8 月赴美受訓。1958 年 6 月，調任預備第六師師長。
2 金弘一，韓國獨立黨人。韓國平安北道人，1918 年赴滬，1920 年貴州陸軍講武堂畢業，1926 年參加北伐，其後參加在華韓國獨立運動。1948 年 6 月返韓，相繼出任南韓陸軍士官學校、陸海空軍參謀學校校長。1951 年 10 月至 1960 年 6 月，出任韓國駐華大使。
3 阿克薩勒（İzzettin Aksalur），土耳其駐日大使兼駐華大使，1953 年 8 月 14 日到任，1955 年 5 月 29 日離任。

## 五月二十六日　星期四　氣候：晴

雪恥：一、軍官必備性能與技術：甲、機械性能之研習。乙、機械保養與維護之負責與督導。丙、飛行駕駛與機械師之合作與愛敬。丁、技術求專、求精、求熟。戊、業務求勤、求速、求完與負責。己、通信器材與技術應特加愛護，其業務須特別認真。庚、通信與地勤人員待遇應再提高。

朝課，記事。入府召見彭代總長[1]，聽取報告與指示一切。召見美國胡克[2]青年教授與記者，又見俄國反共聯盟克倫斯基[3]等，其隨員[4]為加倫[5]將軍之參謀，問加倫死情甚詳。批閱，與岳軍談外交。午課後審閱陶[6]著「和平併存」論，擬改為「中國與俄共三十年經歷紀要」，第一篇完。晚宴派楚琪夫婦，並授勳。晚課。

## 五月二十七日　星期五　氣候：晴

雪恥：一、陸軍供應部司令速發表。二、各級上下主官與同級、同師團長須注意藉〔籍〕貫，避免同鄉關係。三、閱兵與演習應改正者：甲、偽裝不夠。乙、佔領陣地，為何不用旗號。丙、官兵只對軍旗，而不對閱兵官注目。丁、向右看敬禮時始終向右，而不隨受禮者行進轉移其頭部與目力。

---

1　代理參謀總長彭孟緝。
2　吳克（Richard L. Walker），又譯胡克、華克，美國東亞研究學者，耶魯大學博士，東亞問題專家，時在臺灣大學任教。
3　克倫斯基即波倫斯基（Vladimir D. Poremsky），1955 年至 1972 年為反共組織「俄羅斯民族團結國家族聯盟」（NTS）負責人。
4　史維蘭寧（Andrei V. Svetlanin），自由俄國勞動聯盟代表。
5　加倫（Galen, 原名布留赫爾 Vasily K. Blücher, 1899-1939），1924 年 10 月及 1926 年 5 月，兩次受蘇聯政府派遣抵華，任廣州國民政府軍事顧問，參加東征、北伐之籌畫，獲蔣中正之重視。
6　陶希聖，名匯曾，字希聖，以字行，湖北黃岡人。時任立法委員、革命實踐研究院總講座、中國國民黨中央常務委員會委員。1955 年冬受命撰寫《蘇俄在中國》，1956 年 12 月出版。

六時起床，朝課，記事。八時半起飛，到新竹校閱第一軍後，召見各單位主官與顧問，再與菲律濱青年軍中服務團等照相，講話。與來賓及高級將領聚餐，其中有各國本來參加亞洲反共盟會者多人。下午在湖口演習畢，乘火車回寓。入浴，補行午課。晡與妻車遊回，讀唐詩。晚散步廿分時後，晚課。

## 五月二十八日　星期六　氣候：晴　溫度：八十二

雪恥：一、本晨得報，孫立人前第四軍訓班系統人員，策動此次南部校閱時控置〔制〕砲兵，先對閱兵臺描〔瞄〕準，然後向我以請願名義，要脅我任用立人以代之，此一陰謀又為西安事變之重演，其危險性對國際方面尤為重大。最近美國務院忽令其情報人員，密查孫在軍隊中勢力如何，能否掌握陸軍，及吳國楨除臺灣人以外之中國人，有否擁護者之確息。今以此案之發生究竟有否關係，並無證據，但國際環境之險惡已至相當程度，能不戒慎乎。

朝課，記事，經兒來談。九時半入府會客，召見北區各軍師主任顧問，詳詢各部隊情形後，軍事會談。午課後審閱和平共存論第二篇完，與妻車遊山上一匝。晚散步後晚課畢，讀唐詩。

## 上星期反省錄

一、毛逆邦初[1] 在墨西哥牢獄中釋出，我國要求其引渡不成，與拉鐵木爾[2] 在
　　美法院被控，亦有數年之久，乃於上周忽傳其將到英國講學，可知其對

---

1　毛邦初，號信誠，浙江奉化人，生於上海。曾任航空委員會副主任、空軍副總司令。
　　1951 年任空軍駐美辦事處主任時，以誣告及貪污遭撤職，滯美拒歸，政府派員赴美調
　　查提出訴訟。1952 年潛逃墨西哥。
2　拉鐵摩爾（Owen Lattimore），又譯拉鐵摩、拉鐵木爾、拉鐵木兒，美國學者，1941 年
　　至 1942 年任蔣中正私人政治顧問。時為美國約翰霍普金斯大學教授。

中共嫌疑案已經解除，此皆為最不快之二事也。近二周來，悒鬱沉悶，實亦不自知其所由來耳。

二、俄酋赫、蒲[1]二頭目訪問南斯拉夫之狄托[2]，此後狄托地位益高，其中立路線倣效者亦必益多，實為美、英之不利也。

三、英國大選，保守黨艾登大勝，自比工黨為佳，因今後美、英政策當更接近，實為民主陣線之佳兆，但於我國並無任何利益耳。

四、北部校閱已如期完成，南部校閱改為下月六日，不料發生陰謀事件，幸發覺尚早，未為西安事變之續，而洋奴性成之人事必須澈底肅清，不留餘地，方能鞏固反攻復國之基礎，然而國際環境之險惡，外國勾誘力之大，亦云極矣。

五、軍隊人事制度與聯勤及陸軍供應制度雖已核定，尚未頒布，而和平共存論，即「中國與俄共卅年經歷紀要」，已審閱大半矣。

## 五月二十九日　星期日　氣候：陰

雪恥：一、宋達[3]、郝柏村[4]、曹傑[5]為侍從參謀、秘書。二、匪區武裝反正的戰爭，首在我能收容與補給，此應及時籌備。三、將領被俘時，應自戕與服毒自盡為守則，其毒品（如何）備帶，以示決心。

---

1　赫、蒲即赫魯雪夫（Nikita Khrushchev）、布加寧（Nikolai Bulganin）。
2　狄托（Josip Broz Tito），曾任南斯拉夫總理、國防部長，時任共產黨總書記、總統。二戰後倡導與蘇聯不同路線的共產主義，被稱為狄托主義。
3　宋達，字映潭，湖南湘潭人。1950 年 6 月，出任國防部第四廳廳長。1955 年春，任國防部計劃局物資動員組主任，9 月調任國防部副官局局長。1959 年 4 月，調任國防部人事行政局局長。
4　郝柏村，字伯春，江蘇鹽城人。1954 年 7 月任總統府參謀，1955 年 7 月調任第三軍砲兵指揮部指揮官，1956 年 6 月調任第八軍第六八八砲兵指揮部指揮官。
5　曹傑，號眾豪，湖北應山人。1954 年 3 月任第九十二師副師長，1955 年 10 月任預備第四師副師長暫代師長。1957 年 2 月任第六十九師師長。

朝課後閱報,記事。巡視一匝,記上周反省錄。禮拜,聽毛根牧師講道。午宴。午課後入浴。調查人事,閱報。晡約見日本反共代表渡邊、木村、北某[1]等七人,相談二小時餘,鼓勵其保守性各政黨之合併,集中力量以對抗共黨與左派政黨,並勉其西德艾德諾[2]為模範,宣明反共反蘇,重整軍備,修改憲法,要求獨立之積極主張為目標,否則必將被共黨所消滅,加以警告。晚召見孟緝,決定陸軍供應司令人事後,觀影劇畢,晚課,廿三時寢。

## 五月三十日　星期一　氣候:晴

雪恥:一、大、中學生放學外出,提倡並肩齊步,二路與三路行進。二、官兵更須養成此習。三、演習與行軍時,假裝敵軍退卻時滲入行列或混入休息地,行動自在之間諜的課目,須特加注重。四、如何利用敵探之研究與演習。朝課後閱報。膳後記事,批閱公文。陸軍供應部之設置與生產(兵工及被服)機構,仍屬聯勤部之規定。調整人事。

午課後整書,批示。五時前起飛,到屏東下機,駐澄清橋,聽取梁[3]總司令報告海軍詳情。晚見張司令國疆,令其入參校。機上閱和平共存論第三編。晚課後廿二時,經兒來談畢,辭去乃寢。

---

1　渡邊鐵藏、木村篤太郎、北聆吉。渡邊鐵藏,日本法學博士,時為亞洲民主聯盟會議日本觀察員團團員,1956 年出版《反戰反共四十年》一書,後被聘為中華學術院日本研究所顧問。木村篤太郎,歷任吉田茂內閣法務總裁、行政管理廳長官、保安廳長官、防衛廳長官。北聆吉,戰後參與組織自由黨,並當選日本民主黨、自由民主黨議員,歷任自民黨眾院懲罰委員長、政調會會長。

2　艾德諾(Konrad Adenauer),二戰前以天主教中央黨身份擔任科隆市長(1917-1933)和普魯士邦務委員會主席。1946 年 3 月創立基督教民主聯盟(CDU),成為首任領導人(至 1966 年 3 月)。1949 年 9 月出任德意志聯邦共和國首任總理(至 1963 年 10 月)。

3　梁即梁序昭。

## 五月三十一日　星期二　氣候：雨

雪恥：一、印度梅農[1]自大陸訪匪回印後，宣布其與周匪談話結果，稱共匪已準備在一種對內與全面的基礎上與蔣總統談判，並重述共匪與蔣總統會談（即令在任何基礎上）亦可云。此乃共匪先於上月在亞非會議上，宣布其與美國要求直接談判，而今借梅農之口，又要求與我直接談判，是其一箭雙鵰之毒計，亦是其「和平共存」政策宣傳攻勢之陰謀，不能不表示態度，並促起美國注意與警覺也。

朝課，記事。九時到鳳鼻頭海灘，觀察兩棲作戰演習，大雨淋漓，滲透內衣。正午聚餐後，即由屏東直飛臺北，途中晝寢。回寓，入浴。補行午課，靜默禱告。閱報，召見留美參大學員二名。晚研究梅農談話，腦筋作痛，但天君泰然，總覺應即指斥其奸謀也。讀詩後晚課。

---

1　梅農（K. P. S. Menon），又譯梅濃，印度外交官，曾任殖民時期印度政府駐華專員，獨立後任駐華大使、外交部部長，時任駐蘇聯大使。

# 上月反省錄

一、自余抗拒美國要求放棄金、馬之拙策以後,其陰謀倒蔣之幼稚行動消息又紛至突來,並將以吳國楨、孫立人與胡適為其替代之意中人,此一情報殊令人不可像想,豈其政府果如此荒唐乎?

二、愛克對我外島之態度,其表面上仍佯言如故,不敢明言其已食言,不再援助我防衛,豈其尚留餘地乎?

三、史敦普初旬來商,增強我外島防衛武力與後勤,但其至月杪尚無確實回音也。

四、對我要求共匪沿海機場如進駐其空軍部隊時,立即加以攻擊,而美即反應其不能同意之表示,余惟有暫置不理,以其一切行動太幼稚可笑耳。

五、孫立人組織暴動陷害之陰謀,幸發覺尚早,又幸改變北區先行檢閱,而置南區於最後之計畫,此乃天助之明證,惟此一陰謀或與美國尚無關係,但孫實受美國之暗示久矣。

六、毛邦初在墨西哥出獄,不能引渡,與拉鐵摩[1]保釋,由美赴英講學,此為外交失敗也。

七、和平共存論審批初稿已完,克氏戰爭論自第一至第五篇覆核完成,頗引自慰。

八、亞洲反共會議以韓李失信背約,乃決停止舉行,未知以後韓將如何為計矣,可歎。

九、國際局勢之變化:甲、西德已完全獨立,並參加北大西洋公約矣。乙、俄一心製造中立路線,並力圖歐洲中立地帶,偽裝和平共存。丙、俄召集東歐附庸(華沙會議),訂立所謂東歐軍事同盟,以對抗西德加入北

---

1　拉鐵摩即拉鐵摩爾(Owen Lattimore)。

大西洋公約及其建立軍備，而共匪彭德懷[1]為該盟會之觀察員，聲明東歐集團作戰，彼共匪加入作戰，為其後盾也。丙[2]、奧國和約成立，以中立之條件行之。丁、美、英、法、俄四巨頭會議，俄國覆文，一面責斥美國，預料其將破壞會議為言，一面接受三國之邀請參加，但時間與地點尚未決定也。戊、俄酋訪狄托之結果，其共同聲明乃明顯地回歸俄共之懷抱，而美、英反強辯其狄托乃為中立，以自掩失敗，可憐。己、俄對裁軍條件放寬讓步之態度。庚、共匪釋放美俘四名。辛、英大選保守黨勝利。壬、俄空軍進步，幾乎有超越美國飛機性能之程度。癸、美、法對越南政策之協議，美國宣布以全力支持吳廷琰[3]，故越南反政府軍漸被擊潰，惟柯林斯特使決卸任返美，是其預為失敗地步乎。

十、據匪報，旅順、大連，俄共已於本月中旬交給共匪接收，俄軍亦已撤退，其內容如何，須待證明。

---

1 彭德懷，號石穿，湖南湘潭人。1950 年，任中國人民志願軍司令員兼政治委員，領導抗美援朝。1954 年，任國務院副總理兼第一任國防部部長、中共中央軍事委員會副主席。
2 原文如此。
3 吳廷琰，1954 年 6 月 26 日至 1955 年 10 月 26 日為越南國首相，1955 年 10 月 26 日至 1963 年 11 月 2 日為越南共和國（南越）第一任總統。

**蔣中正日記**
Chiang Kai-shek Diaries

# 六月

蔣中正日記
Chiang Kai-shek Diaries

**蔣中正日記**
Chiang Kai-shek Diaries

# 民國四十四年六月

## 本月大事預定表

1. 後勤機構專設消耗業務之管理一科，凡武器、材料、糧秣、被服、車輛、艦機等報廢或到期以及調換之舊品皆屬之。

2. 各區把〔靶〕場之每日使用計畫，勿使閒空。

3. 副主官各級應使有指揮練習之機會。

4. 各部隊主官任務，在輪流視察、訓練所屬部隊機構業務，以及解決其未解決之問題，而以批閱公文、報告或計畫，則委諸副長幕僚。

5. 各級主官切戒干涉下級職權與計畫。

6. 充實各部隊，步槍不足，何故（新兵無武器）（58D）。

7. 軍士臂章之頒給。

8. 業務不可集中。

8.[1] 對四國會議防範作用之研究工作。

## 六月一日　星期三　氣候：雨

雪恥：本晚參觀美國交響樂團之演奏，廿三時方畢。回寓，重修答國際社電問稿，至午夜一時完，晚課後寢。

---

1　原文如此。

朝課後召集岳軍等，商討梅農所談周匪[1]要與我直接談判問題，彼等對此甚為輕淡，我方似無駁斥之必要，余認為不能不表示明確嚴正之態度，以免美國以及中外人士之疑寶。在一般心理，或以為共匪企圖對我之招降，是對我之污辱的說法，則我應視為共匪對我之求和，是於我並無所損，而且對國際方面，反可加重我政府之地位和分量，要在我能否利用得法而已，故決定對此作嚴正之駁斥（並指示其要點），以澄清內外之視聽。上午在寓，記事，批閱，未到常會。正午對行政院、省政府各部、廳、處長宴會，以今日為該院改組一年之紀念日也。午課後批示和平共存論補充之要旨，直至十八時為止。

## 六月二日　星期四　氣候：雨

雪恥：昨夜以修正對美「國際社」問答稿，至一時方睡，乃服安眠藥。

今晨六時起床。朝課後八時起飛，十時前方到岡山，以氣候不良也。因天雨故校閱空軍停止閱兵。與公超電話，以國際來電，認其所接問答太重要，可否改為星期六日朝報發表，俾其有準備宣傳之時間也。當時已經在其美國廿二時以後，若明晨見報，恐時間匆促，故決令其翌日星期四見報，不可再遲也。十一時舉行空軍學校第卅五期學生畢業典禮，致訓，以孔明在空城計中桌上置劍的意義，如其至最後被困或被俘之際，乃以劍自殺成仁，表示其決心也，以佩劍一以殺敵，一以自殺殉職，其後一意義更重也。召見空軍各機關學校主官後，聚餐畢，即搭機回臺北。

---

1　周匪即周恩來。

## 六月三日　星期五　氣候：雨

雪恥：昨午後回臺北，途中休息，午課。十六時回寓，修正新聞稿，並補批和平共存論一則完。晚觀武家坡平劇影片，主演者章遏雲[1]，其配光不佳也。晚課後廿二時半寢。

本三日朝課，記事。十時前入府見希聖，指示其對和平共存論的修補各要點後，批閱公文畢，召集財經會談，經濟與外匯情形已較好轉矣。召見俞國華，報告其在美國所悉，美中央情報局準備大款，利用臺灣與國內外中立與反動派，對余個人作誣衊之宣傳，以為其重建傀儡政府之張本，此與最近孫之軍訓班之陰謀顯然有關，當然為勞氏以余不順從其放棄金、馬以後之第一步驟也，可危之至。

## 六月四日　星期六　氣候：晴

雪恥：昨午課後整書。十七時起飛，途中重閱千字文，此乃六十年前所熟讀者，今審核其內容，比之三字經更為深高，實為中學程度之課本，豈非貽誤往昔蒙童之學識甚大乎。惟最近審閱此二書，對我國小學教育教材有一澈底之檢討與了解，自覺甚有益耳。晚宿澄清樓，讀唐詩與菜根譚，晚課。

本（四）日朝課，記事。十時到左營舉行海軍總校閱，先閱兵再訓話，陸戰隊裝備與人員充實，比去年大有進步。巡閱東、南、西三碼頭各艦艇後，特到掃雷訓練班視察，聽取其掃雷種類與各種方法後，並視察防雷網畢，到總部點名訓話，召見各單位主官與顧問後訓話。聚餐畢，回寓已近十五時矣。

---

1　章遏雲，原名鳳屏，字珠塵，京劇演員，工旦行，著有《章遏雲自傳》等書。

## 上星期反省錄

一、本周以印度梅農發表其與周匪談話，願與我「在內政與一般基礎上」，又說「即令在任何基礎上」談判之荒誕，為最費腦力，研究結果不能以一笑置之，乃決予以嚴正指斥，認為此在反共抗俄戰爭中重要聲明之一也。六年以來忍辱奮鬥，使共匪不能不循其原路，以其武力無法消滅我民族力量，摧毀我革命基礎，乃復以政治方法來求和談，以期達成其賣國毀蔣之目的，何其愚耶。此實為我不可侮之事實，對美國至今猶侮華欺蔣之心理，當使之有所反省也。

## 本星期預定工作課目

1. 美國為海峽停火案，主開聯合國大會。
2. 美與共匪直接談判之舉行如何防止。
3. 對軍、政假策反組織之研究。
4. 將領成績與人事調動工作。
5. 侍衛長與武官人選。
6. 時事檢討會。
7. 大陸情報電臺保密方法，不必每日定時通報。
8. 為部屬解決問題與不斷巡查，實地考核。
9. 團管區對於失業青年之管訓與教課（技術）。
10. 專設各兵種軍士學校與業科特訓計畫。
11. 地方秩序之控置〔制〕辦法應切實改正。
12. 貿易商頂牌等弊之嚴禁。

## 六月五日　星期日　氣候：晴

雪恥：昨午課後與經兒往岡山口溫泉遊覽，車行約一小時半，親自到其山麓泉源視察，不料其為帶硫磺質之冷水。其所謂溫泉者，乃引此冷水，引入爐內燒暖後，放入浴桶之假溫泉也。其地原有日本旅館，今由臺人經營，污穢零亂極矣，惟其風景不劣，本可作為遊憩之所耳。回寓已八時半。膳後讀詩，觀月，晚課。

本（五）日朝課後閱報。膳後散步一刻時。上午記事，審閱上月日記後，更覺國際變化之速，內外人心之險，殊堪憂憤。前途成敗叵測，惟有盡心盡力，聽之於天而已。午課後記上周及上月反省錄。妻來高雄。晚膳後車遊市中回，在樓臺上觀月自娛。晚課後與妻觀月，廿三時前寢。

## 六月六日　星期一　氣候：晴

雪恥：近日每念六年來，在失敗恥辱重重之處境中，對我軍事、政治與外交等經歷之代價，決非任何順利或勝利環境中所能得到，而求學求智之進益，亦積六十年之歲月，亦不能抵此六年之深切，而能有實效也。此乃上帝鍛煉我成功之最大方策乎，因此信心日堅而益增矣。

本晨四時醒後起床，觀月聽潮，約廿分時再睡。七時起床，九時到左營，校閱水中爆破隊與兩棲偵察隊之行動與體操，更覺近日海軍戰術之深秘也。十時半回寓，記事後假眠一小時。午課後到屏東閱兵，並訪美陸軍新參謀長泰勒[1]於勵志社。十七時召見各單位主官與顧問畢。晚宴泰勒夫婦，藍欽與蔡斯皆宿於寓內。廿二時客散，晚課，廿三時前寢。

---

1　泰勒（Maxwell D. Taylor），又譯太勒，美國陸軍將領，曾任第一〇一空降師師長、陸軍副參謀長、第八軍團司令、琉球民政長官，即將接任陸軍參謀長。

## 六月七日　星期二　氣候：晴

雪恥：一、閱兵儀式缺點：甲、軍樂擴音不良。乙、隊伍排列不照戰術單位組織，以後必須改正，正規步兵軍、師必須在先頭。

今晨四時半醒後起床，觀月聽潮，夜深人靜，遠海漁燈如星，亦能感觸一點心靈也。五時復眠，不能熟睡。六時起床朝課，八時前到左營主持為泰勒作軍事會報後，特與泰勒密談廿分時。對遠東反共形勢與美國應持政策，只要我民主反攻陣線維持現狀，不再後退一步，則共匪內部最多二年，必生矛盾與內亂，但我們如絡續後退，則敵人侵略乃漫無止境矣，望其轉告愛克。回寓，記事，經兒來談。孫[1]部奪取彈藥之計畫等陰謀暴動，至四、五日仍進行不已，幸皆被破獲，昨日閱兵乃得平安無事，實免除一最大危險也。

## 六月八日　星期三　氣候：晴

雪恥：昨午課後召見吳文芝[2]與王寓農[3]。據報，步校為孫部陰謀之發源地，其主動者為少校教官之郭廷梁〔亮〕[4]，故破案亦最早也。十八時由屏東起飛，藍欽夫妻[5]同機回臺北也。膳後散步，廿二時即寢。本夜熟睡時間最久，夜間只醒一次也。

本（八）日朝課後記事，十時到中央常會，議定童子軍與青年團聯繫辦法，

---

1　孫即孫立人。
2　吳文芝，四川宜漢人。1952 年 7 月，任陸軍指揮參謀學校教育長。1953 年 4 月，任第三十二師師長。
3　王寓農，號士昌，浙江杭縣人。1954 年 9 月調任陸軍軍官學校副校長，1956 年 2 月調任國防部總務局局長。
4　郭廷亮，雲南河西人。1953 年 6 月任陸軍步兵學校總教官室一般組少校總教官。從 1954 年年底，有四、五封信密報「郭廷亮有問題」，1955 年 5 月 25 日被憲兵以匪諜罪嫌逮捕。
5　藍欽夫妻即藍欽（Karl L. Rankin）及其夫人波林‧喬登（Pauline Jordan Rankin）。

及文化改造運動宣言稿，並對立法院要求加薪等自私觀念加以指正，恐聽者或以為有不民主之感想，故亦明白道破。回寓，令傑自美回報美當局或將以臺灣不民主之指責，期以推翻我政府也，聞其參議員中有否此種企圖，質問其國務院，加以警告，或可遏止其進行。午課後清理積案二小時。晡與妻及傑甥[1] 車遊頂北頭〔投〕，視察招待所。晚閱說文句讀後，讀詩，晚課。

## 六月九日　星期四　氣候：晴

雪恥：一、砲兵學校教育長人選之決定（金萬舉）。二、基地訓練時間延長四分之一。三、臺省新兵入伍前之國語訓練。

朝課後記事，十時前入府，召見孟緝，談美援糾葛部分，國防部未問明底細，自作主張修正提出。政府辦事，上下不能聯繫商討如此也。批閱公文，會客十餘人，新任美軍顧問團長到任來見（史麥次[2]）。今午遷住後草廬（陽明山）。午課後見岳軍，轉來吳逆國楨之信，其用心卑劣險惡如前，而岳軍竟不為痛絕，且擬覆函，殊為可怪，豈無是非一至於此乎。研究最近俄共承認西德，乃以中立為惟一條件，其中立陣線之建立陰謀可謂無所不至。乃將東、西兩方之共產與中立集團，及其將來之趨向與結果，加以澈底考慮，認為西歐之西德已加入北大西洋公約，當不至中立自殺，故不致為俄共中立攻勢所動搖也。

---

1　傑甥即孔令傑。
2　史邁斯（George W. Smythe），又譯史馬次、史麥次、斯邁史、史馬斯，美國陸軍將領，1955 年 6 月至 1956 年 9 月任駐華美軍顧問團團長。

## 六月十日　星期五　氣候：陰雨

雪恥：昨晡獨步後公園，在池傍休息，甚感「水心雲影閑相照，林下泉聲靜自來」之趣。對最近俄共向歐亞發動中立與和談攻勢，只要我金、馬固守不撤，與西德不退出北大西洋公約，則俄、日談判雖有結果，亦無甚危險，美國或能因此對反共盟邦之可貴有所憬悟乎。與妻等車遊頂北頭〔投〕後回。膳後讀詩，晚課，廿二時半寢。

朝課，記事。入府，批閱公文，召見公超與劉玉章[1]等後，召集情報會談。午課後入浴畢，整理存案。經兒來談，此次陰謀叛變首要皆已逮捕，而且金門亦有發現，可知其陰謀之有整個計畫也。據報，杜勒斯電藍欽，保孫立人為參謀總長，乃為藍欽所阻止，認為不可也。晡見美參議員竇克生[2]與克列蒙斯[3]（民主黨），相談甚洽。晚讀詩，晚課。

## 六月十一日　星期六　氣候：雨

雪恥：一、印度泥黑路與俄共及朱毛成立聯盟似有可能，但恐泥氏仍將以中立方式作投機生涯，而不肯馬上加入共產集團耳。如果此一聯盟成立，則對美、英又是一個重大失敗，而亞洲大陸其將整個入於共產魔掌矣。

朝課，記事。入府批閱，會客，召見調職人員五名後，召集軍事會談。對美援接洽之不統一，實為政府最大之缺點，應即補救改正。午課後，因傷風入浴後，審閱戰爭論第六篇第二章完。晚約竇克生、克列蒙斯便餐，商談美援

---

1　劉玉章，字麟生，陝西興平人。1953 年 3 月，任臺灣中部防衛區司令官，1954 年 5 月，調任金門防衛司令部司令官。1957 年 7 月，任陸軍總司令部副總司令。
2　竇克生（Everett M. Dirksen），又譯陶沙克、竇甘，美國共和黨人，1951 年 1 月至 1969 年 9 月為參議員（伊利諾州選出）。
3　克利門斯（Earle C. Clements），又譯克列蒙斯，美國民主黨人，曾任肯塔基州州長，1950 年 11 月至 1957 年 1 月為眾議員（肯塔基州選出）。

及借用白銀以穩定幣制意見。談畢辭出，乃與妻車遊山下一匝。晚課，廿三時寢。

## 上星期反省錄

一、年中校閱已如期完成，幸孫[1]系陰謀案及時發現，不為所算，否則不僅為西安叛亂之續，而且國家之命運亦將被其斬絕矣。感謝上帝脫離我兇險，故世局雖極變幻艱窘，然此心仍對前途毫不疑懼也。

二、俄共正式照會西德，希圖以統一德國的代價來換取西德中立，入其陷阱。余信西德決不會脫離西歐與北大西洋聯盟公約以自陷絕境，以德國人民程度與俄共陰謀必能了解，而且西德只要能獨立與建軍，則不數年後，東德人民自必歸嚮西德，其統一實不成問題矣。

三、泥黑路訪俄，聞俄提印度、中共與俄國同盟之說，余斷泥氏投機與領袖慾成性，當不願作俄共牛後耳，然亦有可能也。

## 本星期預定工作課目

1. 公超赴聯合國會議時之指示（絕勿提訪美）。
2. 星二日時事檢討會。
3. 預備師案提交美參議員。
4. 攻擊戰鬥群應防制轟炸，故其密度不可過大，必須各別疏隔，只要其總體不失為三角形原則與方式而已。

---

1　孫即孫立人。

5. 高級將領人事之決定。

6. 對美國與共匪談判之策略與忠告。

## 六月十二日　星期日　氣候：陰

雪恥：一、近日俄共和平攻勢與中立戰略之發展，已達到最高潮，幾使美、英慌張無措，且認為俄共態度、政策大有轉變之望，於是妥協姑息之念油然勃興，而其惟一中心問題無法使我放棄金門，以達成彼等苟安求和之期望，必將認余為其和平之障礙，故其準備對我顛覆之陰謀，亦日趨積極，雖其議員有對其質詢與警告，而彼當局並不承認有其事，但預料其必不因此終止也，此時惟有在我者纔是可靠：甲、堅持主義，固守金、馬，確保基地為不變之原則。乙、整頓內部（軍事、經濟與民政），加強實力，準備獨力應戰，以求自立，則國際陰謀無所施其技。丙、對美國仍以忍耐自持，據理守約，使之無所藉口。丁、如共匪竄入聯合國，則我政府立即聲明退出，以保持國格與正義而已。

## 六月十三日　星期一　氣候：晴

雪恥：昨日星期以傷風未往禮拜堂禮拜。朝、午、晚各課如常。記事，記反省錄。召記〔見〕俞、彭[1]等，商決對美參議員提節略之內容，專為實行九個預備師計畫之用也。下午擬對美貢獻我之意見與提出主張之要領，未能獲得結論。審閱戰爭論第六篇第六章止。晚讀唐詩，廿二時後寢。

---

1　俞、彭即俞大維、彭孟緝。

本十三日朝課，記事。上午考慮最近世界變局及俄共和平與中立策略之狂潮，為美國有所建議，擬定要則十項，交公超草訂方案。正午召見辭修、鴻鈞、岳軍、公超、少谷等研討此案。午課後審閱戰爭論第六篇第八章止。晚宴美參議員寶克生、克利門斯。寶氏帶有酒意，歡敘更樂。晚課。

## 六月十四日　星期二　氣候：晴

雪恥：本日為先慈[1] 逝世三十四年紀念忌辰。中午召集經、緯兒、孫、媳與華秀[2]、薇美[3] 等，在後草廬禱告，但願父母親在天之靈得到安慰也，未知今日故鄉廬墓究竟如何矣。

朝課後審閱戰爭論。十時入府，會客後召集宣傳會談，聽取對俄共和平與中立策略之作用，完全配合其軍略之意義一點，應使美、英特加注意。今後俄共戰略將以對西防守，而其對東亞，必令共匪向太平洋沿線突擊也。午課後審閱戰爭論第六篇第九章防禦性會戰完。晡與妻車遊山下一匝。晚指示傑甥[4] 對美議會接洽要旨後，修正公超對美建議書。與妻同觀曇花，兩朵盛放。晚課後寢。

---

1　王采玉（1864-1921），蔣中正之母親。十八歲前夫故去，二十歲再嫁蔣肇聰為繼配，1887年，生蔣肇聰次子蔣中正，後又生一男兩女：蔣瑞蓮、蔣瑞菊、蔣瑞青。
2　蔣華秀，蔣中正姪女。曾任安徽立煌縣中正小學校長兼教員，來臺後在靜心托兒所及靜心小學從事教育工作。
3　孫薇美，浙江奉化蕭王廟孫益甫次女，嫁蔣中正長兄蔣介卿之子蔣國柄為妻，有一子四女，分別是子蔣孝倫，女蔣靜娟，蔣志倫，蔣環倫，蔣明倫。
4　傑甥即孔令傑。

## 六月十五日　星期三　氣候：陰

雪恥：一、軍官對外應保持自己本分立場，應爭執者，不應遷就敷衍，反被輕侮。二、中立地帶與組織，就是共產侵略的溫床。三、省府定期遷臺中。四、疏散工作經常實施，不得中止或遷回臺北。五、今後政治建設工作：甲、地方建設。乙、軍心穩定，士氣旺盛。丙、民眾領導。丁、秩序建設。戊、反攻大陸是每一人民的責任。己、積極加強警察教育與程度（警察收納攤賄之弊端）。庚、杜絕小偷與流氓打架。辛、臺灣情報人員不許參加選舉。朝課後審閱戰爭論，記事。入府見藍欽，談對沿海匪方機場完成施用時，我當轟炸之交涉，美乃〔仍〕反對，最後乃待中、美雙方研究，確實控制海峽空軍之優勢後，再行決定也。到中央常會。回寓，以傑甥[1]辭別，為對美宣傳組織撤消甚不自安也。

## 六月十六日　星期四　氣候：陰晴

雪恥：昨午課後審閱戰爭論，至第六篇第十章完。晚讀唐詩。晚課後廿二時半寢。

本日朝課後審閱戰爭論。十時入府，召見調職人員，與俞部長[2]談中、美空軍控制海峽問題及人事問題。正午宴評議委員，徵詢黨務及時局。午課後審閱戰爭論第五篇第十三章止。晡獨遊後公園，在池畔續閱戰爭論一章回，入浴。晚讀唐詩，晚課。

本日為軍校第卅一年創校紀念日，派辭修前往代為主持。據聞孫[3]系謀叛案仍繼續發展中，但其上層已一網打盡矣。

---

1　傑甥即孔令傑。
2　俞部長即國防部部長俞大維。
3　孫即孫立人。

## 六月十七日　星期五　氣候：晴　晡雷雨

雪恥：一、彭、黃[1]任命之發表。二、預備師案之提交美方。三、金門增加一個師之命令。四、知照美方。五、匯瑞士款。六、發給主教補助款。七、召見沈昌煥。

朝課後審閱戰爭論二章。入府會客，召見調職人員六名。召集財經會談，聽取美援運用委員會之報告，指示在美與國內美援之軍援與經援之統一組織，限期實施。午課後審閱戰爭論第六篇，至十六章止。晡召見藍欽與蔡斯，令蔡陳述其對我軍應注意之各點意見後，指正其增防金門一師兵力，不應向華盛頓請示再行決定，應在此決定，並由我負責決定。彼乃承認遵辦。晚讀唐詩，廿二時晚課後寢。

## 六月十八日　星期六　氣候：晴陰

雪恥：一、大維部長反對駐美之軍援、經援機構統一組織，尤其對於霍寶樹[2]之主持其事甚不贊成，而彼提何世禮[3]，以其不知美援爭取與交涉之實在內容與方法，為此而貽誤與受損失者甚大。余初甚反感，但最後誠以其人本性消極與不了解實情，故深諒之，以其無私意也。二、為美顧問團不同意增加一師兵力於金門之決定，彼明明要我不守金門也，甚為憤痛，但事後思之，此事不值腦〔惱〕怒，最後彼必接受也。

---

1　彭、黃即彭孟緝、黃仁霖。
2　霍寶樹，字亞民，原籍廣東新會。抗戰勝利後任行政院戰後救濟總署署長、中國銀行副總經理。1949 年起派駐美國華盛頓任中國技術團主任，1951 年起連續十年擔任出席國際貨幣基金及國際復興開發銀行理事會年會中華民國代表團代表。1952 年 3 月任國際貨幣基金代理理事。
3　何世禮，原籍廣東寶安，為香港富商何東爵士第三子。1949 年隨政府遷臺，歷任東南補給區司令兼基隆港口司令、國防部常務次長。1950 年 6 月任駐日軍事代表團團長兼盟軍對日理事會中華民國代表。1952 年後，任駐聯合國軍事代表團團長、聯合國安理會軍事參謀委員會首席代表、行政院美援運用委員會委員。

朝課後記事，入府見西德記者，召見調職與赴美受訓人員後，發表彭、黃[1]二令，並先召集陳、張、俞[2]等，徵其意見也。召集軍事會談，會中訓示言行憤激失態，事後自慚不置。午睡未能安眠。午課後審閱戰爭論，與經兒談孫[3]事。晡散步，晚讀詩，晚課。

## 上星期反省錄

一、彭孟緝、黃仁霖各職真除之命令已發表。

二、本周學習：審閱戰爭論十七章，最覺有益。

三、九個預備師案又重新提交美方。

四、美參議員寶、克[4]二氏與令傑甥在臺考察商談，均有助益。

五、共匪內部與民眾反抗漸增，貪污益多。

六、印度梅濃到美，與愛克談其在北平交涉情形，其目的為促進匪、美直接談判，希望金、馬與臺、澎皆能以不用武力方式交與共匪也。

七、美情報局企圖顛覆我陰謀進行未已。

八、本周苦痛憂患較多，而以孫案[5]及與美有關問題為甚。總之，美國幼稚之言行及其對我盟約精神之違反，尤以愛克缺少誠意，而印、英與共、俄協以謀我為最苦，但心神毫不感覺頹喪，且自信益堅也。

九、國際本周形勢：甲、日俄和約談判觸礁。乙、西德艾德諾訪美，提醒美國大西與太平二洋只是一條陣線，及其反俄堅定之決心。丙、美、英、法在華府會議。

---

1　彭、黃即彭孟緝、黃仁霖。
2　陳、張、俞即陳誠、張羣、俞大維。
3　孫即孫立人。
4　寶、克即寶克生（Everett M. Dirksen）、克利門斯（Earle C. Clements）。
5　孫案即孫立人案。

## 本星期預定工作課目

1. 對美在四國會議應警戒各點：甲、俄共和平攻勢與軍略之配合。乙、中共必然向東方突擊。丙、原子武器中立化之陰謀。丁、裁軍之檢查權責為第一要題。戊、開放鐵幕。己、解散集體農場與集中營。庚、和平共存與中立運動之策略內容。辛、熱戰邊打邊談之教訓與停戰之禍害。壬、中立地區就是共產的田園。
2. 澈底工作與負責精神之獎勵。
3. 走私（金鈔）之嚴禁。
4. 俄共軍略與政略必配合。

## 六月十九日　星期日　氣候：晴

雪恥：一、與藍欽談話要旨：甲、美對華政策漸有改變跡象（華府盛傳）。乙、孫[1]部謀叛陰謀組織之暴露雖非重大，但足驚駭。聞其事發失敗時將逃往美使館，請求政治庇護之說。丙、美在臺之情報與宣傳人員漸越範圍，且有以減低政府威聲與專找軍、政不利消息作報導。丁、金門增防政策之矛盾應加注意，不可為此而啟合作之破綻。戊、共匪潛伏與吳[2]逆誇妄，美應不為其所利用。己、大陸失陷以前，美使館以蔣去美國對華即有辦法，認為華人多親美，不懼共匪反宣傳之錯誤政策。庚、藍[3]離華期間，對合作頗堪憂慮。

朝、午、晚各課如常。上午與經兒討論孫案之處置方針後，記事，記反省錄，禮拜。下午重審戰爭論後，散步，考慮與藍談話方針。晚讀詩，廿二時後寢。

---

1　孫即孫立人。
2　吳即吳國楨。
3　藍即藍欽（Karl L. Rankin）。

## 六月二十日　星期一　氣候：晴

雪恥：一、搜索訓練與組織及督訓員之查報。二、各營團之作戰官與情報官尚有未經軍事教育者，其原因如何，人數幾何。

朝課後記事，手擬講稿要旨及準備與藍欽談話要旨。十時陸軍參校第六期學員開學典禮，訓話約三刻時畢。午膳後，審閱此次孫部謀叛案之總報告後，午睡不能成眠。午課後審閱戰爭論第六篇第十八章未完。約岳軍來談，將孫案文件交彼研究，代擬處置辦法。晡獨遊後公園消愁。晚與藍欽談話：甲、共匪諜探在臺活動情形，並便告其孫案大略。乙、屬其對美在臺情報與宣傳機構，應嚴防匪諜滲入。丙、問其美國對我政策有否變更跡象。丁、對金門增加一師案，望其轉戒蔡斯不再堅持，並望其同意。

## 六月二十一日　星期二　氣候：晴

雪恥：昨晚約藍夫婦在寓餞別後，與妻車遊中山橋後回寓，晚課，廿二時半寢。

近日為金門增加一師兵力，受蔡斯無形反抗，以致精神刺激，不勝憤懣。又以蔡間接警告，謂有條約限制，「凡受美援裝備之部隊，如調赴外島時，須得美國之同意」一語，更增痛憤。清夜深思，乃覺外交有關之外人，幾乎無一不是以奴役待我中國，雖其程度有淺深，不過一則欲飲吾血，一則欲啖吾肉之差，俄寇不過為其後者而已。今日之外交，乃一欺詐壓迫之外交，我欲以誠信相感召，豈不等於癡人說夢乎。

朝、午、晚課如常。上午審閱戰爭論。入府會客，批示，與岳軍談孫案處理辦法。下午審閱戰爭論。晡與經兒散步後公園，談孫案。晚觀影劇，廿三時前寢。

## 六月二十二日　星期三　氣候：晴

雪恥：今晨起床，感覺金門增兵不能自如之苦痛，乃為意氣用事，其實無須如此急迫，應自寬緩，以待情勢之轉移。蓋道理全在吾方之事，最後自必能照理解決，否則待至最後不得已時，乃再自由行動，未始為晚。以目前並非急要，何必如此憤激，自傷身心，因此益覺安適自得矣。朝課後審閱戰爭論，至沼澤防禦章止。上午主持總動員會報。午課後記事，審閱戰爭論至國土鎖鑰章止。晡獨往後公園遊覽自得，約半小時回，入浴，讀詩。膳後與妻車遊山下一匝。晚課，廿二時後寢。

菜根譚：「降魔者，先降自心，心伏則群魔退聽；馭橫者，先馭此氣，氣平則外橫不侵。」讀此真是朗月清風，爐火中一服涼劑也。

## 六月二十三日　星期四　氣候：晴

雪恥：一、孫案交俞大維審核。二、約道德重整會重要人物單獨會談。三、國防部參謀次長人選。四、召見黃希珍[1]（二軍團）與高雄要塞部參謀長[2]。五、政工學術高級函授課題之設計。

朝課後審閱戰爭論，及審核道德重整會歡迎詞稿。入府召見江一平[3]等七員畢，批閱，與岳軍商談歡迎辦法。午課後記事，審閱戰爭論側翼動作章未完。十七時到臺北賓館，對道德重整會一百七十餘員握手，致歡迎詞，茶會。晚約魯斯約翰兄妹等便餐後，妻往觀劇，余到研究院巡視回，入浴。讀詩，晚課。

---

1　黃希珍，原名席珍，號京泉，廣東文昌人。時任第二軍團司令部增設副參謀長，7月調任總統府侍從武官。
2　楊俊，時任高雄要塞司令部參謀長。
3　江一平，字穎君，浙江杭縣人。1948年，當選第一屆立法委員。1949年初，在上海審判日本戰爭罪犯時，被指定為日本中國派遣軍總司令岡村寧次辯護律師。共軍占領南京前夕，赴臺灣，繼任立法委員。

## 六月二十四日　星期五　氣候：晴

雪恥：一、俄戰車總司令偷襲戰術之記述於其雜誌，乃使美警覺與備戰，不敢鬆懈。以意度之，大戰不致延緩至三年以後，明年實為最大之關鍵。二、泥黑路與布假人[1]聯合聲明，以臺灣交匪，並提共匪應進入聯合國之建議，更增美國之戒心，而於共匪無助益。三、空防加強與疏散澈底為備戰第一工作。

朝課後審閱戰爭論民族抗戰章完。入府會見道德重整會代表十人，敘談一小時餘畢，召集情報會談。午課後批閱公文，約會重整會代表十餘人，談一小時半後，與妻散步後公園回，車遊山下一匝。晚膳後讀詩，觀新月納涼，晚課。

本日端午節。

## 六月二十五日　星期六　氣候：晴

雪恥：一、美機在白令海峽上空被俄噴射機擊落，幸人員未死，惟傷者亦有五人之多，此正在聯合國十年紀念會期間（廿二日）出事，乃為俄共有計畫之示威行動。尤其是這個地點更值得注意，即余認為，俄共如偷襲美國本土時，必將由此白令海峽地區出動，最便捷之處也，益信余之想像非徒為空想矣。

朝課後獨往後公園遊憩回，記事。上午批閱公文，清理積案，審閱豫〔預〕備各師之師長人選頗久。午課後閱新戰略論（瑞士名將著），無所補益。約會道德重整會十餘人，談一小時半。晡與妻車遊淡水回，膳後觀月，讀詩，晚課。

---

1　泥黑路與布假人即尼赫魯（Jawaharlal Nehru）與布加寧（Nikolai Bulganin）。

## 上星期反省錄

一、本周審閱戰爭論至民族抗戰精神章第六篇，已看完五分之一，自覺得益頗多。

二、孫案全卷審閱已告段落，刺激頗深，加之美顧問對我增師金門之反對態度，殊令人憤悶悒鬱，又傷心神不少，可知修養不足也。

三、聯合國十周年紀念大會期間，俄莫[1] 大放其和平空氣，致遭美國輿論不信之抨擊，不料其俄機即在白令海峽上空擊落美國之巡邏機一架。此一俄帝有計畫之特殊意義，應使美國更加警惕與備戰乎。

四、印度泥黑路與布假人在俄聯合聲明，援助共匪收回臺灣並進入聯合國，世論皆認其已向俄共靠攏而非中立矣。

## 本星期預定工作課目

1. 空軍舊式飛機應收藏作為報廢，各處機械人員儘量抽調修護噴射機之用。

2. 海軍不能作戰之艦艇儘量報廢出售，將人員集中於新艦之接收使用。

3. 空軍機械人員之訓練應合實際需要，設立短期各種訓練班。

4. 機械與各部門訓練之外，應重管理與督導組織，研究如何增強效率。

5. 接收美援工作，特重倉庫容量與登記，並盡量撤空不用之物品，從速報廢。

6. 墨守成規之弊害。

7. 軍中補登記自首附共分子。

---

1　莫洛托夫（Vyacheslav M. Molotov），蘇聯外交官，時任部長會議第一副主席、外交部部長。

# 六月二十六日　星期日　氣候：上晴下雲雨

雪恥：一、關於美國特別軍協爭取五千二百萬餘數未了之件，以我行政院國防部自作主意，開列不急需之項目，致遭美國務院之拒絕。而且羅勃生態度惡劣，希圖其上次來臺，要求撤退金、馬不允之報復，其意甚明，引起憂慮，以此後中美外交皆須經過其手，必遭困難。但尚有方法以制之，不必過於憂慮之事，而此心終覺不安也。二、俞大維對孫案[1]主張寬大，不加處分，僅使孫了解此案之內容，乃以裝作不信此事，對孫有關了之。俞之消極已極，但亦有其見地耳。

朝課後到後公園遊憩半小時回，記事，審核人事。岳軍來談孫案後，禮拜。正午召經國全家與緯兒、華秀來補作端午節，聚餐。午課後審閱實踐學社講義摘要後，與妻車遊回，觀影劇。膳後讀詩，晚課。

# 六月二十七日　星期一　氣候：晴

雪恥：一、參謀次長人選：宋達、皮宗敢[2]。二、侍從武官：郝柏村、金萬舉。三、總聯絡官吳炳忠〔鍾〕[3]、吳〔胡〕旭光[4]。四、軍隊衛生不良，習慣成性之恥辱。五、檢查校閱重點：甲、衛生清潔。乙、保養修護工作。六、步、砲、工科主管有否未曾入其專校受訓之人員。七、官兵射擊技術不良，不惜多用演習射擊之彈藥。八、莫魔[5]聯合國講稿全文。

朝課，記事，十時在國防大學紀念周，聽取火箭與飛彈製造及其功用之報告，

---

1　孫案即孫立人案。
2　皮宗敢，字君三，湖南長沙人。1954 年 12 月任國防部總聯絡官，1955 年 9 月改任國防部聯絡局局長，1956 年 1 月調任陸軍運輸學校校長。
3　吳炳鍾，曾任職國立編譯館，時任陸軍總司令部秘書處英文秘書，擔任英語口譯。
4　胡旭光，江蘇無錫人。1951 年調任國防部第二廳第七組組長，主管外員聯絡事宜。1956 年 2 月起任國防部聯絡局局長，並任總統軍事翻譯。
5　莫魔即莫洛托夫（Vyacheslav M. Molotov）。

約二小時後，召見調職人員四員。午課後入浴。閱報，考慮時局，散步回。
與蔡斯敘談一小時餘，知其對金門增師事，史敦普回電，令其應遵照余之決
定，勿違之意。此乃美國海軍比其陸軍知禮尚義之明證也。宴蔡斯畢，與妻
車遊山下一匝。晚課，廿三時寢。

## 六月二十八日　星期二　氣候：晴

雪恥：一、空軍佘錦澤[1]殉職，鄒寶書[2]生還事，召見面詢詳情。二、英「蒙哥
馬利[3]」最近畏戰之論文，與愛克去夏對其國務院訓話，非避戰不可之意完全
一致。此美、英二國軍人之代表，皆足表示其兩國畏戰求和之心理瀰漫大西
洋兩岸，適予俄共從容偷襲之良機。將來世界戰禍必由之而起，人類浩劫彼
等應負全責。且可深信，必將由此促成大戰，其禍且加速矣。
朝課後準備對警察會議訓詞要旨。十時到警務處訓話，足有一小時半之久，
尚不覺過分疲乏也。入府召見三員後，召集一般會談，對立法委員整頓黨紀
辦法之提示，只有開除 CC 系陽奉陰違黨員之黨藉〔籍〕也。午課後記事，
記上周反省錄。審閱孫案中首犯郭廷亮等前後供詞，可斷定此案又為共匪利
用孫為傀儡叛亂之陰謀也。

---

1　佘錦澤，空軍第五聯隊第六偵照大隊第十二中隊飛行官，1955 年 6 月 27 日駕駛 RT-
　33A 偵察機偵察臺山列島共軍艦艇時，在福建福鼎沙埕上空被擊落陣亡。
2　鄒寶書，空軍第五聯隊第六偵照大隊第十二中隊飛行官，1955 年在敵機攻擊下達成偵
　照任務著有功績，獲頒七等雲麾勳章。
3　蒙哥馬利（Bernard L. Montgomery），又譯蒙過麻利，二次大戰時擔任英國北非、歐陸
　等地軍隊指揮官，建立殊勳。1946 年至 1948 年 9 月擔任參謀總長。1951 年任北大西
　洋公約組織歐洲盟軍副司令。

# 六月二十九日　星期三　氣候：晴

雪恥：昨晡獨往後公園遊憩。晚宴巴西與巴拿大〔馬〕等國大使[1]後晚課，廿二時半寢。

朝課後記事，上午主持中央常會，研究文官定期調職制度之方針。對李宗仁[2]降共之跡象甚明，聞共匪已允其為偽人民會議副主席，並準備其為臺灣過渡時期之傀儡，眾以為李如投奔共匪，於我政府聲望有損，擬在美設法阻止，余認為毫無影響，任其自然可也。午課後手擬講稿要目後，到淡水政工會議訓話，約一小時一刻餘，不甚覺疲乏也。晚宴美海軍新軍令部長勃克[3]，其態度言行定靜安詳，可愛也。廿二時客散後晚課。

# 六月三十日　星期四　氣候：晴

雪恥：一、原始資料之追究來源與抄呈。二、明星報記載之譯文抄呈。三、高級將領之調職：甲、賈幼慧[4]、李振清[5]調戰略顧問。乙、劉安祺[6]調訓練司令，黃珍吾調副總司令。丙、胡宗南調衛戍司令。丁、宋達調第一廳長。

1　巴西駐華大使杜善篤（Labieno Salgado dos Santos）及巴拿馬駐華大使（駐香港總領事兼）芝蘭（Mario E. Guillén）。
2　李宗仁，字德鄰，廣西桂林人。行憲第一任副總統，1949 年 1 月蔣中正宣布引退，代行總統職務，國共和談失敗，中共渡江後轉赴美國。
3　勃克（Arleigh A. Burke），時任美國大西洋艦隊驅逐艦司令部司令，即將接任海軍軍令部部長。
4　賈幼慧，號輜山，陝西韓城人。原任陸軍總司令部副總司令，1957 年 2 月調任總統府戰略顧問。
5　李振清，山東清平人。原任澎湖防衛司令部司令官，1952 年 5 月調任臺灣防衛司令部副司令。
6　劉安祺，字壽如，山東嶧縣人。1953 年 3 月，調任澎湖防衛司令部司令官。1955 年 7 月，調任陸軍預備部隊訓練司令。1958 年 11 月，調任金門防衛司令部司令官。

戊、鄭挺峯〔鋒〕[1]、方先覺[2] 調澎湖司令。己、羅友倫調次長，劉偉〔煒〕[3] 調升憲兵司令。庚、胡旭光、吳炳忠〔鍾〕、王丕承[4]、林斯孝[5]（物資司）、陳振熙[6]（陸總）、黃錫麟[7]。辛、戰略研究研究委員之調整。壬、國防部與陸總職員之外調。癸、海軍中校官長應集中海總派職。

朝課後記事，入府會客，召見調職人員後，訓誡彭總長，務實存誠、雪恥圖強、負責盡職、務本（重內）守紀為要。遴選留美參大（高級人員），頗費心力。午課後研究人事。晡約見約翰金[8]夫婦後，與妻車遊山下一匝。讀詩，晚課。

---

1  鄭挺鋒，原名庭烽，字耀臺，廣東文昌人。1954 年任澎湖防衛司令部副司令，7 月任代司令。1955 年 7 月，調任第一軍團副司令。1959 年 1 月，調任預備部隊訓練司令部副司令。

2  方先覺，字子珊，江蘇蕭縣人。1953 年 3 月，調任澎湖防衛司令部副司令官兼防空指揮官。1954 年 6 月，帶職入國防大學校聯合作戰系第三期深造，一年後再入石牌實踐學社聯戰班第四期受訓。

3  劉煒，字偉吾，廣東大埔人。1949 年到臺灣，任憲兵司令部副司令。1955 年 9 月，升任憲兵司令部司令。

4  王丕承，號光遠，江西瑞昌人。1952 年 5 月至 1963 年任國防部物資司司長，負責軍隊武器裝備的採購與分配，軍事設施的建設。

5  林斯孝，號鷗翔，福建閩侯人。時任國防部物資司副司長。

6  陳振熙，廣東豐順人。1950 年派任駐泰國武官，1956 年 2 月任國防部新聞室副主任。

7  黃錫麟，廣東潮安人。時任海軍艦隊指揮部參謀長，12 月離任。1956 年 5 月調任信陽艦艦長。

8  約翰金（John King），又譯金約韓，時為美國西雅圖中國協會會長。

# 上月反省錄

一、孫案[1]之澈底消弭（在本（六）月內），其內容孫本已決心發動，且已不
　　顧成敗準備實施，卒以余於上月廿八日不准其請假回屏東，故其計不逞，
　　是不可謂非轉危為安之重大關鍵。立人之愚拙余本知之，即其性質之滯
　　鈍卑鄙，尤其是「污泥便醜」之劣性余亦知之，但不料其荒謬狂妄，不
　　計利害一至於此耳。

二、共匪周恩來由印度梅農轉達其願與我在內政與一般基礎上，並說即令在
　　任何基礎上從事談判，此乃是共匪戲劇性之騙人慣技，故嚴加斥責其謊
　　謬絕倫之卑劣行動。

三、本年度三軍種大校閱如期完成。

四、俄突然照會西德，承認其獨立，並請艾德諾赴俄京談判德國統一問題，
　　此亦俄共戲劇之一也。

五、印度「泥黑路」與俄「布假人」在俄共同宣言，主張共匪參加聯合國與
　　臺灣歸於共匪之謬論，並有俄、印與共匪所謂三國聯盟之醞釀，但尚未
　　實現。證之梅農言行，是正在勾誘美國，將以美、俄、印、英四國與共
　　匪積極協謀，企圖消滅我中華民國也。又以梅農到美曾二度見愛克為最
　　足注意。

六、金門增加一師兵力，美國顧問積極反對，但最後仍依照余之決心貫澈
　　實施。

七、日、俄在倫敦和平談判，以俄毫不退讓，且要求在日美軍撤退之暗示，
　　故屢生故障，預料不是短期內所能訂約也。

十[2]、聯合國成立十年之紀念會在舊金山召開，毫無意義，僅為俄共作宣傳之

---

1　孫案即孫立人案。
2　原文如此，下同。

講壇而已，而俄莫[1] 講稿完全抹煞我國要求，以共匪替代我國地位，此不僅侮辱我國，實亦聯合國無公義之大污點也。

十一、美參議員竇克生、克利門斯來訪，或於我有益乎。

十二、美政府時時欲以對我不民主之藉口，破壞我在國內外之威信，應值警戒（本月十二日之日記自反之道）。

十三、彭、黃[2] 任命已發表，高級將領調職計畫大體擬定。

十四、本月內憂外侮，其陰謀重重，故用心最苦。惟經兒助力甚多，故所有內外陰謀險象卒能逐一消除耳。然來日大難更多，惟有盡其在我而已。

---

1　俄莫即莫洛托夫（Vyacheslav M. Molotov）。
2　彭、黃即彭孟緝、黃仁霖。

蔣中正日記
Chiang Kai-shek Diaries

# 七月

蔣中正日記
Chiang Kai-shek Diaries

**蔣中正日記**
Chiang Kai-shek Diaries

# 民國四十四年七月

## 本月大事預定表

1. 軍事會議：甲、各級司令部之臨時費之撥付。乙、人事、物資與經費支配
授權問題。丙、對下級任務應以支援精神而不加干涉。丁、師以上之後勤
人員業務訓練。戊、衛生業務最無進步。己、負責與授權督導與干涉之別。
庚、裝甲部隊演習時之槍口不對目標而向上空發彈查報。辛、軍紀教育與
衛兵教育（門衛技術）切實認真。壬、軍帽浮頂不實之糾正。癸、衛生第
一。軍醫與保養、修護、通信有關主官參加會議。

1.[1] 公事批示應研究注重當地當事的現實情狀，不得「以事關通案」一語了之。

2. 墨守成規之大病澈底革除。

3. 被俘與投降後難堪之侮辱甚於死亡與槍決，此時自殺乃為成仁之永久不死
不滅詩史，是任何光榮之價值所不能及也。

## 七月一日　星期五　氣候：晴　未刻雨

雪恥：一、各級機構組織與人事澈底整理，副級之名額應有定數。二、海、
空軍聯絡與晤面交接應增加。三、劉偉〔煒〕與葉錕[2]、王丕承召見。

---

1　原文如此，下同。
2　葉錕，字醉白，浙江青田人。1954 年 4 月任國防部參謀總長辦公室副主任，1955 年 11
　月離任。1956 年 5 月接任第三軍副軍長，12 月調任第一軍副軍長。

朝課後記事，補閱莫洛托夫在聯合國演說全文，其宣傳之巧詐言之成理，任何各國外長亦所不及也。入府主持月會與彭、黃、羅[1]等就職典禮後，召見調職人員九名，審定赴美參校特別班人員名單畢回。午課後閱報，會見馬斯克夫人[2]後，冒雨散步回，與妻車遊山下一匝回。見李進〔駿〕耀[3]後入浴，再往公園散步，以胃不良也。晚讀詩，觀月，晚課，廿二時後寢。近以駐美機構散漫，不能統一組織，大維消極阻礙，不能了解余之用意，故本年度軍協援款損失五千二百萬美金，彼猶不知自悟也。

# 七月二日　星期六　氣候：晴

雪恥：一、單位訓練與在職訓練。二、後勤業務（各級）訓練。三、統御要領：甲、士氣。乙、團結。丙、品德（負責）。四、參謀作業：甲、方針。乙、協調。丙、直接督導與考察。五、通信一元化。六、徐應黺[4]任砲指揮。七、董熙[5]調訓。

朝課後記事，入府召見董熙等六員後，召集軍事會談，對於匪港內船艦必須美軍同意後方得攻擊問題，又發憤怒，並口頭裁決今後准先攻擊，由我負責之語，其實無須動怒也，應戒之。本日指示軍事改革原則數點，皆甚重要。午課後批閱軍事會議開會詞稿後，與經兒談孫案，晡獨往後公園散步二次。本黨婦女工作會今日在研究院開會，故妻甚忙碌也。晚讀詩，晚課，觀月。

---

1　彭、黃、羅即彭孟緝、黃仁霖、羅列。羅列，原名先發，號冷梅，福建長汀人。1954年改任國防部參謀次長。1955 年 7 月升任副參謀總長，並前往美國陸軍指揮參謀大學特別班深造。1957 年 6 月，調任第一軍團司令。
2　珀爾・梅斯塔（Perle Reid Mesta），又譯穆斯德夫人、馬斯克夫人，美國社交名媛，1949 年 7 月至 1953 年 4 月任駐盧森堡大使。
3　李駿耀，江蘇吳縣人。曾代理中央銀行業務局局長，遷臺後任行政院美援運用委員會駐美技術代表團副團長，1957 年 8 月回臺任中央銀行理事。
4　徐應黺，浙江常山人。時任陸軍總司令部第三署副署長。
5　董熙，號耀亭，察哈爾陽原人。時任陸軍總司令部副參謀長。

## 上星期反省錄

一、本周對警察與政工等會議二篇之長時間訓詞，自覺最有意義，但皆不感疲乏。

二、對孫案[1]之審慎研究，俞大維主張寬大處之，對孫只以調職伴作信任其意，以美國人不會相信其內容為真實也。又此案如切究公開，徒貽共匪與反對派之口實，真以為我國軍內部為政工與派系之爭而動搖，已呈不能控制之象，徒喪失領導之威信。但余之觀念恰與之相反，以此次判〔叛〕變陰謀能事前撲滅而並未發生，乃是確能控制一切陰謀之表示，何損威之有耶。惟此案處置終以不暴露公布為宜，應重加考慮，以此時尚未反攻大陸以前，無論對內對外、對敵對友，不能不極端慎重，免亂大謀，尤不可授美國政府以口實耳。

三、美國參謀大學為我高級將領設立特別班，是其對我尚無他意之表示。

四、金門增加一師之主張，美已無異議為慰。

五、高級將領調職之大體已擬定。

六、日內瓦四國巨頭會議之作用與結果已有研究。

七、最近言行驕矜與憤激之氣未能除淨，應切戒之。

## 本星期預定工作課目

1. 侍從武官人選。
2. 孫案處理之研究。
3. 三角形攻擊戰鬥群之研究批判。
4. 後勤業務訓練第一，在職訓練與單位訓練。

---

1　孫案即孫立人案。

5. 通信一元化第一，與通信中心及空中管制。

6. 統御技術：甲、士氣與團結。乙、督導。丙、協調。丁、負責與授權。

7. 後勤數字。

8. 研究發展業務與訓練。

9. 心戰。

# 七月三日　星期日　氣候：晴　未申雨

雪恥：一、時局講稿要旨：甲、四國會議之內容：1. 裁軍。2. 德國統一。3. 歐洲安全公約。4. 東歐解放。乙、會議之原因：1. 美國基地對俄圍堵。2. 雙邊與多邊同盟。3. 巴黎協定與德國整軍。丙、俄共之策略：1. 和平攻勢。2. 中立運動。3. 離間英、美。4. 孤立美國。丁、俄共之真意：1. 以和平達到侵略目的。2. 以中立達到獨佔目的。3. 以歐洲安全公約達到驅出美國於歐洲目的。4. 以裁軍解除對方武裝，撤消俄邊基地。5. 以統一德國來達到其中立德國與獨佔德國，乃至統一歐洲。

朝課後記事，膳後獨遊後公園。散步回，審閱孫案江雲錦[1]自白書，乃知立人誠一糊塗蟲也，危險極矣。禮拜後，審閱三角形攻擊戰鬥群草案。午課後，繼續審閱未完，晡獨遊後公園回，入浴，與妻車遊山下。晚讀詩，觀月，晚課。

---

1　江雲錦，號伯宏，江蘇吳縣人。曾任陸軍官校幹部訓練總隊大隊長，時任陸軍總司令部第五署第四（督訓）組組長。

## 七月四日　星期一　氣候：晴

雪恥：一、時局講稿要旨：戊、俄共對西德非中立不可之真象何在。己、四國會議結果有妥協之可能形式，但其最後仍在外長會議拖延或破裂。庚、對時局之觀察：1. 妥協愈大，則戰爭愈快。2. 俄共目的在覓取孔隙乘機突擊，而並非避戰與怕戰。3. 俄共之戰略：西守東攻。4. 中共必然對韓、臺、越冒險侵略。5. 俄對日強硬不稍假借，即為其東攻之預兆。6. 俄對臺灣之陰謀：子、共匪入聯合國。丑、逐出中國於聯合國，使我孤立。寅、共匪統一臺灣。辛、今後世界和戰與人類禍福決定於臺灣之手，而焦點則在金、馬。

朝課後記事，記講詞要旨。主持研究院紀念周，訓話一小時餘，召見六員。午課後審閱三角形戰鬥群稿後，到總統府見史邁斯顧問團長後，乘車獨來角畈山休憩，到此已廿時餘矣。入浴，閱報，膳後觀月圓明，吟詩自娛，晚課。

## 七月五日　星期二　氣候：晴　溫度：八十一

雪恥：一、黨政幹部對敵匪之絕無警覺心的告戒。二、孫案處理之手續：甲、明告立人此案之經過供詞。乙、內中反黨政口號之製造與號召之實情。丙、吳國楨先一月來信對我之警告，與其去年反黨政之口號乃為預定之計畫。丁、郭廷亮匪諜與鄭子東[1]父子女之關係，明告其詳情。戊、對軍事會議公開報告與判定。己、以不信孫會主謀此案之態度免予追究，但其應告假反省悔過，不得再用此種匪諜與交接雜友。庚、彼可言行自由不予拘束，

---

1　鄭子東，遼寧本溪人，萬國道德會臺中分會常務理事。1948 年 9 月間，由北平隨萬國總會來臺。其子鄭世瀛，南投縣埔里中學教員。1946 年加入中共在東北工作。1955 年 6 月兩人因郭廷亮案被捕，1956 年 12 月，鄭世瀛以參加叛亂組織，處無期徒刑，褫奪公權終身；鄭子東以知匪不報，處有期徒刑七年。

但對此案，無論對任何人必須照此實情明告，不得另有托詞假言，否則自將公審。

六時起床，朝、午、晚各課如常。上、下午皆審閱參謀學校編印之三角形攻擊戰鬥群完，大體無誤，惟應再研審，批示補正。朝、晡出外巡視，經兒正午來山陪侍。晚觀影劇，月下與經兒閒談後，晚課畢，廿三時寢。

（對孫案處理方針之擬議，甚覺不妥。此為最初俞[1]之最消極之心理。）

## 七月六日　星期三　氣候：晴　未刻雨

雪恥：一、高級將領應看書藉〔籍〕之指定：甲、曾氏[2]家書家訓與全集要文。乙、學、庸與孟子。丙、克氏戰爭論。丁、海軍戰略論。戊、孫子[3]、吳子[4]。二、俄帝諸酋本年皆到美國駐俄大使館親祝美國慶節，赫力雪夫之言更蜜，其言「如果四國會議即使不能達到和偕〔諧〕目的，則俄亦必將耐心等待。」所謂等待者，即依照唯物辯證法之規律來解釋，乃是「不能等待」之正意，其必不能久待也。不能久待者何，其惟出於偷襲，先發制人之一途乎，自信余言之不誤也。

朝課後記事，因傷風未外出，經兒回去。上午重審三角形攻擊戰鬥群，加以批示，令再修正。孝文來侍。午課後續審閱克氏戰爭論第六篇廿七章未完。晡觀影劇「黑手套」，甚無意義。帶文孫散步，晚讀詩，晚課。

---

1　俞即俞大維。
2　曾國藩（1811-1872），初名子城，譜名傳豫，字伯涵，號滌生，清湖南湘鄉人，官至武英殿大學士、兩江總督，同治年間封一等毅勇侯，諡文正。與李鴻章、左宗棠、張之洞並稱「晚清四大名臣」。
3　孫武（約前 545- 前 470），字長卿，春秋時期齊國人。著名軍事家、政治家，兵家代表人物。兵書《孫子兵法》的作者，後人尊稱為孫子。
4　吳起（前 440- 前 381），中國春秋末期戰國初期軍事家、政治家、改革家，兵家代表人物。

## 七月七日　星期四　氣候：晴　未刻仍雷雨

雪恥：一、人心之虛弱怯懦至今已極，尤其是國際影響之敏感更靈，但對俄共侵臺之陰謀及其宣傳為害，則毫無警覺，且以利為害，以是為非，對於反共工作與政府處理都以惡劣方面着想，此種失敗與依賴之心理，一般智識階級與本黨幹部為最甚。人心陷弱至此，若無旋乾轉坤之志節，其何能克此大難，完成使命耶。小子勉旃。

朝課後即續審戰爭論第六篇，自廿七章至卅章止。午課後記事畢，至十九時審閱第六篇（防禦部分）完，出外散步回，入浴。膳後讀詩，補正並批示第廿八章，頗費心力也。晚課後以家中電話傲慢無理，心殊煩悶，惟仍能安眠耳。

## 七月八日　星期五　氣候：晴　未刻雷雨（角畈山）

雪恥：一、美國對我增師金門事，其國務院又表示反對之意，此可不予置理，應照預定計畫速即開動實施，而且其史敦普本已表示同意也。二、美對九個預備師案又生變化，以待其此後之發展，不必着急。

朝課後記事，膳後外出散步回，審閱戰爭論第七篇至第七章止，審閱上月日記，草反省錄。午課後續閱戰爭論，不忍釋卷。以雷雨故，延至十七時方與文孫乘車出發。回後草廬，已二十時矣。入浴後，宴美遠東空軍新司令「庫勃[1]」夫婦，以其初次來訪也，相談甚洽，以其在重慶時已相晤之舊人也。廿二時半客散後，晚課。

---

1　庫勃（Laurence S. Kuter），又譯庫脫、庫特，美國空軍將領，1955 年 5 月任遠東空軍司令。

## 七月九日　星期六　氣候：晴

雪恥：一、對孫案[1]處理方針：甲、令其告假離職，待罪悔過，但不開除，其參軍長原缺派員代理。乙、調其為戰略顧問會副主委，與顧墨三[2]對調，使其與叛將（白[3]）專家並列，但仍令其閉門思過，不得任意說話。丙、直調其為戰略顧問，仍令其自反自檢，不得任意言行，待其悔過自新以後，另候任用。丁、主犯各人口供是否全部交閱，抑僅令其閱讀一部份，對江犯自白書非至不得已，必須使之澈底明了案情時，暫不說破為宜，以保留餘地。

朝課後審閱戰爭論第七篇第十章完。入府召見調職人員後，主持軍事會談，乃悉美國務院對我增師金門仍持反對態度，當不之理也。午課後記事，清理積案後，與妻車遊山下一匝。晚讀詩，審閱講稿，晚課。

孫案處理第二次方針之擬議。

## 上星期反省錄

一、三角形攻擊戰鬥群之第二次理論稿審核與修正完成，此為對軍事學上（俄共作戰）必須要領之重要方案也。

二、時局對四國會議判斷之講稿修正。

三、俄帝自赫里雪夫以下諸酋，今年皆親到美國使館祝美國慶，是其要想欺詐美國最大之姿態乎。

四、孫案繼續研究考慮處理辦法，惟其主犯郭廷亮尚未將其與共匪關係澈底招供也，此為一老共黨員，潛伏在孫之左右無疑。

---

1　孫案即孫立人案。
2　顧祝同，字墨三，江蘇漣水人。1952 年 4 月調任總統府戰略顧問委員會副主任委員。1954 年 7 月晉任陸軍一級上將，1959 年 6 月任國防會議秘書長。
3　白崇禧，字健生，廣西桂林人。1949 年底來臺後，任總統府戰略顧問委員會副主任委員。

五、美國務院仍反對我金門增兵，決不置理，以此為其反對我防守金門之證據，乃違反協定之精神。

六、審核戰爭論為本周工作之重點，全書修正將成。

## 本星期預定工作課目

1. 汪敬煦或汪奉曾[1]可調金門參長。

2. 高級將領調職計畫。

3. 高級軍事學期之延長及專學案。

4. 宣傳組織方案。

5. 主官調職（定期）制之任期延長案。

6. 軍官應閱與研究書藉〔籍〕之指定。

7. 克氏戰爭論第二次修改完成。

8. 四國會議每日情勢之注意。

9. 軍事會議指示之準備工作。

10. 將領定期調職之督導。

11. 建立九個預備師案之交涉。

12. 強調授權負責、指導監督與實地考核解決問題。

---

1　汪奉曾，湖南長沙人。1954 年 6 月，任第六十八師師長。1955 年 2 月，任國防大學校副教育長。後任陸軍預備部隊司令部參謀長、陸軍作戰發展司令部參謀長。

## 七月十日　星期日　氣候：晴

雪恥：一、郭永[1]調金門副司令或高參，入實踐學社受訓。二、蕭銳軍長職派員代理。三、羅恕人[2]職亦派員代理。

朝課後即修正「對四巨頭會議之形勢與結果」講稿，自七至十二時止，又自十四時半至十七時止，皆專心修稿，幾乎足費八小時工夫也。以此篇對時局指示之重要，必須於本周（十八日以前）分發各級幹部研討，勿使其對該會議或有妥協時而感氣餒心慌也，因此未到禮拜堂聽道。正午召見葉部長[3]，以其自舊金山聯合國十年紀念大會後初回也。晡與妻車遊山下一匝，朝暮散步至後公園如常未停。晚補修講稿，晚課後即寢。

## 七月十一日　星期一　氣候：晴

雪恥：一、對美宣傳組織的方案。二、對日之記者問答稿之修正（無異扶助強權侵略，擾亂世界秩序，這豈不是獎勉破壞和平，鼓吹大戰之重起乎）。

朝課後記前、昨二日日記，審閱戰爭論一章。十時到研究院紀念周致訓，以思想與文化有新舊，而道德乃千秋萬古不能變易，故道德無新舊，但道德有善惡，故中國之道德必須根據於仁義，否則即陷於共匪以不仁不義毀滅人心為道德矣，故韓愈[4]說仁與義為定名，道與德為虛位耳。召見劉景揚[5]等調職

---

1　郭永，號頤卿，又名濟中，湖南醴陵人。1953 年 3 月，升任第五十二軍軍長。1954 年 5 月，陸軍大規模整編，第五十二軍改編為第八軍，仍任軍長。1957 年 5 月，任臺灣省警務處處長，6 月兼任臺灣省民防司令部副司令。

2　羅恕人，湖南益陽人。原任第九軍副軍長，1955 年 3 月升任第九軍軍長。1957 年 3 月調任第二軍團副司令兼政治部主任。

3　葉部長即葉公超。

4　韓愈（768-824），字退之，河南河陽人，世稱韓昌黎，諡號「文」，世稱韓文公。與柳宗元為當時古文運動推行者，蘇軾讚其「文起八代之衰，道濟天下之溺」。文章以排斥佛老，闡明儒家之道為宗旨，被後世稱為「唐宋八大家」之首。

5　劉景揚，又名久揚，號獨深，遼寧營口人。1953 年 2 月任裝甲兵旅司令部副參謀長。時任國防部第二廳副廳長，8 月調任裝甲兵第一師師長。

人員三名，及派往美參大特別班翻譯員十七名，訓勉之。午課後批閱公文，十六時與妻乘車經大溪視察別墅後，上角畈山妙高臺休憩。晚讀詩，晚課。

## 七月十二日　星期二　氣候：晴

雪恥：一、馬漢[1] 海軍戰略論令派美學員研讀。二、對孫案前後各次實在口供與案情作有系統之編輯，以備最後不得已時發表。三、郭廷亮匪諜組織必有其接代任務分子，未參與此次叛變者之隱伏，應重加偵審。

朝課後記事，審閱戰爭論第七篇第十四、第十五各章。膳後聽報畢，重改「對四巨頭會議形勢與結果」之講稿，盡費一日心力，至晚方完。午課、晚課如常。晚膳後觀影劇「戀之火[2]」，甚無意義，其技藝亦甚差也。廿三時寢。夫人近日花卉甚有進步，來山休養，身心亦較復元矣。

## 七月十三日　星期三　氣候：晴

雪恥：一、陝北與西北各省剿匪各戰役實錄之搜集令。二、主官職期延長（三年）與任期增至（得任特命一期）三期之利害如何（即在戰時或特種事故，得特令留任一期）。

朝課前，對巨頭會議結果之判斷講稿與宣傳要領作最後之指示，並令常會先行研討，陳述意見，得以修正。朝課後記事，膳後散步回，審閱戰爭第七篇，自第十六章至第二十二章全篇看完，幾窮一日之力也。午課、晚課如常。晡

---

1　馬漢（Alfred T. Mahan, 1840-1914），美國軍事家，提出海權論，1911 年發表《海軍戰略論》。
2　《戀之火》（*The Flame of Love*），香港聯合影業公司出品，1956 年 6 月 8 日，在香港上映。易文導演，白光演唱主題曲。

與妻至小學校散步,晚閱報,讀唐詩,廿二時半寢。

文孫高中已畢業,擬投考陸軍官校。武孫年考成績得總平均分數九十分為慰。武孫學業總分數亦在八十分以上,而其生活行動只得七十餘分也。

## 七月十四日　星期四　氣候:晴

雪恥:一、俄前總理馬林可夫屢次出現於外交場所,是其內部矛盾無法消除之最大弱點的暴露,可知其內部複雜與暗鬥及其派系之分歧,決非如史大林時代之容易肅清也。二、朱可夫(國防部長)及赫魯雪夫皆出席此次日內瓦四國會議之表現,是其對於會議之運用將其全力以謀其勝利也,應特加注意。

朝課後記事,膳後散步回,批閱公文,並修改戰爭論第七篇完畢。午課後續審閱戰爭論第八篇至第三章。晡外出散步,晚讀詩,晚課畢,廿二時半寢。

## 七月十五日　星期五　氣候:陰雨　晴

雪恥:一、對孫[1]可說明其如讀書果有心得,且能反省自責,則將來可派其赴美,但此非其時,以美國環境不良,反動分子太多,彼必其陷害不能自拔,故准其告假,專心讀書修養。二、中國道德必須以仁義為基準,即韓愈原道篇「仁與義為定名,道與德為虛位,故道有君子小人,而德有凶有吉。」今日共匪之所謂新道德者,其乃以不仁不義反人性之道德也,是即小人之道與凶德也。

朝課後審閱戰爭論第八篇第四章起至第八章止。本篇為其未經完成之書,故

---

1　孫即孫立人。

其內容每多文不對題，尤其譯文惡劣，顛倒錯亂，且多與原理完全相反者，甚費心力，並為之修正。午、晚課如常，研究時局，散步，讀詩，廿二時半寢。

## 七月十六日　星期六　氣候：雨

雪恥：一、對孫案以法與理而言，至少應停職候查或候審，否則應免職查辦以息公憤而維軍紀。原因以：甲、此案為共匪早在國際上揚言「臺灣之滲透程度，比所傳者為更佳」，是乃美政府在事前所收得之情報。乙、此案人證與確據皆有事實，不得已時皆可公開。丙、此案主動乃為共匪滲透顛覆，而為我破獲澈底並未為共匪所算，孫不過是一被動盲從，故於政府之威信並無所損。丁、孫之美友以事實俱在，不能為其抱不平洗冤，或以此反對我政府。戊、此在美人心目中，以有證據之事而且為共匪所主動，不能認我為「法息斯得」[1] 也。己、現在美國不能放棄臺灣，不能因此停止援助。

朝、午、晚各課如常，上午審閱戰爭論第八篇完畢。克氏戰爭論為我近年來所要想看之書最大之課目，今竟於正午完全看閱，而且修改初次完畢矣，實為近年最足自慰之事。

對孫案處理方針第三次之擬議。

## 上星期反省錄

一、克勞塞維治戰爭論竟於本周末能全部看完，此為近年來學術修養之第一收獲，其得益要超過前年所修正之馬漢海軍論出版出 [2] 數倍。此為老年補學之難能者也，可記大功一次。

---

1　即法西斯。
2　原文如此。

二、本周研究美、英、法、俄四國日內瓦巨頭會議之趨勢與結果，為此發表
　　講稿，對黨內作具體指示，頗費心力，自覺當有助益也。

三、對孫案之考慮，輕重利害之間適當處置，惟對內對外之關係應以公正事
　　實為據，不能全以外人關係而置軍心與紀律於不顧，但對於利害與美國
　　心理亦不能完全抹煞，故決以「停職候查」、「期明實情」之案語處之，
　　但不公開，使共匪對此案之多多猜度也。

四、近日為黃仁霖正式任命案不甚適當為疚，但應接收美援物資與接應美員
　　工作，非賦予其較高名義與權位，不易辦理此一艱繁之工作，故於內心
　　尚無不安之處耳。

## 本星期預定工作課目

1. 日內瓦四國會議後，美國對我之態度與政策。
2. 明年度美援對我最後決定之數目。
3. 鼓勵授權負責，實地考核督導。
4. 設計發展之觀念與工作不夠澈底實在。
5. 學術、能力、膽識、品性、領導在當機立斷負責解決（決心）。
6. 空軍高級將領應多習飛行，海軍應多出海。
7. 讀訓心得評分與國文各種錯誤及規章。
8. 軍醫與參謀作業之關係。

## 七月十七日　星期日　氣候：上晴　下雨

雪恥：昨午課後記事，批閱公文，審核人事甚久，以天雨只可在廊上散步千
餘步，並閱報，晚讀詩。午夜醒後，想起卅一年初美、英宣布放棄在中國之

治外法權及交還租界之通牒到達時，余命妻代擬對美致謝覆電稿，不料其亦為我代擬致英首相邱吉爾覆電稿，因為英文未為我譯判，而即直接交周宏濤[1]發出，及至翌晨見報，對英邱覆電內有此種「等於廢紙之條約早應撕毀」之語意，不勝惶愧，亦不知如何是好。惟此電既發無法收回，乃只有默認到底，本想因其廢約宣言後親往美、英道謝，以圖恢復兩國情感之計畫完全毀滅矣。回憶此妄舉悔愧無地，故不能安眠，可說抗戰外交失敗之機紐全在於此點也。吾之一生大病，即在每當轉危為安時易生怠心，因之疏失而致不可收拾之大敗，能不痛悔切改乎。

## 七月十八日　星期一　氣候：雨

雪恥：一、孫案發生後，對於政工與情報組織之弱點應澈底檢討與改正，尤其是個人調查資料與方法，對其家庭與最初學歷與職務來歷可說並不注意。
二、哲生[2]是否為被共匪勾誘，應加注意。
昨日（十七）朝課後散步，膳後記事，記上周反省錄，審閱日記，批示公文，審核人事。午課後記上月反省錄，審閱蔡斯對我高級將領之觀感報告，頗為有益，惜不大完備耳。晚讀唐詩，晚課後廿二時後寢。
本（十八）日朝課後，即審閱戰爭論第八篇，作第二次之修正，可說費心最大，譯文不良與錯誤重大，故用力亦苦，然費一日之力卒能耐心修改完成，自信不致其再有重大錯誤矣。午課後記事，晚讀詩，晚課後寢。
本日所謂四國巨頭會議在日內瓦開幕。

---

1　周宏濤，浙江奉化人。1943年起擔任蔣中正委員長之中文秘書。1951年5月至1956年9月，任總統府機要室主任。1958年3月，出任財政部政務次長。
2　孫科，字哲生，孫中山哲嗣。1948年11月，任行政院院長。1949年3月辭職，移居香港。1950年遊歷巴黎、西班牙等地，1952年定居美國洛杉磯。

## 七月十九日　星期二　氣候：上晴　下雨

雪恥：一、戰術與幾何學理之應用要領及其各種方式。二、孫案密令「應即停職，聽候澈查」之令文處之。三、此案應注意方面：甲、美國輿情與諾蘭等之反應。乙、美國政府之態度。丙，共匪之心戰作用。故以不公開為主。丁、警戒孫不必強辯卸責和對美虛偽宣傳，否則不能不公審判罪。戊、美不能放棄臺灣，即不能為此公開反蔣，干涉內政。己、美會與個人合作程度，亦不致包蔽此案，況事實真相俱在。庚、郭廷亮為匪諜，孫與匪諜相互利用一點，必為美員所痛惡。

朝課後記事，膳後散步回，批閱公文，第三次審核戰爭論第五篇完。午課後審核（第三次）戰爭論第一篇完，對於其軍事天才章闡述決心意義暴虎憑河一節重作修正，仍甚費力也。晚讀唐詩，晚課。

對孫案處理方針第四次之擬議。

## 七月二十日　星期三　氣候：上晴　下雨

雪恥：昨閱愛克在四國會議開會詞全文後，有幾種判斷：一、未提歐洲以外事，故不致商討遠東與中共及臺灣海峽停火問題。二、對俄共先取攻勢，表示不望妥協之意。三、對俄共為世界不安製造冷戰之責任與原因，說明最為清楚，惟英國艾登之講稿，對於中立地帶，與歐洲集體安全及世界整個問題，皆有可望之空洞談話，使俄共不致完全絕望之用意甚明，此乃美、英一硬一軟共同政策之表演也。蒲假人提及共匪入聯合國與臺灣歸匪問題，並反對討論國際共產組織與東歐附庸國自由問題，其他對德國統一與歐洲集體安全及裁軍問題，自與美國建議相反也。

本（廿）日朝、午、晚各課如常。上、下午除記事聽報外，皆審核戰爭論各篇第三次修正文，與眉批附注及圖示附件等詳加裁定，發現錯誤和缺點仍不少也。晚讀詩如常。

## 七月二十一日　星期四　氣候：雨

雪恥：一、孫案郭廷亮口供已明，其為共匪造成我內部矛盾，與叛亂顛覆之陰謀，甚為顯著，如對孫仍以寬大之方針處之，乃可明告孫本人，對本案內容，以其為受共匪之陷害而非出於其本意，只要其能自知用人不慎，竟有此案之發生，不能不承認其責任重大，萬一此事爆發，則國家一線之命脈完全被其斬絕，故應自請處分，負責引咎，乃予以「停職」反省，以觀後效處之。如其不服，則即照原擬方案「應即停職聽候澈查」處之。

朝課後記事，上午審核戰爭論第六篇十至十八章，作第二次之修正。午課後審核戰爭論第一篇一至二章，作第三次之修正，重作批注，頗費心力，惟恨讀之不早也。晚審閱孫案中郭廷亮口供後，乃可決定處理方法矣。晚課，睡後服安眠藥。

## 七月二十二日　星期五　氣候：晴

雪恥：一、防毒訓練加強。二、保養訓練特別注重習慣與氣質之革新。三、保警總隊情形如何。四、孫案：甲、編訂自卅九年以來李鴻[1]等至今郭等之口供。乙、令郭回住老家，伺捕通信匪探自贖。丙、修編總結報告。丁、孫勿遷移。戊、組本案研究小組。己、軍事會議不令出席。五、孫之表現與性質：甲、虧虛。乙、糊塗。丙、無知。丁、無恥。戊、拖移不決。

朝課後記事，手記戰爭論第一篇第二章，即戰爭與手段之總評，自覺有益於將來讀者之研究心得也。上午批閱公事，清理要案，以近周來為審閱戰爭論以致延閣〔擱〕公事不少也。午課後召見鄉長、警長、校長、黨部書記[2]聽取

---

1　李鴻，字健飛，湖南湘陰人。1947 年秋，任新編第七軍軍長，兼任長春警備司令。1948 年 10 月長春失守，正臥病在床。1950 年 2 月攜妻女偷渡香港。5 月因孫立人之邀來臺。6 月遭逮捕下獄。

2　復興鄉鄉長宗成輝、復興分駐所巡官張慶泉、介壽國民學校校長周公展、復興民眾服務站主任劉自耕。

報告後，乃與妻出發，回來經大溪視察新屋後，十九時到後草廬，晚課。
朝課靜默時，忽感孫案處理方針必須如此解決也。

## 七月二十三日　星期六　氣候：上雨風下晴

雪恥：一、訓練：甲、學校教育與部隊訓練，無論方式與理論必須一致。乙、調訓不務實際之需要。丙、在職訓練與專業訓練。丁、行政管理與研究發展。二、電池 610 號缺乏情形。

朝課後記事，九時後入府，召見岳軍與孟緝，據報中美軍事協定美已通知於下周一日簽字，對於九個預備師問題亦已同意成立云。召見調職人員後，批閱公文畢，主持軍事會談，參謀本部裁減人員與修正組織案大致同意。午課後，批閱公文，清理積案，本年三軍種校閱講評稿亦已審核完畢。晡車遊山下一匝回，獨往後公園散步。對孫案總報告重審一次，略有指正。晚聽報，重閱三角形攻擊戰鬥群第三次修正稿，讀詩，晚課。

## 上星期反省錄

一、共匪公開逮捕胡風以外，再逮捕其上海副市長潘漢年[1]一案，殊堪注意。
二、北越匪酋胡志明[2]分訪北平與莫斯科結果，共得偽匪幣與羅布援數折合美金之數為四億餘圓，此其對抗美國越南吳廷琰援助四億美金之鬥爭也。

---

1　潘漢年，曾化名蕭叔安，早期負責中共對外宣傳工作，後轉為負責中共情報工作，長期在上海、香港進行活動。中華人民共和國成立後，擔任過上海副市長，1955 年被秘密逮捕。
2　胡志明，本名阮必誠，號愛國、秋翁，曾任越南總理，1949 年至 1969 年任北越國家主席、越南勞動中央黨主席。

三、本周在角畈山仍繼續審核戰爭論第八篇完成後，重核其他各篇，此一重大成就也。

四、三角形攻擊戰鬥群作第三次之審核。

五、對孫案以郭匪諜口供與自白完全明瞭，乃可作最後決定矣。

六、日內瓦四國會議本周已告結束，應詳加研究，另錄之。

## 本星期預定工作課目

1. 人事以澈底消除學非所用之弊為第一。

2. 各師空業參謀與管制中心小組。

3. 分業授職與專業訓練。

4. 衛生清潔習性之養成。

5. 後勤數字訂立之促成。

6. 召見基維德[1] 與安德生[2]。

7. 高級人事之決定。

8. 自強與自信，今日已有自立之基。

9. 國際基本問題矛盾，決無和平可能。

10. 德國統一與共匪入聯合國及金門之關係。

11. 破格錄用之人應特自戒慎奮勉，不可自棄。

12. 軍中樂園應廢除。

13. 主官任用權與組織。

---

1　基維德即紀維德（Frederick N. Kivette）。
2　安德生（George W. Anderson Jr.），美國海軍將領，曾任航空母艦艦長、參謀首長聯席會議主席特別助理。1955 年 8 月任第七十二特遣艦隊司令。

## 七月二十四日　星期日　氣候：陰

雪恥：一、幾何學應用於戰術之各項原則之研究。二、決令孫不出席軍事會議。三、逮捕陳良壎[1]。四、講詞要旨：甲、留學時生活與行動之注意自檢。乙、特別班設立之由來。丙、自己文化之重要。丁、同學間之互助合作與自治紀律、團結服務之精神，不可學習惡習。

朝課後記事，閱報。上、下午皆重審戰爭論軍事天才章，至晡始畢，午課、晚課皆如常。正午約辭修、岳軍來談孫案處理之方針。晚手撰天才章之總評，未能完成。甚想此書編譯出版後，能有補益於一般將領，故不惜費盡心力也。廿二時半寢。

## 七月二十五日　星期一　氣候：陰

雪恥：一、高級調職計畫。二、軍會開會詞要旨：甲、遷臺已六年，何時反攻大陸之準備完成。乙、準備之基本工作：子、新精神：無我，不自私，為下服務。丑、新制度：授權負責，分工合作。寅、新學業與新教育之完成。卯、培育後進，尊重教官，新陳代謝的新生命。辰、新生活：衛生清潔與保健第一。巳、新風習：實踐篤行，研究發展，保養修護，澈底檢查，貫澈命令。午、新觀念：後勤為先，情報第一，通信最急。未、新紀律：事先考核督導，自治自尊縱橫負責與連坐法。申、新組織：黨政軍形成一體，對人與事之考核精實，統一指揮，集中力量，聯繫協調，解決問題。

朝課後記事，續擬昨日總評稿。主持研究院紀念周後，召見留學美國將領，訓示半小時。午課後續擬總評初稿草成，自覺近日文筆思慮鈍滯，何耶。至後公園散步，督導孫案之進行。晚閱報，讀詩，晚課。

---

1　陳良壎，福建林森人。原任陸軍總司令部參謀，後調總統府參軍長室服務。因涉入郭廷亮案，幫助意圖以非法之方法顛覆政府而著手實行，被逮捕判刑。

## 七月二十六日　星期二　氣候：晴

雪恥：一、近日在日內瓦四國會議閉會後，繼之而生的不良事情：甲、美參議員政策會主席民主黨之喬治[1] 公開主張美國與共匪應於本年內開成外交部長會議，以緩和臺灣海峽局勢。乙、美催我放還俄油輪被扣之船員，我允於昨日放還時，美國繼即發表其與共匪大使級人員在日內瓦會商留大陸之美僑與飛行員交涉，此其明與以我放還俄員之事先密約之條件也，此是否在日內瓦四國會議時會外秘密妥協條件之一種，殊成疑問。國際形勢顯為害於我，蓋可知也。

六時起床，朝課後記事，擬講詞要旨。午、晚課如常，上、下午皆主持軍事會議。本日先由辭修與孫談郭廷亮匪諜謀叛口供，彼猶不承認，後由公超與岳軍前後坦白，明告其不可強辯，與應負責自請處分之意，彼始無言也。

## 七月二十七日　星期三　氣候：晴

雪恥：一、美國於廿五日宣布，其與匪在日內瓦由大使級之會談定八月一日開始，而其同（廿五）日即與我簽訂中美共同作戰之協定一點觀之，且其對於我增防金門一個師案亦未繼續反對，是其對我尚無背盟之意，而其此一交涉與會談之約定乃在其四國會議之前，並非在四國會議中之約定，秘密交涉亦可無疑，但其在四國會議之會外，必將此事提及與促進，乃亦必有之事，而其關鍵還在我釋放俄油輪船員之日期確定時，再定此會期耳。

朝、午、晚課如常，記事。上午主持軍事會議，下午擬閱手擬重要人事各案，再核孫案報告文。晡獨往後公園散步，閒坐。晚讀詩，手擬指示要旨。

---

1　喬治（Walter F. George），美國民主黨人，1922 年 11 月至 1957 年 1 月任參議員（喬治亞州選出）。

## 七月二十八日　星期四　氣候：晴　溫度：八十八

雪恥：一、三角形戰鬥群發交各將領研究，限期批評與陳報心得。二、愛克對記者明告共匪與美國外長會議有可能之消息，表面上似頗嚴重，但此其目的切望共匪在日內瓦下月大使級會議，能有所讓步與誠意之表示，實為引誘共匪之上其鉤也，談何容易。只要我不允美國退出金門，則其一切都是徒勞而已。

朝課後手擬閉會詞講稿要旨，搜集數月來所記之要項與顧問之意見。上午主持軍事會議，聽取專題報告五種，以主計制度為最有益，其實此即行政三聯制之具體辦法也。午課後續擬講稿材料，顧問意見頗有益也。散步，入浴，車遊回。深晚接孫立人報告辭職候查，懇求保全，而毫不承認其責任與此案關係也。此人絕無男子氣質，本來如此，不足為異。晚課，服眠藥。

## 七月二十九日　星期五　氣候：晴　溫度：八十八

雪恥：一、劉廉一在大陳怕死之行動，損壞全體軍官之榮譽。二、戰場各種未曾聞見之爆炸威力與聲音，應特別習練與了解，勿為動搖。三、對第十八期軍訓班學員之組織及其分子之處理方針。四、約見陳、張[1]商討孫案。五、對孫行動監視之程度與手續。六、召見劉玉章等。七、追問：甲、海、空軍屢次改期演習。乙、中、美海軍誤會與對美巡邏機之射擊。

朝課記事後，到軍事會議，先與陳、張商孫案與處置方針畢，主持軍事會議，聽取各審查會報告十四重要提案，予以指示裁決。午課後整理訓詞要目後到會，孫案辭修已在大會報告其內容大意，使到會人員能先了解以釋其疑慮也。自十六時至十九時先約美海軍蒲雷德與顧問團長[2]致詞，皆甚有益也。

---

1　陳、張即陳誠、張羣。
2　美國第七艦隊司令官蒲立德（Alfred M. Pride）、美軍駐華顧問團團長史邁斯（George W. Smythe）。

## 七月三十日　星期六　氣候：晴

雪恥：昨晡舉行閉會典禮時訓話一小時餘，尚未盡詞也。晚宴會後與蒲司令談話後，回寓晚課，入浴，臨睡已十一時半矣。

朝課後記事，膳後獨往後公園散步遊憩，半小時回。召見公超，聽取外交報告後，見辭修、岳軍，商討孫案，再將該案重要口供交閱後，觀孫心理與行動有否悔悟之意，再定處分，務使仁至義盡也。午課後整編明日講稿要旨及批閱重要人事。晡妻召集衛生指導委員會，余乃參加傍聽，以促進臺省衛生事業之進行，再往後公園遊憩片時即回。入浴，晚膳後與妻車遊山下一匝回。晚課，廿二時後寢。

## 上星期反省錄

一、美國人造衛星之公布。

二、本年度軍事會議已如期舉行，始終親自主持，毋敢怠忽，故結果良好。

三、孫立人案查辦開始，先不令其出席軍事會議以息群憤，但其本人仍作茫然無事之概，更不願直認其包藏匪諜圖謀不軌之事實。此人既無丈夫氣，亦無軍人魂，可說毫無人格，只知恃外凌上，惡劣成性之漢奸，實為張學良[1]之不如。此張、孫二人皆為子文[2]所力荐者，子文貽害國家，不僅其本身作惡多端而已，可痛。

---

1　張學良，字漢卿，奉天海城人。1936 年 12 月 12 日，與楊虎城向蔣中正「兵諫」，爆發西安事變，12 月 25 日，釋放蔣中正，並隨蔣回南京。12 月 30 日被判刑十年，五日後即被特赦，但一直遭到軟禁。1946 年 11 月起居住新竹縣五峰鄉清泉溫泉，1957 年 10 月移至高雄西子灣。

2　宋子文，原籍廣東文昌，生於上海。曾任外交部部長、行政院院長、廣東省政府主席等職。1949 年 1 月蔣中正下野後辭職移居香港，1950 年起寓居美國。1950 年初，兩度拒絕返回臺灣，1953 年，被開除國民黨黨籍。

四、美國催促我釋放俄油輪[1]之水手,迨我發表釋放日期時,彼美與共匪乃即同時發表其大使級日內瓦會議之公報,是其事前以我釋放水手為其會議與共匪釋放美飛行員為秘密之條件,而美事前並不明告我國,其手段之卑鄙極矣。

## 本星期預定工作課目

1. 孫案處理之決定。
2. 召見學員。
3. 高級將領調職令。
4. 對匪美會議之注意。
5. 對美之警告要領。
6. 對匪美會議之宣傳方針。
7. 對周匪聲明之研究應否痛斥。
8. 所謂遠東會議陰謀之阻止。
9. 所謂美與匪部長級會議之阻止計畫。
10. 對各級顧問雙方聯系與會議之辦法。
11. 屬斯麥次[2]對各級負責之要訣陳述。
12. 中美誤會各點之查明。

---

1　1954 年 6 月被海軍扣押的蘇聯油輪陶普斯號(Tuapse),四十九名船員中,二十九人選擇回到蘇聯,並於 1955 年 7 月 26 日搭機離臺。
2　斯麥次即史邁斯(George W. Smythe)。

## 七月三十一日　星期日　氣候：晴　申刻雨

雪恥：一、對時局指示：甲、美與匪共會議之日期在四國會議之前，而為我釋俄船員定期之後。乙、美與我簽訂協同作戰計畫，在宣布其美匪會議之前一日。丙、對我加強金、馬防務積極協助。丁、周匪卅日聲明之內容，可知其會議內容與項目並未事前商協。戊、歐洲與德國問題未能具體妥協以前，美國不致出賣遠東。己、今日我國已賣無可賣。庚、國家與遠東運命全在我自己決定。辛、警覺不能不有，但惶惑亦實可不必，應自信自強。對共匪警覺不夠，對國際敏感過甚。

朝課後整理訓詞要目，足費二小時之久。上午到政工幹校對軍事會議紀念周訓詞二小時餘，午課後，擬定高級將領人事調動與記事後，散步回，入浴。晚召經兒全家聚餐，以文孫明日入軍校也。車遊後晚課。

# 上月反省錄

一、本（七）月以日內瓦四國巨頭會議為國際上重大之行動，約舉要點：甲、
美愛克提出其交換各國軍備之藍圖，與空中互相偵察軍事設備之要求，
為其突擊行動。乙、其次為其開幕詞中：子、撤除共產鐵幕。丑、德國
統一。寅、終止共產對各國顛覆陰謀。卯、限制軍備。辰、發展原子能
和平用度。丙、英提歐洲東、西間之中立地帶與新安全公約，及對德國
在鄰邦中限制軍備與相互管制制度。丁、俄主張歐洲安全公約與裁軍解
決後，再討論德國統一問題，並拒絕討論共產國際及其附庸地位等問題，
又提遠東問題及共匪參加聯合國與臺灣應歸共匪之主張，其會議六日可
說毫無結果可言。美、俄提案與主張完全對立，而英略取中立路線，法
則無所謂，亦不足論矣。惟其會中之主張與提議雖針峰〔鋒〕相對，但
各人言詞與態度皆比較和緩，並不如過去十年來外長會議與聯合國大會
中之互相惡劣之攻訐，此乃美、英引為重大之成就也。至於其非正式之
接洽者，臺灣海峽問題自必為其主要問題，但可斷言其並無秘密之賣買，
而其共匪與美國下月初在日內瓦會議之約定，乃為其在此巨頭會議以前
之事，而非由此巨頭會議中所約定，當可信也。總之美、英所謂西方與
東方之俄國根本矛盾，無法消除。而俄帝三大陰謀：甲、對德國分而制
之之辯證規律，絕不改變。乙、阻礙西德整軍，破壞北大西洋公約。丙、
驅逐美國出歐、亞兩洲，回返其美國老家，聽候俄帝之處分。三大政策
始終如一，絕難轉移，則其所謂和平共存與緩和國際局勢者，豈非夢囈
乎哉。

二、美參議院民主黨領袖主張，美國與共匪亦應在本年內舉行外交部長階級
會議，此雖出於其美共與左派為難其共和黨政府之手段，但不可以等閒
視之，應加防制。

三、北越胡志明訪問共匪與俄帝，形式上俄匪皆與胡匪以大量經濟援助，此
不過為其對抗美國援助越南之四億美金的策略與聲勢耳。

四、俄國諸酋今年皆到美國駐俄大使館中，恭祝美之國慶，乃為打破先例之和平共存又一鉤誘姿態也。

五、美二院通過協助被奴役各國人民之獨立自由案，亦在四國會議前決議也。

六、大陸反共抗暴形勢激增，胡風與潘漢年等皆已正式宣布逮補〔捕〕，此其繼高岡〔崗〕與饒漱石之後，又一內訌之暴露也。

七、孫立人謀叛案已經大白，故決心予以處治，惟其手續與方法應加慎重研究，勿使美國及其反蔣派引以為獨裁之口實耳。

八、美國務院始終反對我增兵金門，但余堅持到底，自動增兵，彼亦無可奈何也。

九、本年度軍事會議如期完成。

十、克氏戰爭論譯文全部審核完成。

十一、三角形攻擊戰鬥群第三次稿核定。

十二、我釋放俄油輪水手之翌日，即美與匪宣布日內瓦大使級會議之日，美又欺我一次也。

總之七月份國際形勢最為動盪莫測，國內人心亦最為虛弱震撼、恐慌已極之時，其實前途困難加重則有之，而危險則未有如大眾所想像之甚。以余觀之，與其悲觀，則不如樂觀為多也。國際矛盾絕難消除，共匪內部鬥爭益烈，大陸抗暴形勢急增，只要我能自強不息，力行不怠，則現有之基礎日加鞏固，自信為期十年之內，反共抗俄、復國雪恥之使命未有不成者也。

蔣中正日記
Chiang Kai-shek Diaries

# 八月

蔣中正日記
Chiang Kai-shek Diaries

# 民國四十四年八月

## 本月大事預定表

1. 金門參謀長汪奉曾、汪敬煦。

2. 9A、10A、49D、51D 各政工處長，應以不力無能處分。

3. 步校政工處長應受處分。

4. 軍人常識、生活教育與業務處理。

5. 馬乘風案之判決。

6. 孫案[1] 處治之宣布。

7. 閩東山地區特別戰區之建立計畫。

8. 軍隊內中美聯系會議之設置。

9. 各級幹部負責盡職具體條文之製定。

10. 高級指揮機構，其副職可增三人至五人。

11. 實踐運動綱要之促成。

---

1    孫案即孫立人案。

## 八月一日　星期一　氣候：晴

雪恥：一、令俞[1]堅持三個預備基地師計畫。二、令岳[2]速將郭、江[3]等自白書交孫反省。三、令叔銘查明淡水附近高射美海軍偵察機事。四、專組對匪美會議小組，研究其每日情形，並派記者赴日內瓦偵察。五、海、空軍高級人事計畫。

朝課，記事。十時到國防大學主持紀念周，指示匪、美在日內瓦開會由來之實情，以釋一般人之疑懼，並明示其對國際形勢最後之辦法，約講一小時廿分時畢，召見高級將領廿餘人。午課後審閱研究院學員自傳，到院召見十員回。約美海軍基維德與安德生等茶會後，獨往後公園遊憩半小時回。入浴，膳後與妻車遊市內一匝回，晚課。

## 八月二日　星期二　氣候：晴

雪恥：一、老弱退除役官兵經費全部撥補之交涉，親屬白蘭恆特[4]特別辦理與速定。二、本年度預算赤字在七億以上，屬其特別準備與增援。三、孫立人之無恥與拖延以及恃外欺人之惡劣根性，非正式監視不可，並將其侍從陳良壎逮捕歸案。

朝課後記事，記上周反省錄。十時前入府處理要務，對預備師三個基地師之實施（分期）計畫，通告顧問團堅持到底之意，切示俞、彭[5]後，召見唐守治等十餘人畢，召集宣傳會談，指示對匪共與美國在日內瓦開會期間之宣傳要領等事畢，令憲兵正式監視立人與逮捕陳良壎歸案，回寓已十四時矣。

---

1　俞即俞大維。
2　岳即張羣。
3　郭、江即郭廷亮、江雲錦。
4　白蘭恆特即卜蘭德（Joseph L. Brent），又譯勃蘭特、白蘭達，美國外交官，曾任空軍部部長特別助理、經濟合作總署泰國分署副署長、駐華分署副署長，時任駐華分署署長。
5　俞、彭即俞大維、彭孟緝。

## 八月三日　星期三　氣候：晴

雪恥：昨午課後審閱研究員成績後，入院召見學員十六人回，經兒來報處理孫案經過情形與孫之態度，將郭、江[1] 等自白書交其自讀後，彼乃無言可辯，惟仍未痛快承認耳。往後公園遊憩如常，晚審閱卅九年李鴻、陳鳴人[2] 等匪諜口供後，乃知孫早已蓄意通匪，有心庇護匪諜矣，可痛。讀詩後晚課。

本（三）日朝課記事後，約家淦主席同車至府，車中商談安置老弱機障官兵七萬人之美援經費如何，要求其將此七萬名額一次收容與撥款之辦法後，乃即召見美經濟分署白倫達[3]，相談半小時，望其能照余所定原則切實進行，俾我能充實全軍優壯之員額計畫也。上午主持總動員會報，午課後審閱學員自傳與人事，召見學員如昨。

## 八月四日　星期四　氣候：晴　近日下午時現冷風秋雨景象

雪恥：昨晡經兒來後公園報告陳良壎親筆自白書，證明王善從[4] 所供，孫在去秋派其二人到我後草廬住所偵察地形，設計包圍之企圖是實，此乃所萬萬不能料及也，應將此原件交孫審閱後，再定最後處置辦法。晚讀詩，晚課如常。

本（四）日朝課後記事，十時前入府，岳軍秘長報告昨日黃伯度[5] 與孫立人談話情形，孫已自覺無言可辯，乃承認郭廷亮匪諜及其軍訓班在部隊組織，致成今日惡果，應負其責，但仍不承認其主動謀亂之大罪，惟亦並不如過去之

---

1　郭、江即郭廷亮、江雲錦。
2　陳鳴人，字柏琴，江蘇金山人。1948 年 6 月任新編第三十八師師長，1950 年 6 月牽連李鴻案被捕下獄。
3　白倫達即卜蘭德（Joseph L. Brent）。
4　王善從，安徽至德人。1954 年 5 月任陸軍總司令部第五署副組長。1955 年 8 月，因「孫立人案」牽連被捕入獄。
5　黃伯度，號瑞仙，安徽舒城人。曾任駐日大使館一等秘書、賑濟委員會委員長等職。時任總統府第一局局長。1957 年 11 月代理總統府副秘書長。

強辯,只求總統開恩,保全赦免而已。至此乃可告一段落,即照原定方針,以停職澈查為第一步之程序也。親唁林蔚文[1]之喪,見其遺容如常甚安為慰。主持本府月會後會客五員,批閱公文。午課後視察黨政軍聯合作戰演習後,召見學員如昨。晡與妻散步至汽車站,約三里許。晚讀詩,晚課。

# 八月五日　星期五　氣候:陰雨

雪恥:一、對政治部顧問所應特別說明者:甲、孫之軍訓班幹部 49D、51D 兩師之中。乙、此案內容將在校閱演習時暴動之報告,即為該加強團軍訓班之二個連長。丙、金門、馬祖在某師某團有少數之該軍訓班學員,由其內線之報告已澈底肅清。丁、決將該軍訓班學員召集軍校複訓後,規定其學藉〔籍〕為軍校出身,以安其心。二、胡英傑[2]應即拘審。三、政工組查不夠精確,應重新加強。

朝課後記事,十時前入府,舉行多明尼加國公使[3]呈遞國書典禮後,召見空軍忠勇官長戚少校榮春與楊上尉世駒,駕駛偵察機至蕪湖、南京間與匪機多架遭遇截擊,竟皆安全歸來,特加面獎。召集財經會談。午課後手擬對反攻戰爭特性與戰法要目後,視察聯合作戰業務演習回,見美奧肯享[4]夫婦畢,車遊回。晚課,讀詩,入浴。

---

1　林蔚(1889-1955),字蔚文,浙江黃巖人,陸軍二級上將。歷任總司令部參謀處副處長、軍事委員會辦公廳副主任、銓敘廳廳長、參謀本部次長、侍從室主任、軍政部次長、桂林行營副主任、參謀團團長、國防部次長、東南長官公署副長官、戰略顧問、國策顧問,獲青天白日勳章。
2　胡英傑,字慶軒,號仁初,湖南湘陰人。1954 年春,奉令代理第八十七軍軍長職務,後第八十七軍改編為第三軍,負責全軍整編事宜,事畢,調任第二軍副軍長。1955 年 8 月,調任國防部高參。
3　畢律茲(Miguel Roman Perez),1954 年 3 月任多明尼加駐華大使館一等秘書銜臨時代辦,1955 年 8 月升任公使,1957 年 5 月離任。
4　奧肯享(M. Robert Guggenheim),又譯辜金亨、辜金恒、古根漢,美國政治家,古根漢家族成員,曾任駐葡萄牙大使。

## 八月六日　星期六　氣候：晴

雪恥：一、昨日孫立人呈遞其自認罪嫌重大，請求保全與辭職候處，閉門思過之第二辭呈。美顧問以此事關內政，表示不願過問之意，現在應顧慮各點：甲、吳逆國楨對孫案免職查辦時，必在美作激烈反宣傳，英國亦必助其宣傳，以引起美國輿論對我不利之新潮。乙、孫之美友如麥唐納及若干議員、記者亦必懷疑，對我攻訐。丙、共匪亦必乘機大事宣傳。丁、對內部不致有何影響。戊、今孫既自呈其悔罪書，對此事發表不妨從緩，非待布置與宣傳妥當後，暫不宣布。己、應令孫自動宣布之辦法。庚、此案應在八月內公布，不可在聯合國大會時或在美國會明年召集時發表也。

本（六）日記事及朝、午、晚各課如常。上午入府會客，與岳軍商孫案後，批閱公文，主持軍事會談。下午清理積案，對孫監視令漸放寬。晡散步，晚觀影劇後晚課，廿三時前寢。

## 上星期反省錄

一、匪、美在日內瓦開始會議，我國輿論尤其是香港華文報對美攻擊幾乎體無完膚之勢，愛克與杜勒斯乃經不起我民心與正義之壓力，於是宣布其與匪部長級會議及對金、馬問題決無可能之政策，以平息我民憤。以本周匪、美會議經過之情勢，其言是可信也，但其政策可隨時改變，且已動搖矣。

二、孫立人自寫悔罪與求赦書，則對其第一步處置之辦法當可告一段落。今後惟對明令免職之方式與時機應加研究，總使俄共與吳逆等在美反動宣傳不致過於擴大為要，但對於胡適等自由分子之反感亦不可忽視耳。

三、力促美駐臺經合分署接收我七萬名老弱機障官兵之舉，無論在軍事與財政方面實為本年度基本工作之首務，務促其成也。

四、第五期黨政組研究員五十八員已召見完成。

五、星期日與星期一之二次訓詞皆甚重要也。

## 本星期預定工作課目

1. 金馬部隊防毒面具之加緊訓練（官兵不分）。
2. 召見軍事組研究員。
3. 黨政軍聯合作戰之教令應加修正。
4. 三軍將領戰略、戰術研究，戰鬥團之設計。
5. 古今戰史精選十篇，為反攻戰爭專讀之用。
6. 實踐讀訓與守則的規約（軍人常識）。
7. 鑽隙戰術與敵後反攻（組織與目標）具體教範。

## 八月七日　星期日　氣候：晴

雪恥：一、對胡、吳[1]等事前知照之研究。二、講詞要旨：甲、將領被俘，不屈與必死決心之準備。乙、將來戰場慘烈之景況與險易地位之認識。丙、下期演習之綱要：子、單獨反攻。丑、根據三角形戰鬥群之原理，決定一切處置與部署。寅、依照此次指示要點，決定指揮準則。卯、平時訓練演習與考選儲備此等幹部。辰、科學戰爭的要旨。巳、軍人必須有丈夫氣，不可恃外欺內，自反自覺，無待懲處。

朝課，記事，準備講稿。九時半對研究院演習之講評，約一小時二十分畢，到管理局禮拜回，整修軍事天才章之譯稿與總評稿完，頗覺自慰。午課後記上周反省錄畢，與妻乘車登七星山，經金山、野柳、基隆而回，時已二十時矣。晚往研究院視察回，讀詩，晚課，入浴。

---

1　胡、吳即胡適、吳國楨。

## 八月八日　星期一　氣候：晴

雪恥：一、共匪聲明：其與臺灣地方政府談判之狂吠時，應將郭廷亮為其所指之談判對象，以諷刺之，或可於我對孫案宣傳立一有利基礎。二、對美宣傳之預備工作應注意各點之指示。三、孫令發表與宣傳之手續及重點，並對孫之處置。四、岳軍覆吳[1]函之要旨，不可稍有嘉慰之意。五、覆令傑函電。朝課後記事，手擬講詞要旨。十時舉行本院聯戰班結業與分院第十二期開學典禮，訓話一小時餘畢，再對分院學生點名、茶點後，本院聚餐後，略致訓勉後回。午課後批閱公文，審核團長調職人選名單數十件畢，散步遊憩後，觀電影霍斯金將軍傳[2]，與大陳撤退情形，甚佳。晚讀詩，閱報，晚課，入浴。

## 八月九日　星期二　氣候：晴

雪恥：一、美國對我九個預備師之諾言，今日又提出完全相反之計畫，不知其原因究竟何在：甲、彼行政部門對其立法部門所通過之決議表示反感與不執行之態度？乙、對我與立法部門之政黨接洽表示不滿，予我以警告？丙、其對華政策完全變更？我對此之方策如何：甲、要求其具體計畫之正式照會。乙、問其是否為對華政策變更與匪美在日內瓦會議有所決定。丙、以冷淡處之，不與爭論。丁、我行我事照常進行。

朝課記事後，到憲兵學校舉行畢業與開學典禮畢，入府指示孫案處理與宣傳之要領後，一般會談，批閱公文。午課後召見石牌軍事組學員十六名回，散步，遊憩，入浴，讀詩，晚課。

---

1　吳即吳國楨。
2　《霍斯金將軍傳》（*The Eternal Sea*），約翰‧奧爾（John H. Auer）導演，斯特林‧海登（Sterling Hayden）、亞歷克西斯‧史密斯（Alexis Smith）主演。

## 八月十日　星期三　氣候：晴

雪恥：一、韓提中、韓、越三國同盟意見之考慮。二、電顧[1]轉告孫案於令傑。三、沙埕港之突擊計畫。四、美對預備訓練反對之對策應深切研究。

朝課後見彭[2]總長，指示其對美國預備師方案之態度後記事，到中央指示對孫案之態度與對美宣傳之要領，又召見越南同志二人[3]畢，主持常會，討論立法院議事規則，點名表決之方式必須實施之決議。午課後審閱軍事組自述後，召見學員十五名畢，散步，回寓入浴，膳後讀唐詩，審閱美國預備兵計畫之抗議書，可笑。晚課。

## 八月十一日　星期四　氣候：晴　夜悶熱

雪恥：一、令昌煥先與羅蘭通信約會。二、對大維之指示：甲、與葉[4]洽商。乙、擬反駁顧問團對預備師之草案（但不先提覆）。丙、不與雷[5]通信。丁、令葉轉告郭可任[6]我不能接受之意旨。三、對岳[7]指示其對孫[8]之處置辦法，准解除其有形之監視，並可函吳，加以訓斥。四、第一、第二軍團與金門參長。

朝課後寫令傑與適之各函。往府途中遇有公共車顛覆阻塞，故延擱卅分時。入府召見葉、沈[9]等，指示對美宣傳要領後，召見八員畢，召集情報會談。午

---

1　顧即顧維鈞。
2　彭即彭孟緝。
3　越南華僑文教界回國觀光團名譽團長胡文萱、鄺仲容。胡文萱，時任越南教育局西堤聯區督學。
4　葉即葉公超。
5　雷即雷德福（Arthur W. Radford）。
6　郭可仁（William P. Cochran Jr.），又譯郭可任，美國外交官，時任駐華代辦。
7　岳即張羣。
8　孫即孫立人。
9　葉、沈即葉公超、沈昌煥。

課後記事，審閱學員自述，召見學員十五人回。十八時見美經濟分署長蒲賴德[1]，茶點畢，與妻車遊淡水，欣見農田大部皆已插秧為慰。讀詩，晚課。

## 八月十二日　星期五　氣候：晴　未刻雷雨

雪恥：一、閩東遊〔游〕擊區之建立計畫（特別戰區）。二、各軍師團單位特設鑽隙與混進敵後組織反攻群之教範。三、毛匪遊〔游〕擊戰小冊之研究報告。四、劉振寰應調砲指揮。五、汪奉曾、趙善蔭[2]、朱嘉賓[3]、孫成城、汪敬煦應調職。

朝課後記事，入府見留日青年回國觀光團卅餘人後，召見調職人員六名畢，與大維談預備師問題，對美態度堅持不變之指示後，主持國防會議畢已十三時，再與岳軍談孫[4]之處置方針，准再放寬一步，取消有形監視，並令岳面戒孫應自克制。午課後審閱學員自述後，召見學員十六名回。入浴，與妻車遊山下一匝，晚課，讀詩。

## 八月十三日　星期六　氣候：晴

雪恥：一、下期實踐學員人選名單催速提。二、軍師長中已滿任期者之名冊。三、對實踐學社訓話：甲、六項動作。乙、將領必死之準備。丙、正規與遊

---

1　蒲賴德即卜蘭德（Joseph L. Brent）。
2　趙善蔭，號肇松，廣東新會人。1954年7月任總統府高級參謀，1955年3月調任第三十二師師長。1957年2月調任第二軍團參謀長。
3　朱嘉賓，號柯坪，遼寧海城人。1954年1月任海軍陸戰隊學校教育長，7月調任總統府高級參謀，11月調任第四軍第二十四師師長。1955年7月調任預備第四師師長，10月調任澎湖防衛司令部參謀長。1956年5月調任第一軍團參謀長。
4　孫即孫立人。

〔游〕擊及革命戰術之關係。

朝課後記事，手擬急要事項令稿。十時入府，召見調職人員八名，與彭[1]總長談人事案。主持軍事會談二小時餘，核定金、馬自我獨立作戰計畫，加以指正，並核定四五年度美援軍協數目與各項目分配案，此皆重要事件也。午課後重審新調團長人選，幾乎二小時之久畢，與妻車遊山下一匝回。觀影劇國製「終身大事」，不甚精良也。晚課，讀詩，未入浴，廿二時後寢。

## 上星期反省錄

一、俄共對美妥協之姿態日漸顯露，美民在大陸扣押者自有釋放之可能，且將成事實。今後所應注意者：甲、匪、美外長會議之能否產生。乙、匪軍進犯金、馬之計畫是否停止，應切實研究。

二、美對我預備師協定又提出其與原議相反之無理指摘，且甚慢橫，未知其原因究竟何在。我當照原定計畫進行，不予理睬。

三、研究院軍事組學員六十名召見完畢，對於聯合作戰講評（星期日與星期一日），自覺於今後反攻戰爭必有重大效益也。

四、大陸匪區內反共抗暴形勢與日俱增，而其鎮壓與仇殺亦日甚一日，同志被匪殘害者幾乎不勝枚舉，此為反攻時機成熟之兆也。

## 本星期預定工作課目

1. 孫案處治命令之發布。
2. 繼續審閱克氏戰爭論譯稿。

---

1　彭即彭孟緝。

3. 高級人事調整案。

4. 實踐學員講稿。

5. 預備師之交涉。

6. 軍事會議決議案之督導。

7. 上月反省錄之記述。

8. 空軍幹部會議訓示要旨：甲、提振士氣。乙、加強保防。丙、愛護嘉慰地勤人員。丁、考核與提拔人才案。戊、情報與戰管系統及通信案。己、保養裝備，愛護物資。庚、遺族與軍眷之優遇。

## 八月十四日　星期日　氣候：晴　未刻雨

雪恥：一、召見胡璉、石覺詢問人事與學術之意見。二、各級負責之條文具體規定。三、各級副職之任務專職之指定。四、辦事與思維要領：甲、整體。乙、聯繫（協調）。丙、重點。丁、中心。戊、統一（綜核）。己、平衡。五、對夏令營講詞要旨：甲、生命之意義。乙、生活之目的。丙、救人互助，合作團結。丁、切戒自私自利、投機取巧與偷生怕死。六、剿匪作戰四大守則與六項要目之交付審查。七、引誘敵軍處置或行動之錯誤方向。

朝課後記事，手擬講稿要旨。十時到空軍總部召見新舊顧問[1]後，主持空軍幹部會議開會致訓回，記上周反省錄。午課後記上月反省錄，散步遊憩後，與妻車遊山下一匝。晚讀唐詩，晚課。

---

1　萬斯（Reginald F. C. Vance），美國空軍，舊任軍事顧問團空軍組組長。樂福林（Joseph L. Laughlin），美國空軍，新任軍事顧問團空軍組組長。

## 八月十五日　星期一　氣候：晴　未刻雷雨

雪恥：一、實踐學社講稿要旨：甲、剿匪作戰有關問題之研究要目。乙、上周預定表之（3）至（7）項工作以及上周五與本周日之日記各項目。丙、誘敵分散兵力，離開其主要防線行動之研究。

朝課後記事，十時到研究院夏令會開學致詞約三刻時，照相後回，整理公文畢，岳軍、少谷、公超來談孫案組織調查委員會的顧、蔣[1]等在美研究之意見，眾以為無此先例，而且破壞軍法系統，僉認為不可。余以為此案出於總統府之參軍長涉嫌，其責任關係重大，可以特別組織調查會，參加王亮疇等法律權威者在內，可以減少國際之誤解，故採酌其意，准予設立調查會也，但必與免職查處命令同時發表為主。午課後審閱戰爭論第一篇完，散步，入浴。膳後車遊山下一匝回，晚課，廿二時後寢。

## 八月十六日　星期二　氣候：陰晴　雨

雪恥：一、召見陳振熙、袁國澂〔徵〕。二、美、英裁軍建議中，共匪亦在其裁軍計畫之中，應研究對策與方針。三、愛克對裁軍條件放棄其檢查監督方針，只求空中互相偵察，以防止俄帝之偷襲其美國一點之上，乃為其覓求妥協中無法之一法，可憐極矣，但即此一點，恐俄帝亦所不許乎？四、雙十節文告慰勉大陸同胞之要旨。

朝課後記事，審核譯稿。十時前入府召見公超等，指示對美宣傳步驟後，召見調職人員畢，主持宣傳會談二小時：甲、臺省人民愛國與團結教育。乙、老兵之優待嘉勉方法。午課後審閱譯稿。晚宴阿姆斯托朗[2]夫婦，彼為我國之良友也。讀詩，晚課，廿二時半寢。

---

1　顧、蔣即顧維鈞、蔣廷黻。
2　阿姆斯托朗即阿姆斯脫郎（Orland Kay Armstrong）。

## 八月十七日　星期三　氣候：上晴　下雨

雪恥：一、孫、包、張（葆恆）（伯衡）[1] 應定之人事查報，又徐佛觀[2] 之關係。二、漢尼拔[3] 與羅馬凱察[4] 之戰史。三、對軍校長三問題之研究，與本院課程不能外洩。四、本院軍事組教育方針，在精神與戰術之修養，以補美學之不足。朝課後修正孫[5] 之令稿與新聞稿，無論黨政幹部對於政事與文字之腦筋皆不健全，文字尤為粗陋，皆須親自修正，常引為最不應有之事，可歎之至。上午主持中央常會，檢討本年度上半年黨務工作甚久未完。午課後審核戰爭論第六篇第二次譯稿完，獨往實踐學社視察回，獨觀影劇。膳後讀詩，晚課。

## 八月十八日　星期四　氣候：陰雨

雪恥：一、參軍長人選：甲、顧祝同、馬紀壯[6]。乙、薛岳[7] 或周至柔兼。二、侍衛長與侍參人選。三、實踐學社新學員人選：袁國澂〔徵〕、黎玉璽、郭永。四、畢業學員任職諸人：汪等。五、空軍遺族之撫慰辦法——盧盛景[8] 家族等。

---

1　張葆恆，字伯衡，曾任暨南大學教授、中山大學教授兼英文系主任。1952 年任香港官立文商學院講師，1955 年 9 月任新亞書院英文系高級講師兼系主任。

2　徐復觀，原名秉常，字佛觀，後由熊十力更名為復觀，湖北浠水人。曾在軍事委員會委員長侍從室工作，以軍令部少將聯絡參謀名義駐延安，歷時半年。1949 年於香港創辦《民主評論》，並擔任主編。1952 年任教臺灣省立農學院，1955 年轉東海大學中文系教授。

3　漢尼拔（Hannibal, 247 B. C. E. -183 B. C. E.），北非古國迦太基將領。

4　凱撒（Gaius Julius Caesar, 100 B. C. E.-44 B. C. E.），羅馬共和國末期的軍事統帥、政治家，是羅馬共和國體制轉向羅馬帝國的關鍵人物，史稱凱撒大帝。

5　孫即孫立人。

6　馬紀壯，字伯謀，河北南宮人。1954 年 7 月任國防部參謀次長，1955 年 9 月升任國防部副部長。

7　薛岳，原名仰岳，字伯陵，廣東樂昌人。1949 年任海南特別行政區長官，1950 年任總統府戰略顧問。

8　盧盛景（1915-1954），江西南康人。曾任蔣中正侍從武官。1954 年 9 月 16 日，調任偵察第十二中隊中隊長。11 月 19 日，駕駛 RP-51 偵察機起飛偵察福建沿海，一去不返。

朝課後重修新聞孫案稿後記事。入府召見岳軍，處理孫案文句之指示。接沈[1]自美國來電，各方布置已妥，決於周末發表。召見調職人員十餘名後，批閱公文。午課後審核戰爭論第六篇第三次開始。晡與妻車遊淡水道上，雷雨甚大，沿途農田幾乎全部已插秧矣，下期收成必豐也。晚入浴，讀詩，廿二時後寢。

## 八月十九日　星期五　氣候：晴　晡雨

雪恥：一、黃振〔鎮〕球[2]與馬紀壯調職，或顧與周[3]暫兼參軍長。二、黎玉璽職務。

朝課後重修令稿，以期至當。記事後入府，召記〔見〕調職人員八名，主持財經會談，外匯情形好轉。目前雨水充沛，下期收成可望豐足有餘。批閱公文。午課後審閱戰爭論譯稿第六、第七各篇第三次完，與妻車遊山下一匝。晚讀唐詩李益[4]著（喜見外弟又言別）一首，不忍釋卷。文孫今日軍校放學回來，其身體較好也。

## 八月二十日　星期六　氣候：晴

雪恥：一、考核人才之法。二、將領不可兼任財經有關的業務。三、獎勵教官與教育志願。

---

1　沈即沈昌煥。
2　黃鎮球，字劍靈，廣東梅縣人。1954 年 7 月任國防部副部長。1955 年 8 月調任總統府參軍長，1957 年 6 月調任臺北衛戍司令。
3　顧與周即顧祝同與周至柔。
4　李益（746-829），字君虞，隴西郡狄道縣人。中唐詩人，以邊塞詩作名世，擅長絕句，尤其工於七絕。

朝課後經兒來見，告以本日發表孫立人免職並組織委員會澈查之命令後記事。九時後與辭修同車入府，商談參軍長人選，乃決定以黃振〔鎮〕球調職補任，即簽署下令，召見調職者七人畢，主持軍事會談後，召見胡璉後，再召大維談黃調職問題，彼對孫案之態度，最後表示所定之處置甚為寬大，並稱孫之經過行動，由全案觀點言之，即使無共匪滲透，孫亦必歸叛變云。午課後審核戰爭論第二篇之第三次後散步。晚約美第七艦隊司令與顧問團長[1]來過周末，聚餐，晚課，廿三時前寢。

## 上星期反省錄

一、孫立人免職令已如期發表，自覺準備最為周到，即使有人藉此誹謗，亦不能顧忌矣。

二、韓國反對中立委員會再三示威，仍未能達到目的，但人同此心，共產集團之波蘭、捷克代表行動太惡劣，美、英皆感嫌惡，故終將取消也。

三、美國在北韓地區偵察之教練機（無武裝）又被共匪擊落，其乘員無蹤，不知美將如何下臺矣。

四、日內瓦匪美會議據報共匪不願以美僑全數一次釋放之故，預料其必將釋放無疑。

五、本周空軍會議最感不安者，為遺族孤寡無法慰勉，雖有撫恤，不能盡我心也。

六、重審戰爭論譯稿工作已經恢復為慰。

七、越共對寮國（老撾）利用其蘇法努馮[2]親王又發動戰爭。

---

1　美國第七艦隊司令官蒲立德（Alfred M. Pride）、美軍駐華顧問團團長史邁斯（George W. Smythe）。

2　蘇法努馮（Prince Souphanouvong），寮國自由民族統一戰線主要領導人。

## 本星期預定工作課目

1. 軍眷住所實施之督導。

2. 留訓戰史、兵役、戰術理論教官。

3. 共匪在韓戰場戰法之研究。

4. 考核人才之方式。

5. 老兵優待與出〔初〕級教育之注重。

6. 電沈[1]特訪蔡斯。

7. 團長以上人事之審定。

8. 對雷德福之責難應否答覆。

9. 問孫謀叛之動機何在（匪諜？與政工？）

10. 侍衛人員之審定（侍衛長）。

11. 飛行員營養與餐數之增加。

12. 士兵日用品與糖果、香煙之增發。

## 八月二十一日　星期日　氣候：晴

雪恥：一、實踐社講詞要旨：甲、實踐為立己立人、建國建軍與雪恥復仇之要道。乙、考核與選拔、儲備、作育人才之總則。丙、所謂地下國防大學謠諑之由來。丁、教育宗旨要與美國科學（物質）、數量、程序方式教育相配合以補其不足，即磨鍊修養精神與天才力量之發揮，專門養成指揮之高級將領品格。

朝課後記事，第三次審閱戰爭論第二篇第二章之譯稿。膳後往後公園遊憩，遇蒲賴德夫婦，照相略談而別。見張柏亭[2]，談戰爭論譯稿回，禮拜後續審譯

---

1　沈即沈昌煥。

2　張柏亭，字相豪，上海市人。原任第三十二師師長，1953 年 4 月轉任實踐學社研究專員。
　　1956 年 4 月任實踐學社副主任。

稿。午課後續審同前第二章完，綜核歸納頗詳。晡獨往後公園遊憩。回入浴，讀詩，膳後車遊，晚課。

## 八月二十二日　星期一　氣候：晴

雪恥：一、雷德福對孫案表示不滿，仍歸咎於政工制度對將領之牽制與監察一點，此乃美軍部對孫之偏見，與共匪之心戰已深入其腦中，牢不可破，實非言詞所能改正，應待今後事實之證明而已。由此可知，初旬美「聯合參謀」對我九個預備師成議之違反，乃與孫案有關也。幸而孫之謀叛事實俱在，而且人證充足。至於今後美國將因此而變更其對我政策與否，則不必深慮，以此事考慮已周，所謂窮理知本，集義養氣，甚覺自得，否則軍隊基本為對美遷就人事，而將永遠動搖矣。

朝課，記事，手擬對實踐學社講詞要旨後，到石碑〔牌〕紀念週致詞，以事先並未預備為擴大紀念週也，故詞意不暢，後在講堂內特再為該社學員訓話也。

## 八月二十三日　星期二　氣候：風雨

雪恥：昨午在石碑〔牌〕實踐學社聚餐回，午課後審閱戰爭論「方式主義」章第三次完，獨往後公園遊憩。對雷德福態度，其固執成見之幼稚程度，可笑又可歎。自馬下兒[1]以來，美國軍政要員受共產心戰之深，對其國家本身之利害妄危，亦所不顧，豈真雖死不悟乎，惟有歎惜而已。晚觀影劇後，與妻

---

1　馬下兒即馬歇爾（George C. Marshall）。

車遊中山橋道上回，晚課，廿二時後寢。

朝課後記事，入府會客，召見海、空軍調職人員六人畢，主持一般會談，研討招待日本議員大野[1]等及對美國記者與孫[2]晤談之方法後，批閱公文。午課後審核戰爭論戰史批評的着眼點章，未完。晡與妻車遊山下一匝，颱風不強也。讀唐詩，審核下期研究員人選名冊，晚課，廿二時後寢。

## 八月二十四日　星期三　氣候：風雨

雪恥：一、第四軍訓班學藉〔籍〕之確定與提前召訓。二、預備師之經費如何。三、大武山地下工事之急造。四、汪敬煦可任師長。五、吳順明[3]侍長、范誦堯[4]軍團參長、賴中漢[5]團長、鄭昆、王大均[6]任教官、耿若天[7]師長、傅伊仁[8]、羅文浩[9]（任訓練）、李運成[10]。

朝課後審核戰爭論戰史批評章完，入府巡視國防部演習（力士計畫）（對金、馬攻守）計畫之實施，約一小時半畢，與岳軍談孫案，及紐約時報記者昨晡

---

1　大野伴睦，日本自由民主黨總務會長，率日本國會議員親善訪華團來臺。
2　孫即孫立人。
3　吳順明，原名禮，浙江紹興人。1952 年 5 月調任空軍總司令部政治部主任。1955 年 10 月至 1957 年 1 月任總統府侍衛長。
4　范誦堯，字重平，福建邵武人。原任國防部戰略計劃研究委員會主任委員。1954 年 11 月調任國防部高級參謀室主任高級參謀。1955 年 2 月再度兼任福建省政府委員。
5　賴中漢，號天幾，廣東興寧人。時任海軍總司令部兩樓訓練部主任教官。
6　王大均，浙江臨海人。1954 年 1 月任澎湖防衛司令部參謀長。1955 年 2 月調任國防部戰略計畫研究委員會委員。
7　耿若天，名炎，江蘇鹽城人。1954 年 8 月時任第七軍第六八七砲兵指揮部指揮官，後調任第二十六師師長，1956 年 9 月離任。
8　傅伊仁，號舉楚，湖南湘鄉人。原任國防大學校第三組教官，1955 年 3 月調任第八十一師副師長，9 月調任總統府侍衛長辦公室侍從參謀，原缺暫時保留。
9　羅文浩，湖北黃陂人。1953 年 2 月任陸軍總司令部第三署署長，1957 年 7 月調任預備第七師師長。
10　李運成，字樹功，湖南湘陰人。1954 年 5 月，調任金門防衛司令部副司令官。1958 年 7 月，時任第一軍團副司令。

與孫單獨談話二小時餘，此李普門[1]最為麻煩者也。午課後記事，續審戰爭論戰史實例之引用章第二篇第三次校修已完。入浴，經兒來談，晚續整戰爭論第二篇，該篇與第一篇為戰爭論中理論之重要部分也。晚課，廿二時後寢。

## 八月二十五日　星期四　氣候：陰晴

雪恥：一、孫案對軍中之指示要旨。二、訓練班學藉〔籍〕與集訓計畫。三、教官培植之計畫與人選。四、烏坵與東引布雷。五、召見吳文芝。六、急要訓練：甲、細菌防備。乙、原子彈防備。丙、防毒面具。七、力士計畫演習講評：甲、敵對金、馬同時進攻。乙、我應先攻炸敵沿海基地。丙、陸軍最後單獨作戰。丁、應先全力毀滅敵艦。戊、遺失資料的演習。己、琉球與臺、馬作戰之關係。

朝課後記事，審核預備師各團長人選。入府會客，召見調職人員六名畢，與孟緝及岳軍談話，批閱公文。午課後重審戰爭論第八篇譯文修正稿後，散步，入浴，讀唐詩，晚與妻車遊一匝，晚課。

## 八月二十六日　星期五　氣候：陰晴

雪恥：一、預備師交涉方針之研究。二、與日本議員談話要領（共產陰謀與教訓及各黨合作反共救國之道）。三、華盛頓每日新聞昨日下午報，發表關於孫案之論文，以此為有意之預謀，並謂恐有宮廷關係之存在，顯係指經國之所為。此種謊誕不出於其他反蔣派如郵報等之議論，而惟出於其素稱為

---

1　李普門即李普曼（Walter Lippmann）。

親蔣者霍華德系之報，殊所不料，而且事前對霍早有關照也，可知美友之難交，其不問事實，而一以衝動感情與主觀從事，能不戒懼乎哉。

朝課後記事，入府召見調職與出國人員十人，指示孟緝對預備師交涉方針等六項要務畢，召集情報會談，密報自認受匪共委託在臺潛伏者二千四百餘人，可駭。

## 八月二十七日　星期六　氣候：晴　午雨

雪恥：昨午課後續審戰爭論第八篇第三次修正完，惟此甚覺自慰也。晚宴日本議員大野等十餘人，先與大野團長談話一小時，宴後又共同談話約一小時半，余說明在其日本投降時以德報怨之廣播，乃為要消除戰後中、日兩民族百年難解之仇恨，以期今日共同攜手建設東亞民族之獨立與平等也。客散後晚課，廿三時寢，又服安眠藥矣。

朝課後記事，入府與千葉太〔三〕郎[1]談話畢，對華僑青年回國服務團二百餘人訓話，照相後召見吳文芝等二員後，主持軍事會談，岳報昨夜已成立對孫案調查委員會經過情形。午課後文帶武、勇諸孫來玩，乃領其至後公園（陽明公園）遊覽一匝回，與日右翼社會黨西尾[2]談話一小時半，此人甚誠實也。晚約蒲賴德與美十三航空隊司令[3]便餐，晚課。妻病。

1　千葉三郎，1954 年 12 月至 1955 年 3 月任日本勞動大臣。1955 年參加自由民主黨，屬岸信介派。1955 年至 1959 年任東京農業大學校長。
2　西尾末廣，1947 年 6 月至 1948 年 3 月任日本內閣官房長官、1952 年 10 月至 1972 年 11 月任眾議院議員。
3　戴維斯（Benjamin O. Davis Jr.），美國空軍將領，1955 年擔任第十三航空隊副司令，並負責組建第十三航空隊派遣隊。

## 上星期反省錄

一、本周為孫立人免職命令後之一周，美國大報均未作重要性之記載，惟霍華德報反取毀謗與反蔣之社論，殊出意外，其仍受吳逆國楨慫恿之影響無疑，而且雷德福亦對孫深存偏見，為孫大抱不平表示憤慨，可知美國軍部要員對我皆受俄、英平時無形之心戰，其程度已牢不可破矣。

二、克氏戰爭論第八篇之第三次稿已審核完成，而且第一、第二篇之第四次重審與加評亦已完成矣。

三、對力士計畫演習兵棋測驗完畢，此為我國第一次之新式兵棋演習也，可慰。

四、與日本訪華議員團懇談數次，有否成效，不計也。

## 本星期預定工作課目

1. 實踐學社訓詞要旨：甲、允執厥中。
2. 對共匪欺騙故事與麻醉宣傳的手段之教育。
3. 派沈[1]視察中南美洲。
4. 追述對共匪逃竄陝北以後剿滅政策改變與卅一年對英政策之動搖之由來。
5. 實踐社訓示之要旨。
6. 人事之總核。
7. 對孫案調查之督導。
8. 軍人節對軍人之訓勉。
9. 慰撫遺族。
10. 力士計畫演習之講評。

---

1　沈即沈昌煥。

## 八月二十八日　星期日　氣候：陰晴

雪恥：一、金、馬突擊隊內容之研究與反間人員之組訓（假降）。二、實踐社之訓示：甲、對軍訓班出身幹部之複訓與掌握。乙、人事考核之重要。丙、對顧問之態度。丁、讀訓與守則的實踐規則之訂立與自習。戊、反攻戰爭之特質，必須求其敵後反攻組織之效果（三分敵前七分敵後）之口號與實施，故夜戰與行軍鑽隙訓練之重要。己、剿匪作戰六項要目與攻擊戰鬥群之配合訓練。庚、辦事與思維之要領。辛、謀略與心理戰，誘敵錯誤與恐怖。

朝課，記事。膳後散步回，禮拜。午課後綜理戰爭理論章之要點，而加以評論。晡觀影劇（蝴蝶夫人），晚續整評論稿，至廿二時後晚課，寢。

## 八月二十九日　星期一　氣候：陰雨

雪恥：一、美參校學生成績之催報。二、實踐訓詞：甲、獨立自強與自力更生。乙、美國正義感過於意氣衝動之人。丙、自信心與自尊心。三、侍衛長人選吳順明與王大均。四、劉廉一、汪奉曾、朱嘉賓、汪敬煦、王廣法[1]、張鍾秀[2]之工作。五、心理戰中審理戰俘與處理歸俘之重要。

朝課後記事，手擬講稿要旨。十時到石牌實踐社聽取高司演習之總報告後，對學員訓話約一小時畢，聚餐。午課後審核調職人事十餘件，對於新任團長及實踐社下期調訓人員等最費心力。晚讀唐詩，閱報後晚課。本日妻病未痊，臥床不能起，故未能共同默告也。

---

1　王廣法，字立言，察哈爾陽原人。1954 年 4 月調任三軍聯合參謀大學教官，7 月調任第九師砲兵指揮部指揮官。1955 年 10 月調任第二軍團副參謀長。1956 年 6 月升任第九軍參謀長。

2　張鍾秀，熱河建平人。時任金門防衛司令部參謀長，1956 年 1 月調任第二軍團副參謀長。

## 八月三十日　星期二　氣候：陰雨

雪恥：一、實踐學社主任之人選。二、侍從、參謀人選。三、調查委會開會情形如何。

朝課後記事，入府會客，召見調職人員三名畢，批閱公文，主持宣傳會談，根據共匪公報，最近一年半間其所謂反動案件與經濟破壞案件，共有卅六萬六千四百件之多，其中與我臺灣有關係者約為百分之十云，可知大陸同胞已能自動反共抗暴，不能等待國軍之反攻矣，悉此憂喜交加。午課後審核研究院第六期學員人選名冊，直至深夜方完。讀詩，晚課，廿三時前寢。

## 八月三十一日　星期三　氣候：雨

雪恥：一、袁樸[1]、金萬舉、陳玉玲（57D 副）、竺啟華[2]（46D 副）。二、空軍以寡擊眾之戰法。三、假情報之訓練。四、空軍偵察潛艇之任務。

朝課後記事，覆核重要人事。十時前入中央黨部主持總動員會報，曉峯[3] 報告原子能最近發展之情勢頗詳，甚有補益，並力促清華大學校所積餘存款之利息一百廿餘萬美金，從速在臺設立原子能為主之研究所。午課後到實踐社，聽取高司演習[4]總講評後，聚餐畢回，續審核人事，晚課，入浴，廿二時半寢。

1　袁樸，字茂松，湖南新化人。1952 年 2 月出任臺灣東部防守區司令官。1953 年 3 月調任預備軍團司令官。1954 年 5 月調任第二軍團副司令官。
2　竺啟華，浙江奉化人。曾任國民政府參軍處警衛室侍衛官，後轉調傘兵司令部，來臺後任傘兵總隊第二團團長。原任大陳防衛司令部副參謀長，1955 年 3 月免職。時任第四十六師副師長。
3　張其昀，字曉峯，浙江鄞縣人。1950 年 7 月，任中國國民黨中央改造委員會委員；8 月，兼任秘書長。1954 年 6 月，出任行政院政務委員兼教育部部長。
4　高司演習（command post exercise）是在下達假設狀況後，驗證高級司令部層級以上的指揮單位間的通信聯絡與作為。

# 上月反省錄

一、北非摩洛哥大暴動，對法革命被鎮服。

二、印尼陸軍反抗其親共政府，因之內閣推翻，已組織回教黨內閣。

三、中東以色列與埃及衝突日形緊急，埃及且受俄帝之武器援助。

四、英埃蘇丹亦有變亂。

五、阿根廷內部政變與叛亂至月杪未結束。

六、越共對寮國不斷進擾。

七、匪、美雙方在日內瓦大使級會議尚無結果，據報匪不肯將美民四十餘人一次釋放，而美堅持此點，否則不願另談其他交涉之故。但美俘飛行員十二名，共匪忽於其會談開始前一刻釋放，以施其欺買美心之技倆，惟美國對匪之狡計皆已認識清楚，並未為其迷惘耳。

八、孫立人免職令發表與調查會成立後，美國一般反應平淡，未如預想之激烈，惟少數二、三報紙為吳[1]逆運動，仍加攻訐，但影響不大也。

九、共匪於月底宣布其新疆各少數民族之縣區及其他縣分皆實行自治，此乃為俄帝分而食之陰謀之實現，共匪賣國已無所顧忌矣。

十、美聯合參謀會議對我九個預備師之成議，忽生變化，此乃雷德福對我處置孫案之第一反應乎。

十一、美教練巡邏機在北韓又被共匪擊落一架。

十二、大陸反共抗暴活動日烈，而共匪之暴行鎮壓亦無所不至，我在大陸之情報機構被其破獲者，兩月內已有卅餘處，被害之人員二百餘名，共匪死日將至矣。

十三、日本議員訪華團結果當有效益乎。

十四、黨政軍聯戰班已如期（第五期）結業，最後三次之講評當於今後該班

---

1　吳即吳國楨。

教育之改正必有進步也。

十五、金、馬作戰準備計畫（力士）之測驗，乃為我國第一次之大規模兵棋之推行演習，對於我高級將領之教育又一進步也。

十六、克氏戰爭論譯稿第七、八篇之第二次審閱完成，並將其第一、第二兩篇之重要理論作第三次之修正完成。在此軍政、外交百忙之中，對此學術之修養未肯中止放棄，自覺為最足慰勉之大事也，記功一次。

十七、重要人事除衛戍司令與陸軍各副總司令外，皆已照預定計畫實施矣。

蔣中正日記
Chiang Kai-shek Diaries

# 九月

蔣中正日記
Chiang Kai-shek Diaries

**蔣中正日記**
Chiang Kai-shek Diaries

# 民國四十四年九月

## 本月大事預定表

1. 金門大武山地下工作之加強。

2. 澎、金遊〔游〕擊隊內容之整清。

3. 孫案調查之段落。

4. 匪與美日內瓦會談之情勢。

5. 西德與俄帝會談之情勢。

6. 中東以、埃與北非自治情勢之發展。

7. 亞盟反共預備會議之情勢。

8. 中、美海空軍聯合演習。

9. 共匪福建沿海噴射機場皆各完成。

10. 聯合國開大會之情勢。

## 九月一日　星期四　氣候：雨

雪恥：一、反攻時間不問何日開始，只問何年成功。二、軍事教育講解戰術、戰史時電影教材之撥給。三、縱深鑽隙與遠距離敵後之挺進訓練。四、滲透與鑽隙教育具體實施之教程與要則之編著。五、以寡擊眾之具體教範。六、反情報（保防）與前線保防任務屬於政治部或第二組責任之確定。

朝課後記事,十時到警官學校開學典禮致訓,約一小時前在府會大野先生[1],召見調職人員半〔畢〕,審核人事。午課後批閱公文,審閱顧問團長對我三軍批評一年半以來成績之總報告後,聽取緯兒對實踐社教育之意見,多可採納之點。晚觀影劇(半下流社會[2]),甚好。晚課,讀詩。

## 九月二日　星期五　氣候:大雨

雪恥:一、團結海外僑胞,加強反共力量。二、研究海外反共鬥爭技術,爭取當地政府、人民同情。

朝課後考慮本日對海外文教會之講演要旨,十時到中山堂對文教會講演四十分時,說明反攻時間緩急優劣與人民之利害關係畢。回府批閱,召見調職人員四人,與西尾末廣作第三次之會談,此人誠實可交也。午課後入府,聽取此次力士計畫、兵棋演習測驗作戰計畫可行性之程度如何,亦為我國第一次最大規模之兵棋推行也。報告講評約二小時後,余作最後評判,認為其敵情判斷未能針對敵人進攻金馬政策與方針也,約講一小時完。晚講〔讀〕詩,晚課後入浴。

---

1　大野先生即大野伴睦。
2　《半下流社會》(*Halfway Down*),香港亞洲影業有限公司出品,屠光啟導演,易文編劇,趙滋蕃原著。1950 年代,香港有一處地方,是專門讓由大陸逃出來的同胞居住,叫做調景嶺,影片描述一群逃至香港的難民,生活在環境惡劣的調景嶺,憑著堅強的毅力,化不可能為可能,努力營造希望,期盼著未來。

## 九月三日　星期六　氣候：陰雨　夜又大雨如注

雪恥：本日為日本在十年前對我國正式投降之一日，今年始定此日為軍人日，以紀念國民革命軍對日抗戰十四年最後勝利之光榮，徒以六年前大陸被俄共竊據以後，國軍剿匪戡亂之戰爭失敗，尤以大半高級將領陣前投降，更增國軍無上之恥辱，則抗戰之光榮完全喪失殆盡，故今日雖為我軍人之光榮紀念，實即為恥辱紀念，使我全體將士人人能以此日警惕反省，雪恥復國為志職，以恢復此重大之光榮，方不失為本日紀念之真意義矣。將來反攻復國以後，當另定軍人日，使中、日兩國軍人漸忘已往戰爭之嫌隙，再無介蒂則幸矣。

朝課後記事，十時秋祭陣亡將士後，入府受三軍代表致敬效忠書畢，接見海外文教會議主席團後，與岳[1] 談話。午課後入府召見耿若天等後，約文教會議全體代表茶會，談話照相。晚觀影劇，讀詩，晚課。

## 上星期反省錄

一、本周以教育與人事工作皆有重要之結果：

　　甲、實踐學社石碑〔牌〕第三期教育，即實踐研究院黨政軍聯戰班第五期之軍事組至上月杪已結業，親往該社訓話二次，聽取高司演習報告與總講評各一次，自信此一教育將來效果必大，其要旨在高級將領今後皆已有一確實考驗也。

　　乙、力士計畫演習之講評要旨之指導各點，對金、馬作戰之觀念修正必有效益也。丙、下期訓練學員之人選審核完畢，亦甚重要。

二、海外文教會議致詞與茶會如計完畢。

---

1　岳即張羣。

## 本星期預定工作課目

1. 武德重整之教育與互勉規則。
2. 外藉〔籍〕教官與留美學員對於教育之檢討。
3. 英國要求我引渡香港民航公司職員周梓銘[1]（可笑）。
4. 孫案處治第二步驟方針之決定。
5. 中國戰史與名將格言之編篡〔纂〕。
6. 步校教育長人選。
7. 國父月會之舉行。
8. 本年度本府職員之宴會。
9. 陸軍官校畢業與開學典禮。
10. 陸軍參校將官班第五期畢業典禮。
11. 全臺公務員運動大會。
12. 審閱戰爭論第三篇之第三次開始。

## 九月四日　星期日　氣候：上午大雨傾盆　下午放晴

雪恥：一、參校訓詞要旨：甲、俄共戰術與慣技，正規與遊〔游〕擊戰術並用。乙、高級將領關於戰術之實施，不能脫離戰略之要領，而戰略之決定不能忽視敵方之政策及其戰略之所在。丙、切戒固執主觀而忽視客觀與事實，即客觀應重於主觀。丁、敵人的企圖及其可能之行動。

朝課後記事，記上周反省錄。英國廣播要求我引渡周梓銘，認周為四月間印

---

1　周梓銘，香港航空公司職員。1955 年 4 月 11 日，印度國際航空公司的「喀什米爾公主號」班機，搭載新聞從業人員從北京起飛經香港前往印尼雅加達，再轉萬隆出席會議。飛機飛越到北婆羅洲附近海面上空時，發生爆炸，十六人死亡，三人生還。原訂搭機的中共總理周恩來並不在機上。經過九個月的調查，證明中華民國國防部保密局以六十萬港元收買周梓銘，趁飛機加油時安置定時炸彈，導致飛機爆炸。

度民航機在飛往印尼途中失事之定時炸彈案有關者，殊為可笑與可痛，彼必將趁此聯合國將開會時期，又以會藉〔籍〕問題來要脅矣，只有置之不理而已。禮拜，聽道。午課後記上月反省錄畢，與妻車遊淡水道上，禾秧遍插，未受水災為慰。晚入浴，讀詩，審核講稿，晚課，廿二時半寢。

## 九月五日　星期一　氣候：晴

雪恥：一、望雷德福注重事實與國法軍紀。二、對孫案之方針與手續。三、美國對我最近態度之行動，又一轉變於和善傾向者何。四、預備師問題之催促及對美答案。

朝課後記事，修正講稿。十時到參謀學校，舉行將官班第五期畢業典禮，訓詞卅分時畢，召見學員卅九名後回，續修講稿未完。與岳軍、少谷談孫案調查委會工作進行情形，意見紛歧且不得要領，乃加以指示，第一次報告應求簡明迅速，不必過求深入，但應作精詳之另一準備，以備不得已時之不能不露布其重要罪證之一部分也。午課後整書，四時半起飛，六時半到西子灣澄清樓，車中與石為開談論人才。晚散步，召見吳文芝研究步校人事後，晚課，讀詩。

## 九月六日　星期二　氣候：晴

雪恥：一、孫案第二步驟處治方針：甲、匪諜郭廷亮交軍法審判。乙、其餘從犯皆被匪諜滲透誘惑，事前確不知郭為匪諜，企圖顛覆之陰謀實係無知妄從（或奉命行事），應即仍交治安機關依照其情節輕重分別懲處。丙、孫立人關於本案誤用匪諜，貽害國家，自知責任重大，引咎待處。既經免職，姑念其相從多年，對革命不無建樹，今深自悔悟，應准其悛改自處，以觀後效。

此令。二、孫[1]辭職書與郭[2]供同時發表。

朝課後出至海濱散步回，記事。十時前到陸軍官校舉行廿六期畢業與廿八期開學典禮，訓話二次，聚餐畢即到屏東起飛，經兒留高雄處事。十五時後回後草廬入浴，重閱戰爭論第三篇第四次開始。晡散步於後公園回，讀詩，晚課時忽憶午課忘卻，乃重加補修，廿二時半寢。

# 九月七日　星期三　氣候：晴

雪恥：一、借用敵力的要訣。二、不可自慊自己的心理。三、統御術與順其自然力，應熟知對象性質及體會其愛護的感動作用。四、戰敗沮喪的心理及雖敗不餒、集結不散的精神。

朝課後審閱戰爭論第三篇軍隊武德與將領人格（性能）之關係章，並加評語。十時後主持中央常會，對立法院黨部總章之修正要旨及亞洲反共會議在菲律濱召開預備會方針之指示，韓國對友邦如此自私與無理，不知如何持其後矣，思之痛心。午課後修正海外文教會議講稿，晡獨往後公園遊憩散步，晚約辭修等商討孫案處置方針並聚餐。廿二時晚課，讀詩，寢。

# 九月八日　星期四　氣候：晴

雪恥：一、如何轉移國人無外援不能反攻之心理，在各國反共歷史之事實尤其是西班牙與土耳其之經歷與成例，更應特別宣傳。二、我政府退出聯合國並無影響於我反共復國之基礎，且可激勵我國民反共之精神與我在國際地位

---

1　孫即孫立人。
2　郭即郭廷亮。

行動之自由，只有裨益而絕無損害之宣傳。

朝課後記事，十時主持國父月會畢，會客胡秩五[1]等六人，批閱。午課後審閱戰爭論第五篇至第九章奇襲完，晡獨在後公園遊憩，經兒來談南部屏東一帶反動之形勢。入浴後觀影劇（戲館醫生與歌女十年之秘密），頗佳。晚課。

## 九月九日　星期五　氣候：晴　溫度：八十八

雪恥：一、各軍校教法應提高學生學習興趣。二、赴援解圍之戰史經驗應多加演練。三、西班牙與土耳其反共復國之鬥爭史應專員研究與講解。

朝課後審閱戰爭論。十時入府會客，召見劉煒等五員畢，財經會談，經濟已漸好轉矣。回寓記事。午課後審閱戰爭論第五篇未完，獨到後公園，續審至戰略預備隊章。晚與妻車遊一匝，讀史，晚課。

體重一百廿六磅。

## 九月十日　星期六　氣候：晴

雪恥：一、召見葉、沈[2]：甲、美國防部雷[3]等之態度。乙、九個預備師交涉之方針。二、共匪對臺、金之動向。三、英要求引渡周梓銘之對策。

朝課後審閱戰爭論第三篇之第三次完。十時入府，對暑期青年團訓練之代表

---

1 胡秩五，名綿昌，廣東順德人。香港何東的中文秘書。1930年何東接辦《工商日報》後，即先後任該報經理、總編輯、總經理、社長等職，直至1970年退休。
2 葉、沈即葉公超、沈昌煥。
3 雷即雷德福（Arthur W. Radford）。

百餘人訓話畢，會客杜光塤〔塤〕[1]等二人後，指示宋達對人事業務處理之要旨後，軍事會談，聽取本月份中美海空軍聯合演習之計畫畢，指示注意各點，對上半年度蔡斯報告之研究特令注重。正午召集總統府全體職員宴會，以每年一度之例也。宴後未回寓，即在府中休息，記事，靜默，午課，但未午睡。十六時到臺大運動場，全臺公務員運動會七千餘員致閉幕詞，並巡視一匝，此為三年來對公務員體育運動不斷督促之效也。回入浴，散步，讀詩，晚課。

## 上星期反省錄

一、為薩浦路斯島之爭執，希臘與土耳其反共同盟之裂痕日著，此又為俄共對大西洋同盟挑撥利用之良機也。

二、埃及已有接受俄國軍援之可能，俄、埃與毛、埃之經濟協定且已訂立矣。

三、以色列與埃及雖皆接受停火提議，但並未根本解決也。法國對磨㳄哥自治協議有望。

四、西德總理[2]已到莫斯科，與俄共開始談判。

五、本周工作已成者：甲、對力士演習講評之補充。乙、陸軍官校廿六期畢業與廿八期開學，文孫亦在其中也。丙、公務員運動會之成功，實為政治上重大進步也。

六、克氏戰爭論第三篇之第三次詳審完成。

---

1　杜光塤，字毅伯，山東聊城人。1948 年獲選為立法委員、外交委員會召集委員。來臺後任東吳大學法學院教授兼政治系主任、美國加州大學政治系、華盛頓大學客座教授、政治大學外交研究所所長。

2　西德總理即艾德諾（Konrad Adenauer）。

## 本星期預定工作課目

1. 葉[1]赴聯合國開會之指導。
2. 孫案報告之督促。
3. 六中全會開會地點之決定。
4. 瑞士匯款之籌備。
5. 審閱戰爭論第四篇之第三次。
6. 參觀中美聯合演習之準備。
7. 力士演習顧問之講評，應作實踐社教訓。
8. 發節金之準備。
9. 只要毀滅敵方所可利用之一切，而不必求其對我有利也，此乃共匪對美一貫之慣技，不可不特別注重。


## 九月十一日　星期日　氣候：暖　溫度：八十八

雪恥：美國與共匪在日內瓦大使會談之結果，其對僑民回國（雙方）之協定乃為平等兩國之交涉，無異承認共匪所謂中華人民共和國之地位矣，此可忍乎？應提抗議。

朝課後手草戰爭論第三篇評論二則。膳後獨往後公園遊憩回，夫妻同往禮拜。午課後記事，記上周反省錄。晡往後公園遊憩前與公超談話，對美援不必過於奢望，余認為本年度軍援武器如此交給，殊出望外也。美國外交如兒戲，冷暖無常，不足為意，能否反攻全在於自我也。對聯合國會員藉〔籍〕問題亦不必過於重視，當示其如侮辱過甚，則隨時可以自動退出也，並可明示英、美以此意。晚讀詩，車遊一匝，晚課。

---

1　葉即葉公超。

## 九月十二日　星期一　氣候：晴

雪恥：一、雙十節文稿要旨之研究：甲、國於天地，必有與立。正氣與公理為我立國之基礎。乙、強權與詭詐之今日的國際，不僅為吾人所反對，薰蕕不同器，明順逆、辯〔辨〕邪正，且必為吾人所不齒。切勿稍存依賴之心，或認此為國家在國際地位之根據。丙、人愛其國，心同此理。今日國際已為強權與共產邪惡所迷惘與操縱，誰能為人仗義，戮力助其復國。故我國反攻剿共必須全在自力更生，決不可希冀外援。如果認為非外援不能反攻，則此種卑劣心理無異不承認其本身之獨立與存在，尚何有復國之可能。如欲復國成功，必先掃除此依賴國際機構與必須求得外援之妄念，全體同胞認清復國反攻全惟本身是賴之覺悟，否則一如十年前以為無外援不能抗戰，六年前以為無外援不能剿共之心理，一遇國際態度之變化，而即認為復國絕望，一以依賴國際而無視其本身之存在，則國際與與國[1]將以奴性視吾人，尚能望其援手乎。

## 九月十三日　星期二　氣候：晴　溫度：八十七

雪恥：昨朝課後審閱戰爭論第四篇第三次開始。膳後往後公園遊憩廿分時回，記事，續審譯稿。巳刻約岳軍與昌煥先後來談，據告霍華德最後仍能恢復理智與情義，表示自歉之意。午課後續審戰爭論之戰鬥本題章，甚覺重要也。晡散步遊憩回，讀詩。晚約辭修與孫案調查會有關人員聚餐，聽取近日調查經過情形，對於重要犯六人之審問，幾乎與其在國防部最初之自白書口供完全相同，乃可息調查委員各人之疑矣。晚課後寢。

---

1　原文如此。

本（十三）日朝課後記事，入府會客張錦錕[1]與蔣夢麐〔麟〕[2]等五員畢，批閱，主持一般會談。午課後續審戰爭論第四篇戰鬥分歧點章完。晡散步遊憩，入浴。晚觀偵探影劇，讀唐詩，晚課。

## 九月十四日　星期三　氣候：晴

雪恥：一、士兵副食增加實物或全發實物。二、平民住宅之提倡。三、共匪戰法研究。四、補充軍校之軍訓班教育方針，以步校初級班課目為準。
朝課後續審閱戰爭論第四篇第十章（勝利的效果與戰敗的印象）。十時主持中央常會，討論中央黨部黨政關係會議改為政策會議之要旨與規章，以及行政院去年工作報告之審查報告書，指示經濟建設四年計畫之期限與內容及進行之具體實績，應切實澄清劃定新建設之計畫與日期為要。午課後記事，續審戰爭論第四篇第十一章（會戰性質及其要則）。晡參加婦女祈禱會聚餐，在後公園戴師母[3]作東道也。晚與妻車遊後讀詩，續審譯稿第十一章完，晚課，讀詩，入浴後寢。

## 九月十五日　星期四　氣候：晴

雪恥：一、黨政軍聯戰班之外藉〔籍〕教官課程皆排在一個月之後。二、至柔參觀演習。三、後衛戰指揮官養成之演習。四、軍長以上將領應參觀演習。

---

1　張錦錕，號養韜，原名千，四川永川人。1954 年 7 月，調任第二十七師副師長，1955 年 3 月至 12 月，為國防大學校學員。1955 年 12 月，調任第五十八師師長。
2　蔣夢麟，原名夢熊，字兆賢，號孟鄰，浙江餘姚人。曾任北京大學校長、教育部部長、行政院秘書長、國民政府委員。1948 年 10 月，任中國農村復興聯合委員會主任委員。
3　戴費瑪琍（Mary F. Twinem），夫為戴籟三牧師，來臺後積極參與「中華基督教婦女祈禱會」之開創與運作。

五、召見王元龍[1]。

朝課後續校閱戰爭論。十時入府會客，召見官長六員，批閱公文，與大維、孟緝、岳軍等分別談話畢，回寓記事。午課後續審核戰爭論第四篇譯文完，更覺研究不早也。散步遊憩，入浴如常。晚與妻車遊山下一匝回，讀詩，晚課，廿二時寢。

## 九月十六日　星期五　氣候：晴　溫度：九十

雪恥：一、社會積極之精神與工作緊張之情緒，及生活實踐風氣之造成。二、退軍時後衛指揮官之訓練與養成。

朝課後續校審戰爭論第五篇之第五次開始。入府召見日、菲兩國來臺訪問之學生團後，會客畢，主持情報會談，聞泰國政局之變動實由美國所挑起，殊為寒心。記事。午課後續校戰爭論各兵種比率章完。晡散步遊憩，入浴。晚膳後與妻車遊，妻體甚覺疲乏也。讀詩，晚課。

## 九月十七日　星期六　氣候：晴　溫度：九十

雪恥：一、金、馬進入備戰緊急狀態命令與日期之決定。二、駐澎遊〔游〕擊隊分防地點之研究。三、東引島現駐部隊不能全部調防。

朝課後續校審戰爭論第五篇之第六章完。入府會客，召見調職人員四名，主持軍事會談後，與岳軍、鴻軍〔鈞〕分別談話。午課後記事，到研究院院務

---

1　王元龍，著名演員、編導，原名王秉鈺，出生於天津。1954 年 5 月首度帶領香港影劇界慶祝總統就職回國勞軍團來臺。

會議畢，與陳、張、黃[1]等研究查孫案之辦法。晚入浴，閱報，與妻車遊一匝，讀詩，晚課。

## 上星期反省錄

一、孫案調查會對郭廷亮等六犯已審問完畢，其口供與前在國防部各口供並無出入，該會諸委乃信此案毫無逼供之枉事，且認主犯為孫立人之本人也。此案第一步調查之基礎自無疑問，惟孫之本人須待下周審問耳。

二、戰爭論第三、第四各篇第三次全文校審修正已完，自覺心得非尠也。

三、美與共匪在日內瓦大使級會議對於美僑釋放已得共匪允諾，至其雙方協議雖各別發表，但其文字方式幾乎與正式協定無異，是美已等於承認共匪。雖美對我仍矢口不承認匪偽，並解釋其釋僑協議非正式協定，是其內心不難如見肺肝矣。

四、西德總理在莫斯科談判，雙方承認建立正式邦交之宣言，此乃俄帝之利，而西德與美、英毫無所得也。

## 本星期預定工作課目

1. 對孫本人調查之手續：甲、第一次審查後，應準備作第二次之審問。乙、調查報告書發表之時機。丙、軍法會議成立實行審判之判決書之時機。丁、最後命令之宗旨與發表之時機。戊、對美應注意之點，務使反對派及記者無多餘攻訐之時間。己、美報對調查報告書當予以三日研究之時間，在此

---

1　陳、張、黃即陳誠、張羣、黃少谷。

期間即應進行軍法會審，並研究美國輿論之影響。庚、軍法判決後下令之時機及其手續。辛、此案須待有相當之結果再行決定，故不必過急。壬、非不得已時不付軍法為宜。

2. 中美海空軍聯合演習（二棲作戰）。

# 九月十八日　星期日　氣候：晴　溫度：九十

雪恥：一、對孫[1]明日調查會審問之方式與態度應有改正，不可再照原定辦法以友義關係為主矣。

朝課後續審校戰爭論第七章完。膳後往後公園散步遊憩，片時即回。召見張柏亭，指示其戰爭論第三、四篇修正各點，並將該兩篇第三次審核修正之稿交彼，張同志對譯稿與教育皆有能力也。記事後與岳軍談孫事，據王〔黃〕伯度與孫昨日相見之情形判斷，孫不會承認其對此案負知情不報之責任。此人無識犯賤，若不用正當嚴屬手續處置，彼以為政府為美國關係，對彼無可如何之惡劣心理決不悔悟自處也，乃不能不決心從軍法方面着手。禮拜如常，閱報。午課後起飛，先到西子灣休息，二十時登峨嵋艦，與高級將領及顧問等敘談後啟碇出港。晚課後廿二時寢。

# 九月十九日　星期一　氣候：晴

雪恥：昨夜（十八）十二時醒後，為孫立人狡愚無知之言行輾轉苦思者久，以此人只認威權而不感恩德，昨既決定調查會傳審時，只令憲兵正式護送，則繼思陪其看各犯之供詞時，亦應改派軍法局長正式監視，而不再派王〔黃〕

---

1　孫即孫立人。

伯度以非正式之私人關係陪送，使其感覺情勢嚴重，如其再不悔改認罪，即將轉入軍法途徑，不留餘地之意。乃即於深夜電岳軍照此進行，以示其意也。發電後重睡，至今晨五時後起床朝課，在駕駛臺外瞭望艦隊運動情形，美艦為紅軍，二艘驅逐艦已向我藍軍進襲矣。九時聽取演習計畫報告一小時餘，略覺心身不適，似有暈船之感，但不久即已復原矣。報告時即見紅軍之潛艇，在我乘艦之後八百公尺距離，用潛望鏡潛來，甚為明顯，約五分時後乃放綠色煙幕表示發放魚雷襲擊信號。

## 九月二十日　星期二　氣候：晴　溫度：九十

雪恥：（續昨）上、下午紅軍海、空不斷侵襲藍軍，形象逼真如實戰，此為我海、空、陸軍演習時所不能及也，從此必能大有進益乎，而大船團之編隊行動亦以此次為第一，是乃往昔所未曾見者也。正午約美顧問長史馬次[1] 與美海軍特派來參觀演習之嘉羅[2] 少將與納爾生[3] 准將午餐，晚仍邀彼等參加我高級將領宴會也，在艦上續審校戰爭論至行軍章並記事。午、晚各課如常，廿二時寢。

本（廿）日六時前未明即起，先靜坐默禱而後體操，讀經與讚美詩也。朝課畢，即登駕駛臺瞭望，船團已進入泊地矣，即在小琉球島與鳳鼻頭之間也，乃在臺上審閱戰爭論。九時半離艦登陸與蒲賴德等相晤，聽取兩棲登陸部隊報告後，乃即乘車至屏東起飛，到後草廬正十三時也。

---

1　史馬次即史邁斯（George W. Smythe）。
2　嘉羅（Albert E. Jarrell），又譯翟瑞樂，美國海軍將領，太平洋兩棲訓練指揮部指揮官。
3　納爾生（Nels H. Nelson），美國海軍將領，時任太平洋登陸部隊訓練部隊指揮官。

## 九月二十一日　星期三　氣候：晴　溫度：九十

雪恥：昨午課後續審校戰爭論第五篇之舍營章未完，約岳軍、辭修、少谷來報告其審問孫立人經過之情形，據稱各調查委員認為其未曾狡賴強辯，亦未否認六犯口供之為事實，惟自辯其用心與作為皆出於忠貞，而不承認其為有意叛變而已，但其六犯圖謀不規，自認其應負責任也，簽〔僉〕以為孫之知情不報之罪已可成立，無須再加追問。余認其供詞如果發表，則大眾必以其為真出於忠貞所為之感念，不能不加考慮也。晚與妻車遊山下一匝，讀唐詩，晚課後廿二時半寢。

本廿一日朝課，記事。上午主持中央常會，午課後審校戰爭論糧食章第三次完。晡遊憩散步，入浴。晚與辭修等商討孫之供詞所答非所問，不能澄清真相。此次調查任務應在明是非、辯〔辨〕虛實也。對孫每一答詞應須有事實之證明也。讀詩，晚課。

## 九月二十二日　星期四　氣候：晴　溫度：九十

雪恥：一、孫案要點：甲、所謂下級軍官待遇出路及不滿政工等問題，明為其授意製造鼓惑與刺激之事實，而各犯無論其口供與內心毫無此種影象，此明為製造事端而虛構之真象。乙、孫之企圖在造成其個人勢力，建立私黨，實不脫往日軍閥擁兵自衛，置國家生命於不顧，更置此反共抗俄一髮千鈞之危機於度外。丙、因之不擇手段（一念之錯），雖為匪諜利用，甚至作其工具而亦不加審察矣。丙[1]、明知其幹部叛變之陰謀而不加制止，且無勸止之任何言行，而據江、王[2]等供詞，彼等反勸止孫之行動，然對此不忍再加深究矣。

---

1　原文如此。
2　江、王即江雲錦、王善從。

朝課後記事，十時入府會客，召見優績與調職人員七人，批閱畢，與孟緝談話。午課後審校戰爭論第五篇第三次完，與妻散步至後公園，遊憩後車遊一匝。晚觀影劇（梅姑）後晚課，廿三時寢。

## 九月二十三日　星期五　氣候：晴　未刻後風雨

雪恥：一、各級指揮部參謀長必須經參校教官之經歷。二、五年以上之上等兵特設軍士養成班與特務訓練班。三、共匪戰法與歷史之研究，必須從其典藉〔籍〕文件開始，應設對共匪專門研究部，內分：甲、歷（黨）史。乙、團長以上各匪幹之履歷與出身。丙、思想方法分軍事、政治、經濟、社會、教育（文化）與國際、國家觀念、唯物辯證法、唯物史觀、馬列主義等科。四、中國古代戰法與戰史，特別注意馬陵道之後退決戰，以退為進、以迂為直等之史料。

朝課後記事，入府約會退除役軍人輔導工作顧問富來[1]、施德林[2]等，召見調職人員鍾靈[3]等五員畢，主持財經會談後，批閱公文。午課後審校軍歌六首，自著守碉歌一首後，與妻散步後車遊一匝。晚閱李德達[4]戰略論著者序文後，讀唐詩，晚課。

1　富來（George A. Fry），美國富來公司（George Fry and Associates）董事長。
2　施德林，美國富來公司駐臺辦事處經理。
3　鍾靈，曾任第七十五師參謀長、第二十三師參謀長。
4　李德哈特（B. H. Liddell Hart），又譯李德達、李德哈達，英國軍事史家，著有《第一次世界大戰戰史》、《第二次世界大戰戰史》等書。

# 九月二十四日　星期六　氣候：風雨

雪恥：一、聞愛克今日忽患心臟病，進入醫院療治，此或為俄布魔致其裁軍函件接閱之後而發的病症，曾憶卅四年春羅斯福接到俄國史魔反對美國為聯合國開會任主席之後特發心臟病一樣的關係乎。如愛克告終，則又予俄共以發動侵略之機，但對世界究為禍福不能斷定，深信冥冥中惟有上帝能主宰一切也，至於我中華民族之安危興亡，更非區區愛克生死之關係所能轉移耳。

朝課後記事，十時入府，接見日本四議員，余對其左翼社會黨久保田[1]之反共特有所感也。召見調職人員後，主持軍事會談。午課後審修軍事會議訓詞稿。晚宴美參議員葛林[2]，廿二時方別去，晚課後寢。

## 上星期反省錄

一、中美海空軍聯合演習（即勝利計畫）已如期舉行，此為第一次船團與護
　　航大演習，余亦初次參加觀察也。

二、調查會對孫本人正式審問已畢，彼雖承認其知情不報與責任重大，但其
　　仍狡辯為用心甚苦與忠貞不貳之歷史，以期逃避其罪刑之意甚明也。余
　　認為其供詞全部之是非虛實不甚明白，應澈底澄清，至處治寬嚴，則另
　　一問題耳。

三、克氏戰爭論第五篇之第三次審校完成矣。

四、愛克患心臟病，對美國與世界為禍為福甚難判斷，惟俄共將認為是其又
　　一機會來臨乎。

---

1　久保田鶴松，大阪出身的日本政治家。日本社會黨眾議院議員（連任十屆），眾議院副
　　議長（1960 年至 1961 年）。
2　葛林（Theodore F. Green），美國民主黨人，1937 年 1 月至 1961 年 1 月任參議員（羅
　　德島州選出）。

## 本星期預定工作課目

1. 承認阿根廷新政府。

2. 中美空軍聯合防空演習。

3. 空總此次海空演習未能與海軍共同計畫與協調之弊病，應嚴加指正。

4. 對孫案調查報告書之考慮。

5. 潮汕登陸計畫之演習。

6. 侍、參英文學習之規定。

7. 愛克病中美國政策與俄共行動。

8. 對俄示弱之現階段，美應有之決策。

9. 對美國破壞我補充預備師計畫之對策。

10. 美、俄在聯合國開會演說稿之研究。

11. 雙十節文稿要旨。

## 九月二十五日　星期日　氣候：陰晴

雪恥：一、核心工事方式之指示（攻擊戰鬥群之原則）。二、攻戰群意見之督促與審定限期呈報。三、攻戰群之心得測驗與演練。

朝課後審修軍事會議訓詞稿。十時召見張柏亭，指示戰爭論應修正與舊譯本之缺點。又見孟緝，談動員制度與我軍戰鬥力今昔之比較程度後，禮拜如常。午課後續修訓詞稿，至晡方完，並令外交部提前承認阿根廷之新政府，不必再待美國之先承認也。與妻車遊一匝回，入浴，讀詩，晚課。

## 九月二十六日　星期一　氣候：晴

雪恥：一、金門各軍、師行政系統調正。二、小金門高射砲速發一連。三、打山洞機器加撥一付。四、修築碼頭之保安工作大隊速派一大隊。五、俄提外蒙加入聯合國案之研究，並決定方針。

朝課後記事，八時半出發，飛金門（機上審閱去年軍事會議訓詞）視察，聽取作戰準備之報告後，對於核心工事之方式必須照三角形戰鬥群加以修正之指示畢，與顧問談話後聚餐，點名，訓話畢，視察顧問住所及地下營舍、醫院及新修機場後，在陳坑海濱視察軌條砦（即海灘障礙物），並在土地廟前照相後回機場，上機起飛後休息，午課。十八時後回後草廬入浴，晚與妻車遊市內回，讀詩，晚課，廿二時後寢。

## 九月二十七日　星期二　氣候：陰

雪恥：一、雙十節文稿要旨：甲、革命要改造環境與現狀。乙、革命須衝破逆流與反動。丙。革命不能依賴國際，國際只有阻礙革命，違反公理，惟有強權是視。丁、革命惟有自信本身，認識敵人，而一以正義為主，故革命的條件只有兩個：一、主觀的為本身力量與民族精神（文化歷史）。二、客觀的為敵人本質與人民心理。戊、今日反共復國的一般心理，必須澈悟中國革命如必依賴國際環境或適應國際現狀，則革命不僅無成功之日，而且無發難之時。若能正視敵人是一傀儡，徒為虛有其表，而認識本身，自信民族文化、歷史為不可抵抗、不可屈服之力量，尤其要轉變以往依賴與投機之心理，則推翻暴政，消滅共匪乃指顧間事，以主觀、客觀環境皆已具備，所差與所待者只在吾人心理之一轉念而已。

## 九月二十八日　星期三　氣候：陰雨

雪恥：昨朝課後記事，修改訓詞。十時入府會客，召見調職人員五名，批閱公文，主持宣傳會談，聽取對愛克病後美國政治形勢之各人意見。崔[1]同志實一庸碌、不知革命反攻為何物也，只有置之而已。午課後續修軍事會議訓詞。晡散步遊憩回，觀美製影劇（深心之愛），乃歎觀止矣。晚課。

本（廿八）日為孔子誕辰，朝課後記事，續修軍事會議訓詞。十一時入府主持孔誕典禮畢，續修訓詞完，正午宴各大學重要教授與社會文史學家八十餘位，以祝教師節也。午課後閱報，指示雙十節起稿節目，以秦[2]秘書初稿毫無意義與目的所在也。晚審閱美顧問對我預備師之反對書，譏斥無倫，幼稚可笑，不堪入目，惟有置之。讀詩，晚課，廿二時前寢。

## 九月二十九日　星期四　氣候：晴

雪恥：一、反共抗俄的性質乃是民族求獨立、求生存的民族革命獨立戰爭。二、反攻復國的宗旨乃是全民救國家、救（人民）同胞的國民革命自由戰爭。凡是海內外同胞人人應有之義務，亦是人人共享之權利，而政府受全國人民之付托，特負其領導與準備（策畫）之責任，對國家的興亡與人民的禍福，須負其整個之全責者也。當此共匪（窮兇極惡）惡貫滿盈，大陸同胞慘無可忍，亟待國軍反攻、僑胞拯救之迫切，幾乎望眼欲穿之時，不能不為我全體同胞愷切明告我們反攻復國成敗所繫之根本問題，以期共同認識與一致決心，不致反攻復國生死存亡之大業中途夭折，如已往革命之功敗垂成也。

1　崔書琴（1906-1957），河北故城人。1950年7月奉派中國國民黨中央改造委員兼設計委員會主任委員，參與設計推行國民黨改造運動。1952年10月出任中央委員會設計考核委員會主任委員。1957年7月17日病逝。
2　秦即秦孝儀。

# 九月三十日　星期五　氣候：晴

雪恥：昨朝課，記事，修正本黨五中全會之閉幕詞稿。十時入府，與大維部長談今後在此一年內應全力督建陸軍廿一個師之完成也。會客，召見調職人員五名後，與岳軍談孫案調查進行之情形，復與希聖談雙十節文稿之要旨，在明告國民對反攻復國自處之道與一致之認識，即獨立自信，不能對國際與外援稍存依賴與投機之心也。午課後續修講稿，晡散步遊憩，晚車遊，晚課。

本（卅）日朝課，記事。入府會客，李慶麐[1]談其出席芬蘭農業學術會議情形後，召見調職人員四名畢，情報會談，對於由韓戰救回反共義士之心理與臺灣小竊之風，應加注意。午課後續修講稿後，散步遊憩。今夜為中秋佳節，經兒全家與緯兒及華秀夫妻[2]皆團圓參加，聚餐後帶兒孫遊後公園，在池畔觀月，復與妻車遊，晚課。

---

1　李慶麐，字適生，安徽合縣人。1948 年在農會東區當選第一屆立法委員。1949 年到臺灣，續任立法委員，兼任臺灣省立農學院農經系教授。1955 年，到芬蘭出席農經學人會議。

2　華秀夫妻即蔣華秀、韋永成。韋永成，廣西永福人，曾任安徽省政府委員兼民政廳廳長。

# 上月反省錄

一、聯合國同志會本月間在泰國開會，英國操縱該會，特排除我國不予邀請，而反邀共匪代表為觀察員名義參予該會，泰國毫不作聲，此乃國際冷暖態度之又一表現也，被侮如此，應加切記。

二、對孫案處理之感觸，幸其罪行發覺尚早，否則必將為外人利用，後患更不堪設想。鑒於最近美國政策與態度，更為寒心。今後臺灣局勢，只要內患已除，則外憂自可消除，即求其在我已有基礎，當不致如過去隨時可任人宰割乎？

三、對整軍與外島防務之督導與手示多種。

四、士兵副食物每月增加壹拾圓之實施。

五、中美海軍聯合演習已實施。

六、外島作戰（力士）演習之講評已完。

七、臺灣防空中美聯合演習之完成。

八、海外文教會議如期完成。

九、公務員運動會第一次舉行。

十、陸軍官校廿六期畢業與廿八期開學。

十一、國際局勢：甲、俄、捷供給埃及武器，美、英與俄交涉無效。乙、法國為聯合國對北非埃爾及利亞列入議程案通過後撤退代表。丙、阿根廷新政府成立。丁、愛克患心臟病。戊、俄與西德建立正式邦交，會談成立後，即與東德另訂其為主權獨立國家，將使德國長期分裂，而美、英猶以下月四國會議以德國統一為前提，此無異於西德自願分裂，而美、英偏欲其統一也，豈非滑稽。己、美與共匪在日內瓦談判，雙方發表准其僑民各自回國，此無異事實上承認共匪。庚、薩浦魯斯島之爭執，土、希關係惡化，又與俄共在中東挑撥離間之一大好機會也，美國外交形勢漸走下坡矣。

十二、美國對預備師問題拖延，未有答覆，余擬暫置緩圖。

十三、共匪內情：甲、新疆分各區為自治區，此明送俄帝分而食之也。乙、
　　　共匪幹部改為新〔薪〕給制。

十四、孫案調查會對各犯與孫本人皆已審問完畢，其謀叛實情乃已大白矣。

# 十月

蔣中正日記
Chiang Kai-shek Diaries

蔣中正日記
Chiang Kai-shek Diaries

# 民國四十四年十月

## 本月大事預定表

1. 六中全會開會。

2. 中華民國史與革命抗戰史之編訂。

3. 美援重點應置於經濟建設,而對教育謝絕。

4. 美國新、舊白皮書之專組研究。

5. 侍衛長人選(吳順明、王大均)(葉[1])。

6. 記對俄共與英國之政策中途變更之錯誤的回憶錄。

7. 管理幹部機構與人事標準之建立(江國棟[2])。

8. 團結士氣方法之研究(教育、領導、觀念、方法)。

9. 調職與考核之關係。

10. 杜絕小偷之辦法與罰則。

11. 警務處七百餘員太多,勤務制度與派出所之缺員,以及專業警察制度化與專業教育。

12. 陸軍廿一個師與海軍陸戰隊二個師之督導如期完成,為今後主要工作之中心。

---

1　葉即葉鯤。

2　江國棟,號之一,湖南長沙人。原任國防部總政治部設計委員兼特種黨部助理書記,1955年 10 月調任國防部參謀總長辦公室主任兼《青年戰士報》主筆。1957 年 7 月調任國防部總政治部副主任。

13. 孫案調查結果與處置之決定。

14. 與胡佛[1]談話要點之準備。

15. 克氏戰爭論譯修完成。

16. 各師搜索團裁減二營之官兵撥編陸戰隊。

17. 反攻剿匪有關問題之研究項目：甲、誘敵行動及其構想之錯誤。乙、誘敵
    分散兵力或轉移陣地及其離開陣地與行動方向之錯誤。

18. 辦事與思維之要領：甲、整體全般。乙、聯系協調。丙、重點。丁、中心。
    戊、統一綜核。己、平衡。

19. 思維能否把握問題是否合於邏輯，和發展及其正確之結論，為考核之要領。


# 十月一日　星期六

雪恥：一、全會開會詞要旨：甲、全代大會之展期。乙、檢討大陸匪情。
丙、國際局勢。丁、黨務工作之檢討與改正。戊、黨政與民意代表對反攻意
旨之減退，只求一己之權利。己、社會人心皆無戰時生活氣氛，更無緊張積
極精神。庚、對於中央常會政策會議之設置。辛、組織宣傳、海外情報各項
工作之切實改進與振作。

五時後起床，滿擬一觀中秋之曉月，但為雲層隱蔽，未能如願賞鑒，乃即照
常朝課，記事。入府召見調職人員，手擬令稿數通，主持軍事會談，自覺失
言為歉。正午約宴檀香山華僑十餘人，午課後續修講稿，晡散步遊憩，晚與
妻車遊，在頂北投散步觀月為樂。晚課，讀唐詩，廿二時前寢。

（夏令時間今日改正為正常時間，故撥遲一小時。）

---

1　小胡佛（Herbert C. Hoover Jr.），美國第三十一任總統胡佛（Herbert C. Hoover）之子。
　　美國商人、工程師及政治家。1954 年 8 月 18 日被艾森豪總統任命為國務次卿，10 月
　　4 日就職，1957 年 2 月 5 日離任。

## 上星期反省錄

一、愛克心臟病漸有起色，此為俄共之所不利也。

二、我葉[1]外長在聯大演說時，俄帝集團退出會場，而印度亦隨之退出。此一表現可見俄帝內心愧怍，無顏受我譴責，而印度之尾巴形態則更覺其可憐與可恥矣。

三、修正軍事會議與三月間五中全會講稿完成，實一重要工作。

四、巡視金門防務，海灘障礙物（軌條砦）已如期完成。

五、雙十節文稿要旨甚費心力，尚覺不妥。

六、反共義士之心理發生變化，殊為可歎。

七、韓國自大不義，對華如此，誠所不料也。

## 本星期預定工作課目

1. 孫案[2]調查報告之發表時機。

2. 三角形攻擊戰鬥群意見書之催促。

3. 對胡佛談話之準備。

4. 預備師與三個基地師。

5. 美、毛之部長級會議應加警告。

6. 雙十節文稿。

7. 六中全會之目的與要案。

8. 訓詞之預備。

---

1　葉即葉公超。
2　孫案即孫立人案。

## 十月二日　星期日　氣候：上雨　下晴

雪恥：一、六中全會開會詞要旨：甲、反攻復國基礎，一切要求之在我。乙、不可為外物與環境所動搖與自疑。丙、私心、欺心、偏心與疑心為革命最大障礙。丁、重建自信心，認識責任心，恢復革命犧牲精神，變化氣質。戊、如何祛除消沉頹唐的暮氣，發揚蓬勃活潑的朝氣，提高緊張奮厲的生活，祛私務公的工作，此乃心理建設，為今日惟一要務也。

本日為舊曆八月十六日，五時起床，想觀最圓滿之曉月，但仍為雲霧掩蔽，未償宿願，乃即朝課後，續修講詞。十一時禮拜畢，記事，記上周反省錄。午課後續修講詞，整書，晡由後草廬遷回蔣林寓所，遊憩散步，訪魚問鳥一匝後，與妻車遊淡水。晚膳後獨在蘭圃觀月，凝思明日講稿要旨，片刻回，讀詩，晚課。

## 十月三日　星期一　氣候：晴　晚雨

雪恥：一、回憶過去對英、對俄、對日、對蒙政策，以及對黨、對共、對胡[1]，與外交、經濟、政治、黨務、軍事之失敗，都是用非其人，尤其在不能培植考察人才，於是誤用宋子文一人，以致政治、經濟與外交皆至一敗而不可收拾。總之個性太強，於是大小政策無不自信自決，乃無人肯直諫忠告，而其根本在不能用人，於是亦無法集思廣益，折中至當。而其中最大的錯誤乃在廿五年驅共、剿赤之時，本來決心非將其陝北匪巢澈底消除，則俄寇與共匪連結為患，其禍將甚於贛南之匪患，不堪設想之理智甚明，但卒為西安事件誤信共匪亦是國人與同胞的一念之誤，准其悔罪，允其共同抗戰，擅自獨斷而不肯謀之於眾，以致鑄成此一大錯，能不痛悔切改，以冀自贖乎，小

---

1　胡漢民（1879-1936），名衍鴻，字展堂，號不匱室主，廣東番禺人。中國國民黨元老，曾任國民政府立法院院長。

子戒之。回顧當時情勢，固為日閥進迫害逼處此，然亦究為智力與修養不足之過也。

## 十月四日　星期二　氣候：風雨　悶

雪恥：昨朝課記事，手擬講稿要旨。九時與妻到六中全會（石牌實踐堂）主持開幕典禮，講演一小時畢，繼主持開會，聽取黨務報告，十二時半回。午課後審核陶、秦[1]雙十節二文稿，頗費心力。晚宴美參議員艾倫德[2]，十時後客散，晚課。

本（四）日朝課後記事，上午在寓，審核孫案調查委會報告書全文，大體尚可，雖其對孫主謀叛亂部分未能澈底詳照，處處都在避重就輕，為孫脫罪之用意，但亦對此案惟有如此而已，故亦不願深究耳。正午約辭修、岳軍等來談此案與解決要旨。午課後整理藏書，三小時方畢，甚覺疲乏，但心神為之一快。入浴，讀詩，晚修正文稿，晚課。

## 十月五日　星期三　氣候：陰雨

雪恥：一、全會閉幕詞要旨：甲、軍事實力增加之數字。乙、卅九年口號之說明。丙、全會對於黨的工作之指示：甲、加強本黨組織與教育。乙、深入匪區之情報與宣傳工作。丙、整理臺省自治，加強管、教、養、衛之四大業務等十項工作之指示。二、革除墨守成規之頹風，必須以自動創造之精神代

---

1　陶、秦即陶希聖、秦孝儀。
2　艾倫德（Allen J. Ellender），美國民主黨人，1937 年 1 月至 1972 年 7 月為參議員（路易斯安那州選出）。

之。三、敷衍塞責之惡習，必須以負責盡責解決當前分內，或為部下解不能解決之問題為第一要義。四、新速實簡，劍及履及，為今後工作成績之標準。

朝課後記事，本日除朝、午、晚各課如常舉行外，終日審核自四月至上月之日記與上次全會之訓詞，手擬六全會閉幕詞之要旨，散步，讀詩亦如常，晚觀影劇。

後日為馬婦[1]生日。

## 十月六日　星期四　氣候：晴　間雨

雪恥：一、約見美參議員。二、研究與胡佛談話要旨。三、審核孫案報告書。四、修正雙十文稿。

朝課後記事，手擬閉幕詞要旨，頗費心力。回憶自四月起至今半年間，美國對我政策與國際英、俄、印與美等協以謀我，非消滅臺不可之陰謀，誠為之不寒而慄，尤其是孫案之總因，更覺寒心，故終日精神雖甚旺盛，未感疲乏，但夜間睡眠恍惚，不如最近數周來之安寧，乃可測覺感觸之大矣。正午重閱上次五中全會訓詞印成本。午課後到全會致閉幕詞，足有二小時之久。晚宴全體參加全會之同志，再加慰勉。回入浴，晚課，讀詩，晨間散步遊憩，晚以天雨，廿二時後即寢。

---

1　凱薩琳・馬歇爾（Katherine T. Marshall），馬歇爾夫人，美國女演員、作家。

## 十月七日　星期五　氣候：晴陰

雪恥：一、對孫不付軍法審判而即免其官，似無此法理可覓也。

朝課後記事，上午在寓修改雙十節文稿，在院中散步，到靜觀室休憩。午課後清理積案，校核軍事會議訓詞稿未完。晚與妻車遊淡水回，重核文稿，晚課，讀詩，廿二時半寢。

孫案調查報告書盡一晨之力詳加審核指正後，對於第二步處置與明令頗費斟酌，如其處治太輕，則對一般將領未能心服也；如依法懲治，則應免官判刑，對國際輿論甚多顧忌也，應嚴密考慮再行決定。對立法委員馬乘風死刑案應先減為無期徒刑，並從速發表為宜。

## 十月八日　星期六　氣候：雨

雪恥：一、胡佛談話要旨：甲、對共匪禁運案。乙、俄油輪釋放案。丙、預備師案。丁、軍協案。戊、經緩〔援〕與軍援在美機構權責之決定。己、預備師三個基地師案。庚、驅逐艦與登陸艦速撥（如期）。辛、在美華僑不允共匪與第三國預問案。

朝課後重修雙十文告第三次畢。十時入府會客，召見調職人員四名畢，軍事會談，共匪又在連城修築大飛機場，為其中轟炸機之用，是其對臺灣之野心之積極進攻更可了然，應警告美國特別注意。在介壽堂聽奏總統進行曲等之軍樂五章，雄壯可愛，艾理生[1] 軍樂顧問甚為熱忱。午課後再修第四次文稿畢，觀美影劇後讀詩，晚課，以忙於修稿，二日未入浴矣。

---

1　艾理生（Harold L. Arisen），美軍顧問團軍樂顧問，指導政工幹校成立軍樂訓練班。

## 上星期反省錄

一、六中全會如期開成，此次會議無重大內容，但開會與閉會二篇訓詞與十項工作之指示，不能謂非會議之有相當收獲耳。

二、雙十節文告最初苦思不得其道，最後稿成，自認為遷臺以來最有力量與對人民啟發性之第一篇文字乎。

三、美國自動撤換其顧問團副團長華頓[1]，以該華頓為預備師案，對我國防部之指摘太蠻橫無禮也。

四、中東埃、俄購械案與法國為阿爾及里[2]案退出聯合國會議，乃皆美國外交日處於不利之形勢矣。

## 本星期預定工作課目

1. 孫案調查報告書何日發表。
2. 與藍卿談預備師問題。
3. 約蒲賴德談話。
4. 軍事會議訓詞付印。
5. 研究院六周年紀念與開學典禮。
6. 對美宣傳計畫與組織。
7. 與胡佛談話要旨。
8. 韓議員團之接見茶會。
9. 全會海外與老同志之約宴。
10. 戰爭論譯稿繼續審核。

---

1　華頓（Edwin A. Walker），前美國援華軍事顧問團陸軍組組長兼副團長。
2　即阿爾及利亞（Algeria）。

## 十月九日　星期日　氣候：陰雨

雪恥：一、對胡佛說明：甲、俄共政策絕未變更，其與四國日內瓦議以前一樣，並無如何差異。乙、共匪對臺攻取策略亦毫無變動，其連城新機場等比沿海機場之性質更加嚴重，實為太平洋戰爭之預兆。丙、美與匪日內瓦會談應即停止，如以此會議之延長，以緩和共匪攻臺之想念，殊為錯誤。以俄共決不被動與受欺也。丁、中國對美援決不會過分要求或浪費，余所提要求實皆為必不可少，與防匪突擊不能不作最低限度之準備而已。

朝、午、晚各課與禮拜皆如常，上、下午仍不斷對文告修辭，直至十八時灌片後方完。晡與妻車遊淡水，晚獨往臺北市區視察雙十節一般準備情形，今年比往年為熱鬧矣。晚入浴，讀唐詩，廿二時寢。

## 十月十日　星期一　氣候：晴雨

雪恥：本日為雙十國慶節，四時半初醒，五時起床，尚未黎明，舉行朝課，夫妻對天父跪拜禱祝畢，天色漸明，但雨尚未停，且有時甚大，乃電話問臺北，則並未下雨，甚以為慰。以士林與臺北市中心相距不過十公里，而一晴一雨，尤其在雙十國慶閱兵典禮時特別晴朗，不能為非國運光明之預兆也。九時入府，主持國慶典禮，朗誦告軍民書畢，接受使節賀禮，並接見美副國務卿「胡佛」與「霍利使托[1]」後，乃登閱兵臺閱兵開始，自十時至十二時半方完。美B卅六型洲際轟炸機三架特由關島來我閱兵場上飛繞二匝，表示慶祝之意。本年閱兵第十師分列式未有如去年之整齊，民眾秩序不佳，惟重武器特多，與其他節目與情形皆甚良好也。

---

1　霍利使托（John B. Hollister），又譯賀利斯特，美國共和黨人，曾任眾議員，1955 年 6 月至 1957 年 9 月任國際合作總署署長。

## 十月十一日　星期二　氣候：陰　微雨

雪恥：昨午課後約見辭修、岳軍、鴻鈞等，商討與胡佛談話之方針後，閱報，入浴，自誦告書，甚覺自得為慰。十八時半胡佛與霍利使托來會，約談一小時餘，盡所欲言矣。晚宴後胡佛又提金、馬問題，余即嚴正明告其前已與勞、雷[1]說明決心，此一決心永遠亦不會改變，屬其轉告杜勒斯。至於俄油輪案，則待其月杪四外長會議結果後再行商討，只要與美國政策有利，則願加考慮之意。客散，晚課，廿三時寢。

本十一日朝課，記事，記上周反省錄後，檢查鐵箱內舊日記，完整無缺，廿六年以後之日記應歸經國保存為宜。午課後續記上月反省錄完，在院中散步。晡與妻車遊市區，總統府電燈裝飾輝煌，布置較去年更有進步。晚觀桃花江[2]國片影劇，技術低劣極矣。膳後散步，讀唐詩，廿二時前寢。

## 十月十二日　星期三　氣候：晴

雪恥：一、轉告孫應將其報效誠意詳述無遺，以免國家再受其害。第一是與此案促成和預謀而已，覺其為可疑之匪諜人員舉發，以便減免其罪情。二、四十四年校閱各單位之成績次序催報。三、三角形戰鬥群意見之催報。四、研究院開學典禮日期。

朝課後覆核軍事會議訓詞第三次完付印。十時前到中央主持常會，處理全會決議案與基本工資案畢，入府召見孟緝與岳軍，各別商談預備師與美態度，及對孫案調查書報告之方式後回。午課後與藍欽大使談預備〔師〕案，美已撤消其前所提之各種要求矣，乃允予進行解決原案。晡往研究院巡視回，

---

1　勞、雷即勞勃生（Walter S. Robertson）、雷德福（Arthur W. Radford）。
2　《桃花江》（*Songs of the Peach Blossom River*），王天林、張善琨導演，羅維、陳厚、唐若青、吳家驤主演。香港新華影業公司製作，中國聯合影業公司發行。

入浴，晚指示俞、彭[1]與美商談解決辦法，晚課。

## 十月十三日　星期四　氣候：晴

雪恥：一、伊朗宣布與土國、伊拉克聯盟，俄國提出抗議。二、愛克覆俄
布[2]裁軍初步函，贊成其在俄境要地設軍事視察小組，但仍要求俄國同意其
空中偵察之建議。三、大陸匪區自本月起普遍使用糧票，更使人民飢餓不
堪矣。

朝課後審閱聯合作戰（黨政軍）要義訓詞稿，記事。十時入府，接見韓國自
由黨訪問團後，召見出國人員四名，批閱公文，與黃參軍長、張秘書長[3]分別
談孫案處理問題，黃主對孫判亂罪應澈查宣判而後特赦也。午課後與妻往大
溪視察新屋後，經由三峽、板橋公路回來。晚入浴，散步，讀唐詩，晚課。
今日聞斯麥次之言，預備師交涉恐又有變化乎。

## 十月十四日　星期五　氣候：晴

雪恥：一、兩棲作戰空援制度。二、登陸作業特種裝備之購辦。三、兩棲作
戰技術性與戰術性之準備和設施之了解。四、對匪侵犯外島時，在其各方面
喪失平衡之際，我軍應運用兩棲之精練技術登陸反攻，建立橋頭堡。

朝課後修正訓詞。九時後入府，接見琉球與西京[4]僑團畢，到國防大學主持勝
利一號演習之講評，約二小時半，余作後之總評，認空軍支援與合作不夠也。

---

1　俞、彭即俞大維、彭孟緝。
2　布即布加寧（Nikolai Bulganin）。
3　總統府參軍長黃鎮球、秘書長張羣。
4　西京即日本京都。

再與史麥斯團長談話，慰勉之。午課，續修訓詞稿，關於黨政軍聯合作戰之要領甚詳，以此問題重要，不能不加以詳示也。晡記事後，與妻車遊淡水道上。晚散步，晚課，讀詩。

## 十月十五日　星期六　氣候：晴

雪恥：一、共匪設計洛陽與鄭州間之敷設雙軌。二、東南地區之大學皆向西北地區遷移，皆應特別注意。三、匪又在惠安建築大型飛機場。四、本日我空軍在東引前方與匪噴射機戰鬥，我擊落其一架後安全回航，此乃一勝利消息也。

朝課後續修訓詞。十時前入府，召見何世禮與空軍偵察隊長呂德琪[1]等，加以獎勉，及調職人員四人畢，主持軍事會談，叔銘對昨日關於空軍不合作缺點之講評表示不大心服之意，乃明〔命〕彭[2]總長澈底查明。與岳軍商談孫案與其要犯應否先行對證，然後再發表寬大命令，尚未決定。午課後記事，續修訓詞完，晡散步後，再與妻車遊山上回。入浴，剪甲，晚讀詩，散步，晚課，寢。

## 上星期反省錄

一、小胡佛來訪，余提其父之交情時，彼甚冷淡，殊為奇異。若非其故意如此避嫌（私人關係），乃即其外交政策對余仍消極如故也。

---

1　呂德琪，曾任飛行官、中隊長、作戰官等職務。擔任直屬空軍總司令部的「技術研究組」第三十四中隊「黑蝙蝠」飛行官、副組長、組長，出過多次深入中國大陸境內的電子偵察任務。
2　彭即彭孟緝。

二、伊朗參加土耳其等中東聯盟，是予俄共一大打擊，乃即美國戰勝，可補埃及與俄共購辦重武器之失敗缺陷矣。

三、愛克覆俄布截〔裁〕軍，在俄重要據點設立視察組加以贊成，惟仍望俄能同意其空中視察之提議，余認為甚妥，可知其病後腦筋無恙也。

四、美對我預備師交涉，其本要求從速解決，但至十月十一日忽有令其顧問團待命停止，何耶。

## 本星期預定工作課目

1. 駐美高級人員每周應設會報。

2. 對美宣傳組織應速成立。

3. 六八師所留新生（俘虜）兵應另安置。

4. 黨政軍聯戰班開學典禮。

5. 孫案作最後之總核：甲、李鴻等案。乙、郭廷亮、王善從等有關案。丙、先付審判而後下令特赦之辦法。丁、判決叛亂罪後再行寬赦，對軍心之影響如何？

6. 警務處長[1] 應調換。

7. 軍訓班補習教育之主任人選。

8. 將領被俘不屈與必死決心之準備。

9. 未來戰場慘烈無比之景象，及其位置險易安危之認識。

---

1 陳仙洲，河北保定人。原任臺灣省保安司令部督察處處長，1953 年 6 月至 1955 年 12 月任臺灣省警務處處長。

## 十月十六日　星期日　氣候：晴

雪恥：一、電葉[1]：甲、在美高級人員各機關首長建立每周會報一次制度。乙、宣傳組織與人事經費應即決定實施。二、發表對孫案報告書與命令。

朝課後在院中散步遊憩回，膳後經兒由馬祖視察一周回來報告，在靜觀室與之談話約一小時，以東引島防務最差為慮，其餘已達到最高標準矣。記事，記上周反省錄畢，禮拜。正午約何世禮、劉〔柳〕鶴圖[2]等聚餐。午課後重修聯合作戰之革命戰術，頗費心神，但有此最後修正，自信已無錯誤矣。晡散步後，與妻車遊淡水道上回，觀國製影劇「櫻都艷跡[3]」，演蘇曼殊[4]同志探母故事，技術較佳也。晚課。

## 十月十七日　星期一　氣候：陰　晚微雨

雪恥：一、兵役制度之修正，每年征兵役齡應展自廿歲至廿五歲。二、青年大學生不能免役。

朝課後，檢查研究院卅八年開院訓詞，思擬今日開學（黨政軍聯戰班第六期）講稿要旨，膳後在園圃散步問鳥。十時到研究院與辭修談話畢，舉行開學典禮訓話，並朗誦軍事會議本年指示訓詞後，相度禮堂新基址並照相回，記事。午課後審閱雅爾達密約與中蘇盟約有關檔案，愧惶無地，必思有以雪此重恥大辱也。晡獨在靜觀室考慮孫案，作最後之決定，決照原定方針處理畢，散步。晚讀詩，批閱公文，為夫人改文稿，晚課，廿三時寢。

---

1　葉即葉公超。
2　柳鶴圖，江蘇鎮江人。1953 年 2 月至 1955 年 9 月任駐美國大使館武官，1956 年 1 月至 1958 年 10 月任國防部新聞室主任。
3　《櫻都艷跡》（*Beauty of Tokyo, Tokyo Interlude*），易文導演，陳蝶衣編劇，李麗華、羅維主演，1955 年 9 月 22 日上映。
4　蘇曼殊（1884-1918），本名戩，字子穀，小字三郎，法號曼殊，後更名元瑛，廣東香山人。清末民初詩人、作家、畫家、翻譯家。革新派文學團體南社的重要成員，曾在《民報》、《新青年》等刊物上投稿。

## 十月十八日　星期二　氣候：雨

雪恥：一、對軍政假策反組織與技術之研究。二、美國戰俘守則及其訓練方法之參考與研究應用。三、讀訓與守則的實踐辦法之擬訂。四、召見幹部，對孫案發表之意見。

朝課後記事，補正黨政軍聯戰要義訓詞，對於「假裝」與偽裝、化裝不同點之說明，甚覺有益。入府決定孫案之發表日期，召見空軍勇將孫嗣文[1]等後，接見烏克蘭反共領袖「史達次科[2]」，甚多感觸。卅年前余以中國革命黨員赴俄商談革命工作，而今俄、烏反共之革命黨員來臺協商對俄反共革命工作，更覺時間與世事變遷之迅速與無常也。召集宣傳會談。午課後審閱要案，清理積案，與妻車遊市區回。散步，讀詩，手擬令稿數通，晚課。

## 十月十九日　星期三　氣候：晴

雪恥：一、共匪對於農業合作化問題之嚴重性，此其控制農民生活之主要工具，必不能廢止，但農民及其合作社幹部之大部分皆認為此路不通，而又不能不強制奉行也。二、匪稱武漢長江大橋工程已全面施工。三、軍訓班召集軍校教育主任人選。四、孫案八要犯之黨藉〔籍〕查報。五、孫藏手槍之繳出。六、馬鴻逵子[3]發護照問題。七、對孫教訓要旨。

---

1　孫嗣文，雲南昆明人。空軍第五聯隊第五大隊第二十七中隊參謀，1955 年 10 月 15 日駕駛 F-86 軍刀式戰鬥機在馬祖以北上空擊落米格 15 式戰鬥機，首創空軍擊落米格機之記錄。

2　斯特次科（Yaroslav Stetsko），又譯史達次科，烏克蘭政治家，反共領袖。

3　馬鴻逵，字少雲，西北「三馬」之一。任寧夏省政府主席長達十七年，集軍政大權及中國國民黨黨務於一身。1949 年 9 月底到臺灣，受到國防部次長郭寄嶠及馬步芳父子指控，要求對西北敗局負責，被撤職查辦，其後藉病去美國就醫，後來長期住洛杉磯。此指其次子馬敦靜，字平山，1949 年 10 月 14 日到臺灣。11 月 15 日因「作戰不利」被免職。

朝課後記事，九時半到中央，與岳軍談孫案與命令發表之手續後，主持總動員會報，檢討經濟與社會各組上半年之工作情形，加以指示。午課後，批閱英國情報雜誌關於俄帝與中共無形中之挑撥文字，又使美國重視中東問題，為英國作工具之用意，誠所謂巧奪天工矣。晡與經兒談孫案後，對孫令與調查報告書作最後之核定。散步，入浴，讀詩，晚課。

## 十月二十日　星期四　氣候：晴

雪恥：一、對孫教訓之方針：甲、自認對孫教導無方。乙、令孫注意二事：子、往日毀謗政府與領袖之言論，政工黨務對顧問自失體統之言行，應澈底自反與直認其過錯自白。丑、平時對其策劃鼓惑之無形匪諜，陰謀害國之人員，應從速提供姓名，以免再害國家。以此二事為其報效國家之急務，亦為其有否悔改誠意之表示也。如其此時不能直供，則將來恐又有牽累，其自身不僅為害國家而已。

朝課後記事，九時後入府，與岳軍商討孫案命令與調查報告書文字之斟酌畢，召見調職人員八名後，召集陳、張、俞、黃[1] 等研討孫案各文字，作最後之決定，始對命令中之「自新」與報告書中之「苦諫」字樣擬加修正，因無其他適當字樣替代，故仍未改也。

## 十月二十一日　星期五　氣候：晴

雪恥：昨午課後只清理舊案，以午後發表孫令已定，故心神反覺閑適，乃於晡刻獨往研究院，相度禮堂基地之測勘，如能略向左，正對山口更好，望設

---

1　陳、張、俞、黃即陳誠、張羣、俞大維、黃鎮球。

法改正。巡視軍事組學員宿舍後，與妻乘車經北投回。晚宴調查八委等，以慰其辛勞也。散步，讀詩，寫參校與防大校訓「復興武德」，晚課。

朝課，記事。十時前入府，岳軍來談孫立人昨夜本約定見記者，今晨忽稱病不見。據王〔黃〕伯度見孫後，以肚瀉甚烈實有病，問孫對報告書如何感想，彼連稱醜極醜極，但其對調查會報告第五章，負責以罪議惟輕之意見甚感云。會客，召見調職人員後，召集情報會談，對大陸情報方法作重要之指示，以共匪農業合作化與糧票制實行後，人民更不了〔聊〕生，反共自必更烈矣。午課後查記上年度軍事各單位之名次（成績）二小時餘，散步，讀詩，車遊，晚課。

## 十月二十二日　星期六　氣候：晴

雪恥：一、前紐約州長杜威[1]本為著名之親蔣者，此次環球旅行在香港留駐三日直飛日本，對臺灣竟過門不入，殊堪玩味。二、愛克夫人[2]對余慰問其夫病之覆函，而未提及余妻，亦堪玩味。後者乃美國政府大意或非故意表示，不必重視，但杜威經臺不訪，其對華主張將必有所變更，甚至主張承認共匪乎，但人在自立自助，人情之冷暖何足為意，勉旃。

朝課後記事，入府接見日本與越南僑團三批，在階梯下照相，以正對東門，受風寒，致傷風。召見柳鶴圖等三員後軍事會談，共匪修築鷹潭－廈門鐵路，又修築惠州等新機場，甚為積極，可知俄共準備大戰不遺餘力，而美國夢昧如故也。

---

1　杜威（Thomas E. Dewey），美國共和黨人，1943 年 1 月至 1954 年 12 月任紐約州州長，卸任後恢復執業律師身分。1948 年曾參選美國總統。

2　瑪米・艾森豪（Mamie G. Doud Eisenhower），美國艾森豪總統夫人。

## 上星期反省錄

一、孫案調查報告書與「准予自新，毋庸另行議處，由國防部隨時察考，以觀後效」之命令同時發表，中外輿論翕服，皆認為寬大，無所異議。此一處置雖煞費苦心，但亦再無其他辦法矣。其重點乃在最後二語，達成察看、不准其出國之目的，而調查全書發表，雖其重要罪跡尚未深究暴露，但對孫個人之精神上處治比之較軍法從事更為難堪，如其果有一線良知與廉恥之心，似亦足以代誅乎。

二、革命戰術訓詞稿修正完成付印，自覺此一詞意，國軍將領如能領悟實踐，則於反攻戰爭之奏效必大也。

## 本星期預定工作課目

1. 廿五日臺灣光復紀念典禮。

2. 廿七日宴美眾議院。

3. 對政工學校訓話。

4. 廿八日晚或廿九午宴美議員（星五（六）日）。

5. 接見華僑來臺祝壽各團體，星五日。

6. 廿四日午後由角畈回臺北。

7. 廿九日再上復興山（角畈）。

8. 下月工作應專重戰爭論之審定付印。

9. 逃兵回家無親可尋記之影劇編製。

10. 山地役男之統計。

11. 不先消滅共匪就無家可歸。

12. 如何搶救家庭，為親人骨肉復仇報恨，打回家鄉，消滅共匪，安家樂業，家庭團聚。

## 十月二十三日　星期日　氣候：晴　溫度：六五

雪恥：昨廿二日午課後整書畢，即與妻乘車經大溪，略憩後，到角畈已十八時半矣，以傷風即在妻書室中休息，閱報。膳後一小時晚課，入浴，早睡，足眠六小時之久，初醒約半小時後再熟睡，至今晨七時後方醒，此為甚難得之佳象也。

因傷風八時起床，朝課，九時半膳後外出散步，至國民小學巡視一匝回，院內視察所植樹苗，皆生長齊整為慰。妙高臺南山巍峨雄壯，蒼翠茂盛，昔雖常見，今則更覺可愛矣。十時後記事，記上周反省錄與本月反省錄四則。午課後閱港報評孫案，皆認為孫之辭呈與郭[1]等重要口供，應在免孫職時發表，乃可免招中外疑謗，於宣傳有利。彼等不知當時發表此等供辭，必皆以為政府逼供更招不利，必須待調查後之報告乃能致信耳。觀影劇，讀詩，晚課。

## 十月二十四日　星期一　氣候：晴

雪恥：一、目前軍事建設確保臺灣，鞏固基地之程度已至八成，美國援華不能望其別有增加，或期其協助反攻大陸也，此後對美不必再有新的要求。如我果能自立自助，以現有之程度為我自力更生之基礎，則自立立人不假外求，埋頭苦幹不計時日，余信不須三年自將有人來求，甚至助我惟恐不速矣，何求人為？

七時後起床，朝課，膳後散步，巡視街巷，較前整潔。回寓記事，重閱反攻革命戰術講詞印冊，尚有漏錯，加以補正。午刻獨乘肩輿往溪內觀瀑，在原亭靜觀約廿五分時，默誦「氣壯魄雄千丈勢，何如雪竇澤高深」句，不禁慨然，思鄉不已。回途忽憶今日正為重陽節，獨身登高，甚值紀念也。十五時回角畈入浴後，午膳畢，即與妻回來。

---

1　郭即郭廷亮。

## 十月二十五日　星期二　氣候：陰雨

雪恥：昨回程時，車中仍默禱，補行午課，回寓已十八時半矣。閱報，讀詩，晚課後寢。

本日為臺灣光復十周年紀念節，朝課後記事，手擬對民眾講稿要旨。十時入府，接受群眾大會全省人民效忠書，在府前陽臺上訓話，約十分時畢。參觀運動會之體操與學生運動舞後，參觀軍民遊行，十一時半方完。回寓，寫國防大學「智信仁勇嚴」及指參學校「復興武德」二校訓。緯兒來見，乃悟今日為其生日，以農曆九月十日，而且為其四十初度也。因彼已有午宴約會，故令其今晚來聚餐，觀影劇也。午課後整檢日記，審閱克勞塞維治戰爭論自製序及希利芬[1]序後，觀影劇（金素琴[2]洛神）後，父子在書室聚餐，以夫人早有約，為林家盛氏[3]祝壽也。膳後巡視市中回，晚課，讀詩。

## 十月二十六日　星期三　氣候：晴

雪恥：一、政工：甲、假投降之組訓。乙、遊〔游〕擊戰術。丙、反共義士前後心理與實際表現經過與結果反影之研究。丁、俘虜審問、組訓與利用。戊、戰場慘狀之改變與主宰。己、全軍心理之掌握，精神力量之表現。庚、政治與戰爭關係及其性質，政治為體（主），戰爭為用。辛、謀略引誘，佯動情報，通信用間。壬、辯證法意義以反為正，以無為有，思維法則與考核人事。癸、判斷敵情與決心，審定其虛實利害。二、黨政軍聯戰班教育重點：甲、領導指揮與管理之能力方法。乙、考核技術。丙、邏輯理則。

---

1　史立芬（Alfred Graf von Schlieffen, 1833-1913），又譯史利芬、希利芬、希里芬，普魯士人，1853 年從軍，1891 年成為德國參謀本部部長，1905 年制定希里芬計畫。
2　金素琴，滿族旗人，原姓郎，生長在杭州。1930 年代與章遏雲、雪艷琴、新艷秋號稱「前四大坤伶」。1954 年隨香港影劇界來臺勞軍，即定居臺灣，享有「青衣祭酒」美譽。
3　林盛關頤，盛宣懷五女，適臺灣板橋林熊徵。

朝課後記事，到中央會見錢穆[1]君等畢，主持常會。正午為緯兒與勇孫（足七歲）作生日吃麵。午課後見日本參議員四人後到婦聯會，祈禱會預為余祈禱祝壽也。晚閱報，讀詩，晚課。

## 十月二十七日　星期四　氣候：晴

雪恥：一、莫現乎隱，莫顯乎微，故君子慎其獨也。至此猶不能慎獨自持，其將何以教國人示後世，如是而欲望其完成反共抗俄國民革命第三任務，豈不緣木而求魚乎。二、美空軍考核人事項目：甲、職務與智識是否相稱。乙、有否合作精神。丙、判斷力。丁、管理與經營業務有否經濟運用有效的能力。戊、領導能力。己、潛在力之發展，處理業務增大權責，迅速學習，自我改正之努力程度。庚、品格。辛、特殊能力（特長？）。

朝課，記事，手擬講稿要目。十時到政幹學校訓話約一小時廿分，尚不感學〔覺〕疲乏，並召該校顧問談話後回。午課後入浴畢，續審卅八年下野至卅九年復職止之要目敘述，感慨特深。約美遠東空軍司令庫達[2]茶會後，晚宴美眾議員視察團七員、共和黨四員，特赴金門為感。晚課。

## 十月二十八日　星期五　氣候：晴陰

雪恥：一、遊〔游〕擊戰術與中國戰史編纂〔纂〕之督促。二、青年學生不願投考軍校之研究與兵役法之修訂。三、俄偽裝侵略之宣傳。

---

1　錢穆，字賓四，江蘇無錫人。1950年，在香港創辦「新亞書院」，出任校長。1951年，為籌辦新亞書院臺灣分校滯留臺灣數月。1952年4月，應邀為「聯合國同志會」，在淡江文理學院驚聲堂講演。1955年10月應教育部邀，任赴日教育文化訪問團成員。
2　庫達即庫特（Laurence S. Kuter）。

朝課後記事，九時半入府會客，批閱公文，召集財經會談，上年度收支不足只三千元，計為百分之一，是為財政預算赤字最少之一年也。經濟部尹仲容辭職，擬以江杓[1]繼任，使科學工業人員能有機會發展其才能也。午課後，審閱實踐學社的緣起與目的講稿後，加以修正，尚未完成。晡與妻車遊山上一匝回，續修講稿至廿時半止。膳後散步，晚課，入浴，讀詩，廿三時前寢。昨日美、英、法、俄四國外長會議在日內瓦開幕。

## 十月二十九日　星期六　氣候：晴

雪恥：一、美參大中國學生成績之催報。二、華僑祝壽各團體之茶會日期。三、售緬甸武器不由共匪名義而由俄帝出面，其必為明年對我緬邊游擊隊之進剿及干涉越南之軍事侵略時，為共匪避免國際指責與對大陸共匪還擊報復乎。

朝課後修正告青年團三周年紀念書，記事。入府批示，約見美大使藍欽與斯麥次，先由其報告對我預備師支持之訓令，是比往日之語氣與內容為有進步，但其仍只允一個基地師也，余接入其原則，惟將繼續補足三個基地師之原案也。接見泰華祝團三批畢，軍事會談。午課後續修青年團告書，夫婦約各僑團領婦女茶點後車遊，視察飛機場擴修公路情形。晚散步後再車遊，晚課，入浴。

---

1　江杓，字星初，上海人。1954 年 7 月，回任國防部常務次長。1955 年 11 月，調升行政院政務委員兼經濟部部長。1958 年 3 月，獲聘總統府國策顧問，復兼行政院駐美採購服務團主任。

## 上星期反省錄

一、越南投票結果,選舉吳廷琰為元首,我政府即致賀電,並承認其越南政
府,但其政府事前接洽尚不要我完全承認,或恐為其北越與中共匪黨之
關係,惟余不問其如何,必先單方予以承認,以越南與我之反共關係今
後更大也。

二、德國薩爾區投票反對該區國際化,以及中東由俄、捷售換武器於埃及,
而且共匪所售武器亦到埃及矣。以色列與埃及衝突亦日甚一日矣。

三、美國對我預備師與補充兵計畫,雖訓練基地仍只允一個,但其他問題乃
可解決,告一段落矣。

四、修正實踐學社創設經過與宗旨之訓詞稿,與星四日對政工學校之訓詞,
又為今後反攻準備之重要工作也。

五、共匪周恩來近日對國際外交之積極攻勢無所不用其極,不惟對日本表示
毛匪甚願訪日,對美國自吹其不久將開外長會議,而且其對菲列濱無端
聲明其願訂立不侵犯條約,可知其內部與大陸人民之對國際壓力加於共
匪恐怖之心理矣,吾人將何以利用其此一弱點以收其效乎。

## 十月三十日　星期日　氣候:陰晴

雪恥:本日為農曆九月十五日,即余六十九歲的初度。六時後起床,與妻讀
荒漠甘泉之「存心忍耐,奔」一章,其解說為:「在敵人襲擊之下繼續工作—
心中負着重壓,仍在不停止向前猛進,靈裡深感痛苦,仍然勉力盡職不懈,
這纔是基督的忍耐。」余認為此乃為我一生革命工作之寫照也,惟願天父有
以鑒之。

朝課後經兒來拜壽,乃知文孫亦已於昨日假回,為其校中同學簽名祝壽,公
推其代表呈遞也,乃寫文孫訓示,覆其日前來稟也。三孫皆來拜壽,與之在
園中遊玩一匝,訪魚問鳥快如也。續修青年團紀念詞畢,往蔣林堂禮拜。正

午經兒全家、緯兒、薇梅〔美〕與華秀夫婦、宋氏甥孫[1] 在家團聚，會餐畢。午課後與妻來大溪新屋休憩，薄暮入室，仰望窗外一片晚景，光暉燦爛，欣樂莫名。觀影劇「紅紅[2]」，乃國片中技術較佳者也。晚宴侍從人員後，讀唐詩，晚課，廿二時半寢。


## 十月三十一日　星期一　氣候：晴

雪恥：一、行軍與閱兵運動時，皆應唱軍歌進行曲。二、匪播灌縣至阿壩公路已築通，將來連接至郎木寺為止。

本日為余正式六十九歲之初度，六時後起床，夫妻在余書房（即最右邊臨溪之一間）中讀經禱告，窗淨几明，山青水秀，甚感天父賜予之厚也。朝課後進膳，以昨為舊曆生日，故禁食，以紀先慈養育之恩，已於昨晨照常舉行矣。記事後接見地方官伸〔紳〕畢，再在門外觀民眾遊行為樂。參閱各報祝壽情形，華僑各地來臺祝壽者共有六百餘人，印尼與緬甸、馬來為共匪建交各地壓迫僑胞最兇者，青年球隊皆不顧險難，自動回國祝壽，以表示其擁戴之赤忱，殊為感慨。正午約亮疇、岳軍、辭修、鴻鈞、超俊[3]、少谷、屬生、家淦等夫婦聚餐，甚樂也。

---

1 宋氏甥孫即宋伯熊、宋仲虎。
2 《紅紅》（A Girl Named Hong Hong），香港北斗影業公司出品，莫康時導演，李湄、王豪等主演，1956 年 4 月 20 日上映。
3 馬超俊，原名麟，字星樵，廣東新寧人。倡導勞資協調，為勞工運動的先驅。第一屆國民大會代表，1950 年獲聘總統府國策顧問。此後，歷任中國國民黨中央紀律委員會主任委員、華僑協會總會理事長、大陸救濟總會常務理事、光復大陸設計研究委員會委員、廣東同鄉總會理事長、中國國民黨中央評議委員等職。

# 上月反省錄

一、美國「基廉」委員會報告書，對俄國交還芬蘭之波卡拉海港基地，與俄
　　國野牛型洲際飛機至一九五八年威脅美國全境而有餘之警告，乃可證明
　　余對俄共和平意度之所在，若合符節，但余恐其時期尚將提早耳。

二、共匪對我臺灣之準備大戰，具體可指者：甲、鷹潭—廈門鐵路限明年六
　　月完成。乙、連城、惠陽二大機場之新修與惠安機場皆將於明春完成，
　　可斷其侵臺軍事，最遲不出於明夏之內，尤其是鷹廈鐵路完成後，國軍
　　反攻之戰略更應從新研究與改變矣：甲、福州至杭州地區。乙、廈門至
　　廣州地區。

三、小胡佛此次訪臺之淡漠，與杜威環球旅行經臺之過門不入，可知美國共
　　和黨對我之態度及其政策變劣之傾向矣。

四、共匪五年計畫以農業合作化為其主要政策之一，此乃實施共產化之根本
　　問題，而本月起又實行糧票制度，此不僅為其梏桎人民，使之無法爭絜
　　〔掙扎〕，而且為其杜絕我反共游擊和情報行動之毒計，故我在大陸反
　　共策術，亦須積極改變矣。

五、共匪本月份匪黨六全大會之農業合作化，以及其所謂全國文字改革會之
　　二種會議，是乃根絕我社會生命與民族文化精神其最後毒辣之手段，如
　　不能早日復國，則民族與國家生命皆將被其杜絕矣，能不及早反攻乎。

六、共匪對包頭經寧夏之蘭州鐵路已開工建築，又豐臺至石家莊段之複線亦
　　已開工，以及豐臺經苑〔宛〕平直達沙城（懷來）線亦已完成，其公路
　　最大者為川北自灌縣至阿壩五百公路已通車，又莫斯科直達北平鐵路已
　　實行聯運矣。

七、匪與美國日內瓦會議尚未結束，但匪對釋放美僑之約言並不履行，故其
　　會議雖拖延而無結果。

八、周匪[1]對菲律濱表示願訂互不侵犯協定，菲斥為妄談。又其宣傳美、匪不久即可開部長級會議，此其宣傳乃為夜行吹吵〔哨〕子，應加注意。

九、四國日內瓦外長會議已於廿七日開幕，東、西二方皆提其中立緩充〔衝〕地區，但其範圍與性質完全相反，乃可斷其結果如何乎。

十、本（十）月國際重點在中東：甲、俄、捷與匪共皆售武器與埃及，此為俄共對西方（英、美）攻心之傑作。乙、亞拉伯各國除伊拉克外，其各國重締新軍事同盟。丙、伊朗加入巴克達互助協定，於是對俄國南疆已完成其包圍形勢，此又英、美之重大成就也。美、英有識之士皆認俄共自日內瓦笑臉攻勢以來，已獲重大之成就，然其疑懼防範之心亦益急切矣。

十一、愛克對俄裁軍之覆函，贊成俄提重要地區派視察員制，但仍要求其空中視察組之設置也。

十二、內部要事：甲、六中全會如期完成。乙、孫案調查報告書與第二命令發表後輿論翕服，此一要事已告段落矣。丙、尹仲容案亦已判決無罪。丁、美國自動撤換其蠻橫無禮之副團長華克。戊、預備師與補充兵之交涉已獲得相當之結果。己、巡視金門。

十三、雙十節文告與反攻革命戰術講稿，皆本月之成就也。

十四、本年生日，各地華僑來臺祝壽者六百餘人，自覺惶愧。本月三日日記之回憶錄應時加警惕。

---

1　周匪即周恩來。

# 十一月

蔣中正日記
Chiang Kai-shek Diaries

# 民國四十四年十一月

## 十一月一日　星期二　氣候：晴

雪恥：昨午課後修正實踐學社經歷講詞完，晡陪妻至頭寮檔案庫房巡視後，再至山洞湖東邊山麓，相度地形，營建防空隱蔽室也。回途天朗氣清，紫霞紅雲，一片秋色，淨純無比，未幾皓魄東昇，寶鏡懸空，圓明光曜，實自遷臺以來所未曾見之美辰良景也。夫婦同車並賞，此情此景，在大失敗之後竟能得此，若非天父宏恩，豈能再有今日乎，惟望一切榮耀歸於天父而已。晚觀影劇美製「愛琳妹妹[1]」歌舞片，技術高明極矣。參觀民眾提燈會後，晚膳畢，閱報。晚課，廿二時散步後寢。

本（一）日朝課後記事，閱報。獨往山洞口湖邊指示測繪屋基回，入浴。午課後，領妻參觀石門水庫，此一偉大新興工程，望辭修成之。回膳後觀影劇美製舞歌片後，晚課。

---

1　《愛琳妹妹》（*My Sister Eileen*），美國哥倫比亞電影公司在 1955 年推出的彩色歌舞片，根據美國女作家 Ruth McKenney 1938 年在《紐約客雜誌》（*The New Yorker*）上刊登的自傳性短篇小說改編。這部小說先前已搬上百老匯舞臺，並搬上銀幕兩次。此次電影劇本由導演李察昆（Richard Quine）及 Blake Edwards 負責。主要演員有：貝蒂嘉內特（Betty Garrett）、珍妮李（Janet Leigh）、傑克李蒙（Jack Lemmon）等。故事敘述兩位姊妹由俄亥俄州到紐約，尋找她們的夢想。因為妹妹愛琳 Eileen 美麗性感，所到之處都受到追求，而做姊姊的不僅被忽視，還成為男士追求愛琳的橋樑。電影最後兩姊妹都找到歸宿。

## 十一月二日　星期三　氣候：晴

雪恥：本晨起床盥洗後，曉日初昇，遠望窗外的稻田一片金色，美麗無比，不禁又動思鄉之感矣。

朝課後記事，經兒來談，始悉于豪章被刺，幸無生命之憂也。召見江杓，屬其承受經濟部長職務勿辭。膳後獨往龍潭傘兵教導團視察業務，巡視營舍官兵及病院病兵等重要各部，約二小時後回寓。朱[1]團長尚能治軍，惟其傷兵出路及補充制度，應速制定。午課後閱報，記上月反省錄二小時。綜核上月內外形勢，似有進步，對我反攻大計日漸接近乎。十九時後由大溪回蔣林，閱報，批閱實踐學社教育方針改正之點。膳後散步，讀詩，晚課。

## 十一月三日　星期四　氣候：晴陰

雪恥：一、戰術攻勢支持戰略守勢之要旨。二、治軍與辦事，必使人人有事做，平時無閑暇之人員，保持緊張與猶恐不及之情緒，但仍定有休憩娛樂之時間。

昨夜夢中爬梯，第一次上昇至巔，甚覺費力，未幾忽又倒下，但似覺平安無懼。第二次繼續爬梯，及至頂格後，乃從橫面離梯，安全達上平巔。醒後歷歷可數，特記之。

本晨朝課後記事，手擬令稿，預定接見華僑祝壽團程序後，入府先與俞[2]部長談話，再與岳軍談監察院審問孫立人經過情形。召見調職人員四名畢，與孟緝及史麥次分別談話。午課後修正實踐學社講稿，與妻視察蘭圃園藝會布置情形。晚讀詩，散步，晚課。

---

1　朱鴻選，號巽之，浙江餘姚人。1954 年 7 月任第三十二師副師長，1955 年 3 月調任空降步兵教導團團長，1960 年 1 月調任第四十九師副師長。
2　俞即俞大維。

## 十一月四日　星期五　氣候：晴

雪恥：一、擬講要旨：甲、最高榮譽與能力都是以心與血換來的，英雄故事都是流血的故事。乙、曾公五箴[1] 及養身要言五則。丙、致知在格物者，即物而窮理也，處事應針對本題的現實性，即把握問題的重心，不超越問題的範圍。丁、厚重、正直、誠實，不猜摸取巧，不賣智矜誇。

朝課後記事，閱報。入府接見香港自由勞工與自由劇人等祝壽團，照相畢，情報會談。子安夫妻[2] 及二子，本晨由美來臺。午課後夫妻往祝馬星樵七十壽辰回，手擬實踐學社講稿教育方針中之第二項（磨鍊作戰的頭腦），甚重要也。入浴，膳後散步，讀詩，晚課。與子安二子熊、虎談笑，其天真爛熳，可愛之至。

## 十一月五日　星期六

雪恥：一、反共義士前後心理之變化原因與糾正辦法。二、美國被俘將士新守則及其訓練方法之研究。三、俘虜之組訓與審問，以及利用作反情報之作用專題研究。四、武官培植之計畫。五、預備師未協定部分如何解決辦法之研究，及我自動實施其建議。六、陸戰隊之充實計畫切實進行。

朝課後記事，指示茶會陪客之增加名單，聽報，入府接見南洋各地僑報六批後，軍事會談，指示五項畢回。午睡未能安眠，半小時即起，午課，準備講稿。十六時到中山堂，與各地祝壽球隊十六個單位照相後，乃約僑胞祝壽團

---

1　曾公五箴即曾國藩於清道光二十四年（1844）自創立志、居敬、主靜、謹言、有恆等五箴，用以鞭策、勉勵。

2　子安夫妻即宋子安、胡其瑛。宋子安，原籍廣東文昌，生於上海。宋嘉樹、倪桂珍之子。兄子文、子良，姊靄齡、慶齡、美齡。曾任中國國貨公司董事、廣州銀行董事會主席、西南運輸公司總經理等職。1948年經香港轉美國舊金山定居。1941年與胡其瑛結婚，育有伯熊、仲虎二子。

六百餘人茶會，開始發表講詞致謝，華僑男女青年殊可愛也。晚觀影劇，修正講詞，晚課。寢後不能熟睡，乃服安眠藥。

## 上星期反省錄

一、本年生日在大溪新屋避壽，天氣風景與團聚，皆較往年圓滿快樂，尤其是金色稻野與雲霞風月之晚景，美麗和暢，更使心神安耽自慰，惟時念古鄉廬墓不置耳。

二、日內瓦四國外長會議，美國對俄似有強迫其坦〔攤〕牌之形勢，故其莫洛托夫回莫斯科重商其會議之方針，然最後亦不過是毫無結果而已，俄決不致變更其對德分治之政策也。

三、實踐學社經歷講稿之修正，在生日完成作為紀念。自覺此篇講稿，對於將來反攻軍事與將才培養必有重大效果也。

四、華僑祝壽各團接見完畢，茶會發表反攻日期之講詞，亦甚重要。

## 本星期預定工作課目

1. 防空演習成績之報告與講評。
2. 招待美空軍參長丁寧 [1]。
3. 公館機場修築之督導。
4. 革命戰術密示之計畫。
5. 預備師交涉方案之協議。

---

1　丁寧（Nathan F. Twining），又譯戴寧，美國空軍將領，曾任空軍副參謀長，1953 年 6 月至 1957 年 6 月任空軍參謀長。

6. 反攻登陸地點之模型室，何日完成。

7. 防大畢業生之召見計畫。

8. 陸總參長人選與參校長人選。

9. 總理九十誕辰紀念。

10. 電影獎進計畫，召見黃河[1]等影員。

11. 對共匪農業集體化計畫之對策。

## 十一月六日　星期日　氣候：晴陰

雪恥：一、對共匪農業合作化之對策，應專題研究與破壞之設計。

朝課後獨自問魚訪鳥，並至園藝所蘭圃，巡視蘭菊遊藝會布置情形，已較前、昨進步。有幾種蘭花甚幽雅美麗，亦前所未見也，甚想提倡養菊培蘭之風習，是亦養心悅性方法之一種也。膳後記事，聽報，至康納第[2]遊俄感想，乃知俄共微笑攻勢的用意，多半美民已能了悟為慰。購來「檢字一貫三法」一書，殊不能解，可見國人著書之不重簡易為歎。禮拜如常，午課後約見白鴻亮總教官，示以實踐學社教育改正要旨，並商反攻戰略要旨。晡與妻車遊山上，熊、虎[3]二侄同車，閑話甚笑也。入浴，讀詩，晚課。

---

1　黃河，原名黃世傑，香港著名電影演員。

2　甘迺迪（John F. Kennedy），又譯康納第、肯尼地、肯尼第、甘乃第、甘乃迪，1953 年
　　1 月至 1960 年 12 月為參議員（麻薩諸塞州選出）。

3　熊、虎即宋伯熊、宋仲虎。

## 十一月七日　星期一　氣候：陰晴

雪恥：一、泥黑路（印度）又到北平，此一行動或為俄酋下月訪印，作俄、毛、泥三方面有關問題決定之準備。甲、俄、毛、泥三角同盟？規勸俄、毛對美、英之妥協乎？或對阿富汗對俄、捷購械案有關乎？最後證明此消息不確。

朝課後記事，最後修正實踐學社講稿完，付印。到陸軍指參學校，先為革命實踐研究分院第十三期結業學員與婦幹班第四期訓話，照相畢，再對本院與防大參校各學員朗誦革命戰術要領之指示篇完，再到防大視察畢業演習計畫。午課後到博物館，參觀臺灣十年成績展覽會。晚宴美參議員薩爾斯東[1]夫婦與其眾議員「費恩[2]」等，相敘甚歡。晚課後廿三時寢。

## 十一月八日　星期二　氣候：陰

雪恥：一、毛匪欲將其農業集體化十九年計畫，要縮短十年至一九六十年完成，以達成其完全俄化社會之目的，可知今後五年為匪黨之生死關頭，我反攻前後，必須針對此一毒計，確定心戰與實際的破壞政策，根本毀滅毛匪之中心問題即在此也。二、共匪明年籌開其第八屆全會，是其滿擬在侵佔臺灣，至少亦必將侵佔金、馬之後，為其最大之願望也。三、共匪積極建築鐵路與發展邊區公路，對我革命行動究竟為利為害，余以為利多於害也。

朝課，記事，入府會客後，到空軍總部聽取藍天計畫演習之報告與講評，得益甚多，最後指示其應改正之結論，十三時完。午課後審核公文，對共匪

---

1　薩爾斯東（Leverett Saltonstall），美國共和黨人，曾任麻薩諸塞州州長，1945 年 1 月至 1967 年 1 月為參議員（麻薩諸塞州選出）。

2　費恩（Michael A. Feighan），美國民主黨人，1943 年 1 月至 1971 年 1 月為眾議院（俄亥俄州選出）。

農業集體化研究之報告最覺有益。晚觀去年日月潭與廬山遊勝影片，甚有興趣，以勇孫[1]怕見山地凋〔雕〕臉老嫗一節為最。讀詩，晚課。

## 十一月九日　星期三　氣候：雨

雪恥：一、空軍襲匪基地之訓練課目：甲、低空飛行。乙、夜間飛行。丙、惡少〔劣〕氣候（全天候）之飛行。二、消極防空：甲、疏散。乙、防空演習。丙、遷移與預備第二計畫。三、海、空軍對氣象之重要。

朝課後記事，到中央常會，聽取物價上漲總指數為百分之二十五以上，殊足可慮，但其原因並非為財政的，而是為經濟安全會事前毫無供求調濟與預防之計畫所致之，故從速設法措置，尚無重大危險也。午課後批閱要公，研究共匪之五年計畫，明知其決無結果，徒然傷勞民財而已。而其目的全在造成俄化之集體控置〔制〕之社會也。檢察沿海登陸各地區之目標與計畫，甚不完全也。晚入浴，讀詩，審核軍歌（新徵集），甚少可用也，晚課。

## 十一月十日　星期四　氣候：雨

雪恥：一、莫洛托夫自俄回日內瓦重開會議，對德國統一之選舉日期問題，堅決拒絕，並表示其對東德現在地位決不放棄，以便其赤化全德之張本，其野心暴露無遺，於是美、英對俄所謂「日內瓦精神」之一場和平共存春夢，至此粉碎無餘，此乃世界和戰之一大關鍵也。二、日本政客久原房之助[2]訪

---

1　勇孫即蔣孝勇。
2　久原房之助，日本田中義一內閣遞信大臣，七七事變爆發後，提出向中國大陸「進擊」口號。1955 年 10 月 14 日，以日本恢復中、日、蘇邦交國民會議會長身份，拜會周恩來。

共匪，回日以後要求來臺，希圖為共匪說項中國統一問題。此誠昏庸無知之
尤者也，屬岳軍置之不理，然亦可知共匪對臺恐怖心理，以及其狡詐陰謀之
如何迫急矣。

朝課後記事，入府約會日議員穗積七郎[1]，即持久原密函來見岳軍，要求秘密
會談者也。會客，批閱。午課後審閱抗戰時期共匪叛亂經過之概說與檔案，
不禁愧悔交集，刺激之烈，為近年批閱文件所未有者也，幾乎夜不成寐。


# 十一月十一日　星期五　氣候：雨

雪恥：昨晡審閱克氏戰爭論第二篇，作最後之核定，晚與熊、虎二外侄車遊
市中，玩笑為樂，幼少之天真可愛也。讀詩，晚課。

本（十一）日朝課後記事，審核總理誕辰（九十）的宣傳綱要，並指示紀念
講詞要旨。入府召見僑領七人，召見調職人員四名，楊繼先[2]乃可造就之後起
將才乎。召集財經會談，指示其經濟安定委員組織並無物價安定之專門小組，
殊為可怪，不知其所謂經濟安定者物價不在其例，則如何安定其經濟也。午
課後審核戰爭論第三篇，作最後決定，並修正紀念講詞稿。晚與熊、虎二外
侄觀影劇（媽祖傳[3]），是為國片中技術之最好者也。晚課。


---

1　穗積七郎，日本社會黨人，擔任七屆眾議院議員（1946 年 4 月 10 日至 1947 年、1953
　　年 4 月 19 日至 1969 年 12 月 2 日）。
2　楊繼先，號引軍，江蘇阜寧人。時任第三十二師第九十四團團長，1957 年 6 月調任第
　　三十二師參謀長。
3　《聖女媽祖傳》，1955 年出品，吳國璋、何耀光製片，陳文泉編劇、導演，周曼華、
　　張慧、張小燕主演。

## 十一月十二日　星期六　氣候：雨

雪恥：一、共匪又發行相等於港幣十四億元之所謂建設公債。二、共匪向俄購潛艇之消息。

朝課後，修正總理九十誕辰紀念詞第二次稿。十時入府，主持總理誕辰典禮，發表紀念詞，自覺不甚完備，再加修正。召集軍事會談，核定預備師與新兵補充部隊制度，准予美協議簽字。照此協定，則其軍援武器再增補三個步兵師及一個基地師之用也。又核定本年度情報會議，決議各案，並加以指示各點。正午家宴子安夫婦，經兒全家與緯兒皆參加，各小孩耍笑，最為快樂。午課後重修紀念詞完。晡帶武、勇、熊、虎[1]四孩車遊山上一匝。晚宴美空軍參長丁寧，以其有病，故只談普通敵情與應建公館基〔機〕場大意而已。晚課，廿三時寢。

## 上星期反省錄

一、蒙哥馬利（英將）特訪美愛克，並發表其對備戰之主張，此乃英國對俄共侵略覺悟之露骨表示也。

二、共匪要求美國共同發表不用武力之宣言，但其又不肯指明臺灣地區在內之表示。

三、莫洛托夫由俄回日內瓦，堅決反對德國統一等美、英、法所提四項建議，此乃一年來俄共笑臉外交所謂和平共存之謊言，已圖窮見匕矣。美與共匪之談判，其結果如何亦可知矣。

四、中東軍火問題，美、英緊張，而俄共不理也。

五、本周工作：克氏戰爭論第一至第五篇已作最後之審定，革命戰術與實踐學社教育方針各講稿，亦修正發表矣。

---

1　武、勇、熊、虎即蔣孝武、蔣孝勇、宋伯熊、宋仲虎。

六、物價上漲，人心動盪。

## 本星期預定工作課目

1. 土耳其與西班牙反共史之編篡〔纂〕。
2. 國防大學與指參學校畢業典禮。
3. 軍歌之提倡。
4. 日軍在華作戰回憶錄之研究。
5. 戰爭藝術。
6. 讀訓心得之本年題目。
7. 標準規定。
8. 上下職責之規定。
9. 預備師交涉之簽訂合同。
10. 戰爭論譯本序言。
11. 駐美、日大使人選。

## 十一月十三日　星期日　氣候：陰晴

雪恥：一、防大畢業訓詞。二、五箴屏幅之托寫。三、戰爭藝術之閱讀。四、讀訓心得劣等名單。五、陸參校畢業期查報。六、軍歌之提倡。七、實踐學社密訓月刊。

朝課後記事，膳後往訪鄭介民病，聞危險期漸過去，未知果能痊癒否，甚為憂慮。回審閱戰爭論第五篇之第四次未完，禮拜如常。午課後續審戰爭論

第五篇完，最後核定付印。晡與妻車遊淡水回，批閱公文。晚聽取葉[1]部長由美回來報告一小時餘，又見張柏亭後，晚課，讀詩。本日司法行政部郭〔谷〕[2]部長為尹[3]、胡（光麃）宣判無罪案，高等監察署長[4]仍令上訴案情形，甚覺公務員之無國家觀念也。

## 十一月十四日　星期一　氣候：晴　大風但非颱風

雪恥：一、英、俄協商新會員國入聯合國問題，據報外蒙古亦由俄列入其內，並想要求集體通過，而不用各別投票方式，我自反對，聞美亦不贊成此一方式，且美亦不贊反〔成〕外蒙加入聯合國。如果提出外蒙入聯合國案，則我必須使用否決權，至其他東歐共產附庸國，則我不投票表示反對之意，為對美保留餘地也。

朝課後記事，記本周工作預定表。十時到研究院，先與辭修談尹、胡案，准其上訴方針後，紀念周讀實踐學社教育宗旨畢，對立法、監察兩院不肖黨員，借物價與尹、胡案攻訐行政各部，梟張跋扈，動搖政局，加以痛斥與警告，辭句又有過分之處，以後關於此類問題，應有準備與慎重，不作過分之辭為要。

---

1　葉即葉公超。
2　谷鳳翔，字岐山，察哈爾龍關人。1952年10月，任中國國民黨中央委員會副秘書長。1954年6月，調任司法行政部部長。
3　尹即尹仲容。
4　指最高法院檢察署檢察長趙琛。趙琛，譜名懿琛，字韻逸，浙江東陽人。1951年1月，任行政院設計委員會委員兼司法組召集人。1952年1月，任最高法院檢察署檢察長。

## 十一月十五日　星期二　氣候：晴

雪恥：一、駐美大使人選。二、對美宣傳組織與人選。三、美人對孫[1]再用之心理。四、吳逆[2]反宣傳之謠諑，應以事實破之。

昨午課後審閱克氏戰爭論第六篇之第三次開始，審閱至第四章完，已近黃昏，乃與妻車遊山上一匝。據談德國有一傳教老婦，因熱心傳教，竟在大溪逝世，甚為悲歎，以其對中國與對我夫婦竭誠愛戴，而初來不久也。此種傳教之真基督徒，殊為可敬。回寓再審閱戰爭論，廿一時前方得晚餐，散步，晚課。

本十五日，朝課後記事，審閱戰爭論。入府會客後，宣傳會談。對本黨此次自清運動之不利影響，加以指示。午課後，續審戰爭論第六篇八章未完。晡與妻車遊山上一匝，膳後讀詩，晚課。

## 十一月十六日　星期三　氣候：陰雨

雪恥：一、公務員增配實物種類。二、軍隊實施完全配給實物。三、徐傅霖[3]之接濟。四、貴陽街搶案之查報。五、石角砲臺之例。六、外僑住宅在小巷內者之環境清潔。七、學生青年團之特別規定，抬頭、挺胸與齊步。

朝課後審閱戰爭論第六篇第八章。十時到中央常會，討論臺省各級黨部選舉辦法頗詳。午課後記事，續審戰爭論防禦方式章完。到國防大學召見學員卅二名回。晚觀影劇國片鳥語花香，技術較佳。膳後讀詩，晚課。

緯國與邱〔丘〕氏女[4]本日訂婚。

日本自由與民主兩黨昨日合併為一黨，以對抗社會黨。

---

1　孫即孫立人。
2　吳逆即吳國楨。
3　徐傅霖，字夢巖，廣東和平人。1953 年 7 月，出任光復大陸設計研究委員會副主任委員。
　　1954 年競選第二任總統失敗。1955 年 1 月，當選中國民主社會黨主席。
4　丘氏女即丘如雪。

## 十一月十七日　星期四　氣候：雨

雪恥：一、對共匪一切制度，尤其社會農、工、商制度與組織，皆應研究對策，擬定代替制度（三民主義為基礎）。二、對歐美宣傳組織與經費。三、空軍巡邏機與海軍巡邏艦之直接通信。四、磁雷掃布之訓練與美援供給磁雷。五、金、馬為黨政軍聯戰實驗區，與戰地政務之實施。六、舊金山收音機與工作人員之加強。七、各種標準之規定。

朝課後記事，重審戰爭論，批注。入府召見俞[1]部長、彭[2]總長，商討軍援問題。召見防大學員與美國西北航空公司經理等畢，批示。午課後，審閱戰爭論第六篇九章完，往防大召見學員卅二名回，晚批注戰爭論第六篇之九章，閱報，晚課。

## 十一月十八日　星期五　氣候：雨

雪恥：一、發俞[3]旅費。二、山地戰部隊之組訓。三、作戰計畫近期計畫之擬訂。四、南洋與歐美僑胞之對匪運用。五、中、美聯合司令部應否設立。六、直升機與特種部隊之編組準備計畫。七、學校所學的學術，重在出校服務時之實習與研究發展。八、防大通信學員應加多。九、服務指導應特重邏輯。十、防毒訓練。十一、陸軍獨立作戰之精神。十二、聯合作戰要領：甲、統一指揮。乙、貫澈命令。丙、密切聯系與配合。丁、互信。戊、任務與特性之認識（相互信賴）。己、思想與觀念之一致。庚、根絕本位主義。

朝課後記事，入府會客，召見學員十五名，召集財經會談，指示其組織與設計及宣傳之不夠，應積極改正。午課後召見學員，手擬克氏防禦篇之批注，足費四小時之久，晚課，廿三時寢。

---

1　俞即俞大維。
2　彭即彭孟緝。
3　俞即俞國華。

## 十一月十九日　星期六　氣候：陰晴

雪恥：一、共匪閩、汕沿海之作戰準備：甲、汕潮新築營房，可容十萬人之營房。乙、大嶝島通大陸之堤岸已開始修築，此為對我反攻戰略與防守金門計畫當前重大之威脅，應設法破之。二、與史敦普應提問題：甲、閩海岸敵情。乙、八英吋之防砲。丙、海軍小型計畫明年度之準備。丁、史麥次態度不壞，望加慰勉。

朝課後記事，重修防禦理論之批注（克氏戰爭論）完，入府召見查良鑑[1]，應加獎勉。召見防大學員十五名畢，軍事會談。據叔銘空偵最近報告，空〔共〕匪在潮汕與泉廈之積極建築工程之速度，殊堪重視。午課後召見防大傍聽學員卅三名。晚殲甲，閱報，散步，晚課。

## 上星期反省錄

一、日內瓦四國外長會議閉會，一無協議，可說完全失敗，未知美國今後反共抗俄之政策能否較為積極。而俄對阿拉伯國家與阿富汗之反美政策，可說步步緊逼完成矣。

二、俄黨政二酋已實行訪印，並有八億美金援助印度第二個五年計畫之意，故印特要求美國貸借十五億美金之試探，可笑可恥。

三、共匪在汕頭附近建築新營房，約可容十萬人之兵力，此為對我反攻戰略之重大阻力也。

四、蒙哥馬利訪美，大倡其積極備戰論，是其夏季之避戰求和論完全不同矣，應加注意。

五、克氏戰爭論上卷第五篇止，已修正完成付印，此為學業上重要收獲也，國防大學第四期畢業生，單獨各別召見完畢。

---

1　查良鑑，字方季，浙江海寧人。1949 年到臺灣後，初任臺灣大學法學院教授，後任司法行政部政務次長。1951 年毛邦初案發生，和周宏濤專程赴美，向法院控告毛邦初。

## 本星期預定工作課目

1. 防大畢業訓詞要旨：甲、三軍聯戰之要領。子、協調聯系。丑、互信與自信。寅、思想一致。卯、精神團結（互助信賴）。辰、本位主義與個人自私觀念澈底消除。己〔巳〕、認識任務（負責盡職）。乙、三角形攻擊戰鬥群。丙、日軍在大陸作戰回憶錄。丁、軍歌。戊、標準規定。己、精神與物理、哲學與科學、職責與品德、互信與自信融合一體的教育－團結、信賴、協調、聯系、統一、集中的思想與觀念。庚、計畫與準備、秘密與周到。辛、陸軍獨立作戰之精神。壬、思維與邏輯。癸、防毒與通信。
2. 史敦普協商要件之準備。
3. 物價與經濟問題之研究組織。

## 十一月二十日　星期日　氣候：雨

雪恥：一、與史敦普談話要目：甲、美軍駐臺各部分之統一負責，應歸協防司令部。乙、金馬防務戰備之八英寸重砲。丙、中國海軍明年度之建設，戰力計畫（目標）之訂立。丁、公館機場從速建築，以示美軍協防之決心。戊、港口防禦之聽音機與聲納速運。己、兩個軍對抗演習之定期舉行。庚、軍援之整個計畫。

朝課後記事，上午審閱克氏戰爭論第六篇第十章之第三次開始。禮拜。午課後續閱第十一章要塞之部完。史敦普夫婦來談，寄住於靜觀室。晚觀美製「浪子回頭[1]」影片，甚佳。膳後散步，晚課，修正第十一章完。十一時前寢。

---

1　《浪子回頭》（*A Hatful of Rain*），1955 年百老匯劇，後改編電影於 1957 年 7 月 17 日首映。敘述韓戰退伍軍人染上毒癮，嚴重破壞家庭，此影片獲第二十二屆威尼斯國際電影節天主教人道精神獎。

## 十一月二十一日　星期一　氣候：晴

雪恥：一、日軍在中國戰場之經過記錄，應令師長以上官長研究心得。二、團長與參謀各級主官之任用，必須由參校與防大之教官經歷成為法令。三、人事與管理業務之特別督導整頓。四、主動負責與尋求資料對有關部門自動聯繫，為今後考核學員成績能力之重要標準。五、只要依照所定規律原則以及科學方法，研究處理問題，無不可解決的問題。

朝課後記事，手擬對要塞存廢問題之意見（評論戰爭論之要塞章也）完，到國防大學舉行防參二校畢業典禮訓話，召見顧問，到參校第六期畢業生點名、聚餐、致訓。午課後審閱戰爭論防禦陣地章完，晚宴史敦普夫婦畢，談話後，與妻車遊山上一匝，晚課。

## 十一月二十二日　星期二　氣候：晴

雪恥：一、美國務院對俄提外蒙古與其他新會員會國[1]集團入會之要求，突然改變態度，且要求我國不用否決權，並設詞恫嚇，殊為可痛，應即嚴加駁斥與拒絕，表示其最後不變之堅決方針。二、對上案政府發表聲明，使美、俄等皆死心塌地的絕望，再無拷搾餘地，是為近日來最切思之問題。但未到最後時機，恐先發表反為俄共宣傳，使其他新會員國對我不良之影響，亦應注意。

朝課後記事，修正戰爭論譯稿。入府召見俞[2]部長等後，召見陸參學校畢業學員廿名畢，一般會談。希聖報告四外長會議後之國際形勢，頗有研究。午課後批核要公，修正譯稿。晡約見藍欽大使，談外蒙古加入聯合國，我決使用否決權之立場，屬其轉報國務院切勿受俄之威脅也。觀美製影劇，膳後晚課。

---

1　原文如此。
2　俞即俞大維。

## 十一月二十三日　星期三　氣候：晴

雪恥：近日所最傷心與痛苦之事：一、曹啟文[1]一面借孫案問題以圖對余報復其撤革酒泉專員之仇，一面復借其政校學生身分，自稱門人以圖勒索，並以其監察委員名義對孫、郭[2]叛逆案吹毛求疵，另有所求，其私函文字之卑鄙荒唐，不啻為孫、郭本人所不及，此可說一般黨員與智識分子之心理變態的神經病狀，只可忍之，以觀其今後如何行動，不必過於注重則得矣。

朝課後記事，續修譯稿。到中央總動員會報，對經濟社會各報詳加指示，並對警務處長之官僚作風嚴加斥責。午課後對曹來私函忍痛讀罷，不忍卒讀者，幾乎四次以上，可痛極矣。經兒來見，續修戰爭論譯稿。晡約蒲立德談話，晚在靜觀室與史敦普夫婦便餐，親如家人也。車遊後晚課。

## 十一月二十四日　星期四　氣候：晴

雪恥：一、對警務處限期追究搶案。二、對愛克與杜勒斯來電之答覆大意：甲、聯合國之原則與精神，應不准俄共附庸奴屬者之參加，以污辱神聖聯合國之組織。乙、如自由新會員國與俄附庸國集團參加，則無異污辱其自由國家之地位等於附庸矣。丙、我對自由國家之新會員歡迎其參加，即使東歐四國為自由新會員國關係，我可不用否決權。丁、如只許俄使用其無限制之否決權，而不許我為國家生命關係，自願犧牲其應享之權利，則否決權無異為俄國所專有，亦無異聯合國為俄共侵略強權所獨佔，其將何以善後。

朝課後記事，入府召見學員廿名，手擬反對外蒙古加入聯合國案宣言要旨，

---

1　曹啟文，字漢章，甘肅海源人。歷任甘肅省第七區（酒泉）行政督察專員兼區保安司令（1942 年 11 月 11 日免職）、甘肅省臨時參議會副議長、制憲國民大會代表。時任監察委員、「孫立人兵變案」監察院五人調查小組召集人。

2　孫、郭即孫立人、郭廷亮。

召集陳、張、葉、黃等[1]，商談對聯合國關係與利害問題，除屬生外，其餘皆主張不使用否決權。正午宴錢穆等訪日團員。

# 十一月二十五日　星期五　氣候：晴

雪恥：昨午課後修正戰爭論之側面陣地譯文後，重召集陳、張等[2]，續商對外蒙入會使用否決權問題。余闡明其利害與成敗關鍵，完全操在我政府本身，應即從速表示我堅定立場（使用否決權之立場），纔能阻止美國對此案提出安理會，則我自可不用否決權也。若其再不顧我態度，而仍允俄、英正式提出討論，則是美逼迫我使用否決權，則其責在美國，如我果用否決權，則美國本身之利害關係當不願出此，故決覆愛克等電，重加申明，並正式發表宣言，以表示我國不易之立場。眾皆同意照此進行，乃散會。與妻車遊後，修稿，散步，晚課。

朝課後記事，手擬覆愛克電要旨。入府召見調職人員，主持情報會談。午課後，續修戰爭論譯稿，審核覆愛克電稿，三次修正後交發。

# 十一月二十六日　星期六　氣候：晴

雪恥：昨晡約軍樂隊顧問茶會後，與妻車遊山上一匝。晚續修戰爭論山地防禦戰之續章完，讀詩，晚課。覆愛克電發出後，自覺舒展無慮，近來凡遇重要問題，經過正反合之思維以後，再以體仁集義、自反無怍，即作最後決定，不復如往日之繼續憂〔猶〕疑不定矣，此乃為修養進步之效乎。

---

1　陳、張、葉、黃等即陳誠、張厲生、張羣、葉公超、黃少谷。
2　陳、張等即陳誠、張厲生、張羣。

本廿六日朝課後，續修戰爭論譯稿，約大維部長來寓朝餐，敘別，以彼今日飛美療病也。入府會客，召見調職人員四名，主持軍事會談，報告美顧問團對我陸、海、空三軍三個月來成績與優劣各點，此實於我高級將領最重之教育也，殊對美顧問中心感激不置，此為任何外國顧問所不願指評者也。午課後續審修戰爭論譯稿至山地防禦各章完後，與妻車遊後回，記事。晚讀詩，晚課，沐浴。

## 上星期反省錄

一、中東巴克達五國盟約訂立，首次開會完成。

二、意大利外長來訪遠東，經臺不訪，而直飛日本作友好訪問，可知國際勢利如此也。

三、美國對外蒙古進入聯合國問題，以俄國如外蒙問題如無確實保證，則對其他十三國皆不允同意，且先用否決權之恫嚇，故美向我轉施壓力，要求我只可棄權，而勿使用否決權，以聯合國內六十國中已有五十國贊成加拿大之提議，准許外蒙與其他新會員國一律入會也。余最好決定仍照一貫方針，對愛克覆電，嚴正拒絕其要求也。此為十年來對我國切身問題之一，故不能不慎思明決也。

四、史敦普來臺視察，對我外島防衛當能增強也。

五、監察委員曹啟文之言行，殊為痛心。

六、在十分悲憤痛苦之中，對戰爭論譯文之審修，仍繼續無間，如計工作，自覺尚有恆心耳。

七、唐僧玄裝〔奘〕靈骨由日僧送還我國。[1]

## 本星期預定工作課目

1. 要塞分期撤廢之計畫，與訓練基地之建立。
2. 砲兵射擊場之建立。
3. 日月潭休假期中之工作計畫。
4. 清理積案。
5. 駐日大使之人選。
6. 駐美大使徵求同意之時期。
7. 赴美考察人選之擬定。
8. 否決外蒙進入聯合國情勢之注意。

## 十一月二十七日　星期日　氣候：晴

雪恥：一、美政府對我的不准外蒙加入聯合國之堅決覆電，似已發生效果。
今晨為緯國結婚事，以致家中誤會，頗感不安，惟妻能以基督精神自悟，反
覺為幸。朝課後巡視後山衛隊憲兵駐所回，記事，記上周反省錄畢，批閱對
美宣傳計畫等要公，禮拜如常。午課後審閱戰爭論河川防禦章，鈕[2]員譯文模
稜籠通、含混不清，尤其是助詞使用不當，以及其不敢使用助詞，幾乎上、

---

1　中日戰爭期間，日人在南京帶走玄奘大師頂骨舍利，供奉在日本崎玉縣慈恩寺，1955
　　年 11 月始將部分頂骨舍利歸還中華民國佛教會，暫時安奉於日月潭畔玄光寺；1965
　　年 11 月，玄奘寺落成後，靈骨才迎奉入寺。
2　鈕先鍾，筆名萬切，生於江西九江。1949 年進入中國廣播公司，從事新聞傳播和翻譯
　　工作，後任國防計畫局編譯室主任、《軍事譯粹》發行人，引入國際政戰資訊，提供
　　政府高層理解國際情勢。

下句節之文義是否連斷，更使閱者如入五里霧中，此種偷機取巧之譯員，殊不可恕也，但仍繼續忍痛修正。晚與妻車遊山上與市內回，續修譯稿後，晚課。

## 十一月二十八日　星期一　氣候：陰

雪恥：一、厲生談曹啟文事。二、岳軍談駐日大使人選。三、孟緝談預備師協定，以及空軍機械修護問題與赴美考察之人選。四、今後三軍種補充與經費之優先程序：甲、空軍。乙、海軍與陸戰隊。丙、陸軍裝甲部隊。丁、各軍師為標準。

朝課後審修戰爭論，膳後散步回，記事畢，續修戰爭論。午課後續修戰爭論譯稿至國家鎖鑰章完。晡散步，閱工商報社論，對英、美政策失敗之評論甚為正確。晚宴芳澤[1]大使與倉持[2]大僧正，即護送三藏靈骨來臺者也。宴畢讀詩，晚課。

## 十一月二十九日　星期二　氣候：雨

雪恥：一、世界大勢自四國外長會議失敗至俄帝試炸氫彈以後，大戰局勢愈逼愈近。二、吾人如何發憤自強學習訓練，能趕上時代，無愧為革命信徒，在此大時代中能佔有歷史之地位。三、精神（無畏的膽量），習性（自私、惰性、消極、欺妄）之如何革除，以養成自動負責，創造合作新的習性。四、

---

1　芳澤即芳澤謙吉。
2　倉持秀峰，1944 年 10 月 10 日，以日本佛教會會長身份，前往南京帶走玄奘大師頂骨舍利，供奉在日本崎玉縣慈恩寺。1955 年 11 月 25 日，代表日本佛教界率團安送玄奘頂骨抵臺灣。

人格與犧牲之決心，鮮血與生命方能完成歷史的使命，與雪恥復國的任務。

朝課後記事，手擬令稿十五條。入府與岳軍商駐美、日大使事，與屬生談曹啟文案，將其來函交還，表示不能接受其侮辱之言行。召集宣傳會談。午課後續審修戰爭論，對敵人側背行動章甚費心力。接愛克覆電，乃以私情再要求我對外蒙不用否決權也。

# 十一月三十日　星期三　氣候：陰

雪恥：昨晚研究對側背行動之幾何學理關係，約二小時，仍未能澈底了解也。晚課後以家事，緯國不知大體，沉悶。廿二時寢。

朝課後記事，考慮對軍事會報訓話要旨，九時到三軍托兒所軍事會報，致訓約一小時餘畢。召見劉玉章與華心權，指示金門與馬祖防衛要領，又見空軍測照隊員陳懷[1]、田建南[2]二生，在測照鷹潭附近大橋時，被敵機沿途圍擊之冒險偵測情形，其英勇行動殊堪欣慰，特予獎勉。據孟緝面報，昨日我金門砲兵集中射擊共匪大墩〔嶝〕島向大陸築堤之大批敵匪，殺傷大半約數百人，而顧問團反來提抗議，以為我軍此次首先砲擊敵軍築堤敵軍，是攻擊性行動，以後應該阻止之警告，豈不可怪。此等無理之干涉，當不予置理。以該堤如果築成，則其更大口徑之重砲，可以直達大墩〔嶝〕島，其射擊範圍乃可遍達於金門全島也，烏乎可。

---

1　陳懷，原名陳體懷，後改名陳懷，福建福州人。中華民國空軍飛行員，黑貓中隊隊員，先後飛過 P-47、P-51、B-25、T-33、RF-84、F-86、F-100 等各型軍機，後擔任 U-2 機高空偵察機飛行員。

2　田建南，浙江紹興人。1953 年調派桃園空軍第十二照相偵察中隊擔任偵察機飛行員，曾分別飛過 RF-51、RB-25、RT-33、RF-84、RB-57D 等型偵察機，完成許多次艱險的偵照任務。

# 上月反省錄

一、四國外長會議，以俄共拒絕德國統一方案，以及其裁軍問題，亦絲毫不肯讓步，可說日內瓦精神和平共存之幻想澈底破產，加之俄、捷供埃及軍火，煽動阿拉伯各國反對英、美，而布加寧與赫裡雪夫二酋親訪印、緬，竭力詆毀英國，復以其試爆氫彈成功，在印大事誇耀其實力之下，印度民眾對其歡迎形勢幾乎如火如荼，從此印、緬社會必將為其共產所脅誘，而完全入於共產之圈套。「泥黑路」雖猶想以中立自欺自保，如其不倒向俄共，則其不久必為印共所倒，決無疑義，英國對俄政策其亦將不能再維現狀自欺乎。此實為本年國際上和平共存幻夢大覺醒之一月乎，亦為大勢轉變之一最大關鍵乎。

二、中東四國與英國訂立巴克達聯盟公約，第一次開會已於本月杪舉行，美僅派觀察員參加會議，而不加入盟約，殊令人不解也。

三、美、毛在日內瓦談判，共匪要求美國同時發表不用武力之共同宣言，並不願指明臺灣在內，其間有一時期美幾將接受，因我竭力反對而尚未果，但其邪惡談判仍在進行未斷也。

四、共匪宣布其明年初在大陸發行偽幣五億元公債，幾等於港幣十四億元，而其對私營工商業以公私合營名義，亦與農業合作同時並進，其必使我全體人民非澈底變為赤貧之無產階級，人人受其牽着鼻子任為奴隸牛馬不可矣，尚能忍待乎哉。

五、共匪在潮汕建築十萬人之營房，此對余原定反攻之戰略，實受一重大之障礙，今後又應另籌對策變更戰略矣。

六、美對俄與加拿大整批入會外蒙在內之提案，竟變更政策，並強迫我勿使用否決權，一面指使其美各大報輿論贊同，加我以壓力，殊為可鄙，彼美誠不知我中華民族之精神與性格之盲人，可笑亦復可憐。

七、我對大墩〔嶝〕共匪築堤之砲擊，阻止其大陸通大墩〔嶝〕之重砲運道，美竟提出抗議，認為我有攻擊性之砲擊不符協定，更為可笑，惟有置之

不理。

八、本月總理九十誕辰紀念詞、防大與陸參畢業訓詞,以及戰爭論譯文最後一次(第四次)審修之第六篇完成。

九、中旬臺灣物價波動甚激,幸不久已漸平復矣。

十、立法院點名表決之議事規則,本月始完成手續,此為本黨對管理立法院黨員之最大進步也,然而難矣。

# 十二月

蔣中正日記
Chiang Kai-shek Diaries

# 民國四十四年十二月

## 本月大事預定表

1. 獎勵查良鑑。

2. 年終心得論文課題。

3. 去年論文優者之發表。

4. 決定駐美大使人選。

5. 克氏戰爭論譯文最後一次審畢付印。

6. 金門換防開始。

7. 對外蒙入聯合國與整批入會案決定使用否決權。

8. 經濟問題與美援不濟之預防。

9. 地方預算以衛生與道路殖〔植〕樹為優先。

10. 元旦文告。

11. 高中畢業生應先服兵役。

## 十二月一日　星期四　氣候：晴

雪恥：昨午在府處理要公後回寓整書。膳後與妻起飛至臺中，轉日月潭，沿途風景實以土城、雙冬一帶為最足欣賞也，在車中午課如常。晚審閱戰爭論

向國內撤退章完，晚課。散步後為大姊 [1] 病禱告甚久，廿二時半寢。

本（一）日朝課後續審修戰爭論，膳後散步，遊覽湖光山色後記事，續審戰爭論。午課後續審戰爭論第六篇第二十六章完。晡與妻乘船，至對岸青龍山上正在修建玄裝〔奘〕僧骨之藏塔地址，遊覽畢回。觀美製影劇後晚膳，散步，晚課後寢。

本日為我夫妻結婚二十八年紀念日，特來日月潭遊憩，默禱上帝護佑，使我倆能久而彌篤，完成上帝所賦予之使命也。


## 十二月二日　星期五　氣候：晴

雪恥：一、人事考核格式標準從速規定頒發。二、印送曾公家訓於各將領。三、兩個軍對抗演習日期之預定及其準備。

朝課後續審修戰爭論第六篇譯文，自廿七至廿九章完，除膳後散步與午課外，幾乎皆作此審修工作而忙碌。晡與妻散步至埔里道上，半小時後乘車，巡視魚池村之邊緣方回。晚記事，聽報，接閱公超代擬復愛克第二電稿，覺太無力，擬待明晨再行着手修改也。晚課，讀詩，廿二時寢。

本晨六時起床，天正黎明，山色蒼翠，湖光如鏡，此種平靜清幽之安樂景象，惟有此時此地方能享受領會也，只此已不辜負此行矣。其他午景、晚景，當風靜日和時，遠近諸峰倒映潭中，夕陽晚霞天水一色之際，不覺仙境即此，故對美國輿論之一致壓迫、橫逆侮辱之來，亦澹然兩忘矣。

---

1　大姊即宋靄齡，宋美齡長姐，孔祥熙夫人，1947 年移居美國。

# 十二月三日　星期六　氣候：晴

雪恥：昨（二）日美國大小各報對我國在聯合國大會宣布，如外蒙古亦包括其整批新會員國請求入會之中，我決定使用否決權之宣布，乃即一致評〔抨〕擊，各種幻〔幼〕稚猜測與曲解，幾認我為破壞聯合國之惟一惡棍，而其對俄共同時所宣布的如外蒙不能參加，則其對非共之十三新會員國亦必投否決票之聲明，則禁〔噤〕若寒蟬，而默認其為由我所逼迫致此矣，其他各種理由與法律道義皆置之不問。此種邪惡言行出之於美國，所謂自由世界之民主模範領導者，則人類生命必將被其完全斷送於俄共，所謂世界革命之手而後快乎。余對此種幼稚卑劣行動，明知為其政府對我恫嚇之所為，故澹然置之。惟一本既定政策，仍以平心詳覆，不變初衷。彼雖強加壓迫，當無如我何矣。

## 上星期反省錄

一、本周來日月潭休憩，以度我夫妻結婚廿八年之紀念。畢生革命，年年皆在戎馬奮鬥之中，至今兩鬢如霜，一事無成，對家對國慚惶無已。惟在此大失敗之後，仍能享受此種山水美景之樂，不禁感謝上帝賜予洪恩不置，更信皇天決不負其有心之子民。今日失敗之逆境，必為日後成功之基點矣。

二、美國政府指使其重要各報反對我使用否決權，幾視我對美勒索之惡棍，反以俄共使用否決權為正當，可痛孰甚，能不仗義奮起與此邪惡決戰乎。

三、俄共氫彈試爆以後，美國猶以為俄共果知氫彈威力之猛烈與毀滅性，其必更不敢發動大戰之感想，是誠天真之極，而乃有此推己及人之妙論。未知來日大難之如何了局矣。

## 本星期預定工作課目

1. 審修戰爭論第七篇完。
2. 對聯合國否決權之決心。
3. 對美恫懾不道之態度，予之奮鬥到底。
4. 蒲立德之惡劣態度應慎重應付。
5. 招待美眾議員來潭。

## 十二月四日　星期日　氣候：晴

雪恥：昨（三）日朝課後，即着手修正葉[1]部長代擬余覆愛克之第二覆電稿，約一小時方畢。膳後散步半小時，續修戰爭論譯稿戰場的防禦第三十章未完。日間湖山如畫，時用自娛，誠使余恥辱澹忘，不覺身在仙境矣。午課如常，晡與妻乘船往訪進水口之噴泉，幾乎不見其噴湧之源頭，何耶。回船，夕陽晚霞水天一色，余何幸而能仍享受此等快樂無比之幸福耶，感謝上帝不置。晚與公超電話數次，定稿照發矣。晚課。

本（四）日朝課後記事，膳後散步至涵碧樓西側高岡上，重勘「基督第五凱歌堂」基址，並相度前後形勢，甚為適宜也。順道視察小學，整潔可嘉，對其校長張士琦[2]擬予獎勉。回寓續修戰爭論譯稿，至十七時前，該第六篇方得修改完成，本篇實為其全書中最周詳之一篇也。午課如常，晡乘船至湖上西南方最深凹之幽灣遊覽。

---

1　葉即葉公超。
2　張士琦，安徽滁縣人。1951 年 11 月任臺灣省宜蘭縣壯圍國民學校教員。1952 年 9 月調任宜蘭縣中山國民學校教員。1953 年 2 月調任彰化縣鹿港中學教員。時任南投縣魚池鄉明潭國民學校校長。

## 十二月五日　星期一　氣候：晴

雪恥：昨晚整理陣地防禦各章譯稿，作一整個有系統之審核後聽報。蔣廷黻〔黼〕二日在聯大所發表講稿全文，乃為最正大嚴明之文字，應加特獎。晚課後就寢，幾乎失眠，乃服藥後始安睡。

本（五）日工作：甲、獎勉蔣代表電文。乙、覆大維電。

朝課後手撰戰爭論第六篇（防禦）之總評後記事。膳後散步如常，續審修戰爭論第七篇開始。午課後續審至渡河章完。晚美國眾議院邱吉夫人[1]等六人特來日月潭相訪，其團長薩普斯基[2]為民主黨員，相談甚洽，至廿二時後方畢。晚課，讀詩。今夕談話對於越南反攻一節，自覺失言為愧。廿三時寢。

## 十二月六日　星期二　氣候：晴

雪恥：在此聯合國集體入會與外蒙問題，正與全世界邪惡逼迫的勢力奮鬥方烈之際，而蒲立德乃以其在西子灣寓所傭工與高雄要基〔塞〕部官兵互毆小題，提出要求，必欲撤換司令官之處分，並要將其傭工（華人）立即帶往美國，由其保護。直視我政府與國家為無法律、無主權的殖民地，聞之殊為可笑。此友當然為美國民族性之表現，但其根本存有神經病也，只可以澹然平正對之，總不使其惱羞成怒之現狀固執到底也。

六時起床，朝課後與美議員朝餐敍別。終日續審修譯稿至「無決戰性的攻擊」章止，譯文甚劣，故時自困勉。午課、晚課及散步如常。夫人送邱士〔吉〕夫人回臺北，故今日余為獨身漢矣。但夜間自廿二時起，睡眠最佳為樂也。

---

1　邱吉夫人（Marguerite S. Church），美國共和黨人，1951 年 1 月至 1963 年 1 月為眾議員（伊利諾州選出）。

2　薩普斯基（Clement J. Zablocki），美國民主黨人，1949 年 1 月至 1983 年 12 月為眾議員（威斯康辛州選出）。

## 十二月七日　星期三　氣候：晴

雪恥：杜勒斯今日代愛克覆電，仍不願設法打消外蒙入聯合國案，而堅決反對我行使否決權之主張。此事應召見藍欽，面告其最後之決心，以免其再誤認余為恫嚇與勒索，而使之澈悟也。甲、不可以中國無力量即為無地位。乙、我決無任何要求條件，或希望保全聯合國中地位之意。丙、中、美雖不共存亡，但有同成敗與榮辱之關係。丁、大陸已經為俄共侵佔，則聯合國區區地位，以及臺、澎區區幾個小島之得失，在我國革命立場言，實已無所為，況聯合國代表僅為中華民國反共之象徵而已。戊、美國對我大陸中立與放棄政策之教訓，與余下野之決心，實為美國政策之逼成。己、耶爾特密約 [1] 與此次承認整個入會之性質，其對美之損害程度，無論將來或現在皆易發現，必將成為杜、愛 [2] 政治成敗最大之關鍵。庚、余為挽救美友之失敗計，不得不貫澈我政策到底。現在雖為美友所嫌惡，但必有諒解余實為其忠友之一日。辛、只要其認我在聯合國無必要，或對美有妨礙，則我可隨時退出。壬、美國對我使用〔否〕決權認為是惡棍，而對俄使用十三國否決權，似認為君子之應有行動。癸、中俄協定與整批交易，對中美利害關係之區別作一比較。

## 十二月八日　星期四　氣候：晴

雪恥：昨日朝、午、晚各課如常。上午記事後，續審修戰爭論譯文第七篇之關於勝利之極點章卅六節止。朝、夕散步各二次，對工作頗感暇逸。晚夫人

---

1　即雅爾達密約。
2　杜、愛即杜勒斯（John F. Dulles）、艾森豪（Dwight D. Eisenhower）。

自臺北回，與曾寶蓀[1]、約農[2]及鄭曼青夫婦[3]等同來遊覽。晚膳前決召藍欽來會，面告其最後之決心，以破除美國之迷夢也。讀詩，批閱公文，廿二時後寢。

本（八）日六時起床，朝課後手擬對藍欽談話要旨十項畢，記事。膳後續審修譯稿，戰爭論第七篇完，甚覺自慰，至分館散步。十時半公超與藍欽來訪，即開始談話。余屬其首先詳述其國務院所欲對余盡言者，約半小時畢。余乃將余所欲言者闡明立場與決心，約一小時半，望其速告杜氏，以期其澈底覺悟也。今日談話幸妻參加，凡公超所不敢譯者，皆從傍補正無遺，而以毫無所求，並指美此種中立政策，將為其最大失敗之種因也，為談話之重點。

## 十二月九日　星期五　氣候：晴

雪恥：昨午與葉、藍[4]聚餐閒談，至十三時半別去，自覺心安理得，甚感窮理知本則知止，集義養氣則有定之格言，對我修養補益之大也。午課後記上周反省錄畢，暫不續修譯稿。乃帶妻與曾寶蓀、約農、鄭曼青夫妻遊湖，至光華島再轉三藏塔址視察後，回館觀影劇（袁世凱），不甚精綵〔彩〕也。膳後閱報，讀詩，晚課，廿二時寢。

本（九）日朝課，記事後閱報，悉整批入會案已由聯合國全體委員會通過，惟我與古巴反對，美、法、希、比、以色列五國棄權，提送安理會推荐其入會，此不能拘束我在安理會使用否決權也。任何壓力亦不能動搖我決心，

1　曾寶蓀，字平芳，號浩如，湖南湘鄉人，曾國藩曾孫女。1947 年當選第一屆國民大會代表。歷任光復大陸設計研究委員會副主任委員、國民大會主席團主席。曾編校《新舊約聖經提要偈子》行世。
2　曾約農，原名昭樅，字約農，湖南湘鄉人，曾國藩曾孫。1949 年避難香港，隨後轉赴臺灣，受聘為臺灣大學英文教授，1955 年被東海大學董事會推舉為首任校長。
3　鄭曼青夫妻即鄭曼青、丁惟莊。鄭岳，字曼青，浙江永嘉人。著名中醫師、畫家、武術家，精於太極拳，為鄭子太極拳的創始人。時任國民大會代表，指導宋美齡花鳥畫法。丁惟莊，江蘇無錫人。首任航空署署長丁錦（字慕韓，號乾齋）之四女，1941 年與鄭曼青結婚。
4　葉、藍即葉公超、藍欽（Karl L. Rankin）。

只看美國如何行動矣。上、下午皆續審修戰爭論第八篇譯文之第四章完，晚批閱公文數十件。朝、夕散步，與午、晚課皆如常。

聯合國特別政治委員會昨日通過整批入會案，正是余對藍欽談話之時也。

## 十二月十日　星期六　氣候：晴

雪恥：一、法國與比利時對整批入會與十八國新會員提名案，如在安理會能棄權，則連中、美兩國，共有四國棄權。只要再加一國土耳其，即成為五國棄權。該案即得不到七票通過之數，如美國果能共同努力，要求土國同時棄權，事實上甚為容易，試看美國究竟有否主持正義與憲章之精神為斷矣。二、我國另提十三國各別投票入會案，只〔至〕少可逼俄共先使用否決權，其作用亦大也。

朝課後記事，記上月反省錄。上、下午皆審閱戰爭論譯文第八篇之六章。午、晚課與朝、夕散步皆如常。晡與妻視察水電源[1]出口處回，觀電影劇。晚讀詩，廿二時後寢。

## 上星期反省錄

一、本周為聯合國整批入會與外蒙在內案，與俄、加、英、美各國激烈鬥
　　爭之開始。尤其是美國聲明其遵守范登保[2]提倡「凡新會員入會不用否決
　　權之原則」，以為將來共匪加入聯合國時，亦不用否決權之張本，其卑
　　鄙可謂極矣。故我在此次非使用否決不可，以表示我決不容許其有兩個

---

1　原文如此。
2　范登堡（Arthur H. Vandenberg, 1884-1951），又譯范登保，美國共和黨籍參議員，曾任
　　參議院臨時議長、外交關係委員會主席。

中國之陰謀，寧為退出聯國，以表示不為瓦全之決心也。此次美國對我之壓力，不僅動其全國主要之輿論，而且動世界所有共產與反共、非共各國之威脅，以加諸一身。其比之四、五月間強迫我放棄金、馬者，不啻什倍。且認我使用否決權為自殺之道，其誠不識余為何如人也。本星四日，余對藍欽警戒美國政府表示決心之後，彼應可恍然大悟乎。

二、東德傀儡接受俄國交還其主權，並宣布其將封鎖柏林，此乃俄共對美、英又一種冷戰之方式也。

三、在此聯合國與美國萬鈞壓力之下，而對於戰爭論譯文之審修，每日如計完成，毫未中斷。今只殘第八篇最後之一章矣，自覺深以為慰，外力其如對余何耶。

四、留潭十日，每日工作更忙，但氣候和暢，山水明秀，甚得鳶飛魚躍、朝暉晚霞之樂，心身當有進益也。

## 本星期預定工作課目

1. 聯合國新會員國入會問題。
2. 蒲立德問題。
3. 戰爭論譯稿審修完。

## 十二月十一日　星期日　氣候：晴

雪恥：一、教彭[1]讀曾氏家訓家書。二、電廷黼〔黻〕，堅持使用否決權方針，如其在安理會另有四國棄權，則我亦可棄權。只要不使此案成立，即可

---

1　彭即彭孟緝。

免用否決權也。三、空軍官校畢業禮日期之預定。四、蒲立德態度之注意。
朝課後記事，閱報。膳後散步回，續審修戰爭論譯文至第八篇第八章完。據
公超電話，昨日安理會提出其大會通過之集體入會案，與我國提出分別入會
案，討論程序問題，相持不決。故延會至十二日，繼續開會辯論，美國態度
仍無多大變更也。午課後與妻及來賓同遊番化社，嫌其太過洋化矣。回館入
浴後，記上周反省錄。膳後散步，讀詩，晚課，十時前寢。

## 十二月十二日　星期一　氣候：晴

雪恥：一、古物保存處之道路與衛生設備應先行建築，准撥經費。

朝課後記事，閱報。在聯合國，昨日紐西蘭、巴西二國繼我之後，又提出一
個折中案。其要點，對此十八國入會手續仍在安理會逐一投票表決，此或美
國轉變態度之跡象，但其對我尚無表示其轉變之意，要在最後五分鐘投票時，
方能決斷也。但余認為其政府果有政治理知，則其不能不懸崖勒馬耳。膳後
散步遊覽，樂觀湖中遠山之倒影，頗覺從容自得也。十時前與妻出發，再到
霧峰故宮博物保存室，參觀古畫與故宮玉器後，午膳畢，上機回臺北，入浴，
閱報，散步，午課。晚宴美陸軍部長布拉克[1]夫婦，相敘甚得。晚課後廿二時
半寢，近夜睡眠皆佳，而今夜為最也。

本日為西安蒙難第十九周年紀念，能不奮勉自贖乎。

---

1　布拉克（Wilber M. Brucker），又譯布魯克，美國共和黨人，曾任密西根州檢察總長、
　　密西根州州長，1955 年 7 月至 1961 年 1 月任陸軍部部長。

## 十二月十三日　星期二　氣候：晴

雪恥：本日聯合國新會員國入會問題，安理會最後結果：（一）我國新提案以韓國與越南入會問題修正紐巴案後，先提付表決。對該二國以九票贊成，而為俄所否決。（二）次以十八國入會問題付表決時，對外蒙古投票，以八票贊成，美、比二票棄權，我國使用否決權予以否決，不得入會。（三）最後紐巴案第三段總表決時，因俄在第二段對十三國非共各國皆用否決權，故在第三段非共各國對共產附庸四國亦皆反對不得通過。此次結果對俄、英、加、美勾結陰謀，可說澈底被我粉碎無遺，皆照我國預定計畫實施。尤其是將我與紐巴修正案先付表決，而使俄不得不先行使其對韓、越二國之否決權為然。惟美國最後對外蒙入會，竟照其原有政策，對其可以影響棄權之各國毫不施以影響，而使我國對外蒙不得不使用否決權，可知這一國家絕無領袖之氣概，及其不知政治為何如也，可痛之至。

## 十二月十四日　星期三　氣候：晴

雪恥：昨朝課後記事畢，散步。召見公超，校對與藍欽談話錄。膳後入府會客，召見孟緝與岳軍後，召集一般會談，商討聯合國整批入會與外蒙古問題，必須使用否決權之真相與內容。此舉實為間接澈底毀滅英國兩個中國在聯合國之張本也，且信此無形作用之成就，以後英、美最不敢存此幻想矣。午課後續審修戰爭論。晡散步後見菲記者「萬拉民 [1]」。晚宴美第七艦隊司令蒲賴德餞別贈訓〔勳〕，彼實一有道尚義之軍人也。晚課。

本十四日朝課時，接報聯合國投票之結果，我國正義主張雖告勝利，但憂患加重，故靜坐默禱時，並未能如平日之定靜純一也。上午主持中央常會。午

---

1　萬立明（Vicente Villamin），又譯韋納明、萬立民、費立明、魏拉敏，菲律賓記者、
　　作家。

課後續審戰爭論第八章，譯文甚劣，故修正甚費時也。晚約蒲立德便餐，談其傭人與高雄要塞部官兵衝突互打事，余對之作嚴正表示。晚課。

## 十二月十五日　星期四　氣候：陰晴

雪恥：對蒲立德事應屬公超補充說明：甲、在國人看此一行動，為干涉內政與破壞軍紀。乙、彼所謂保護人，在中國法院有否許可。丙、要求對張[1]司令停職激查，如在要塞之內，為其負責執行軍事職權。而如為一外國人之傭工，即使被打，而尚無確實證據之時，且其原告為一中國要塞之舊部，為退伍兵者之互控案即行停職，則中國軍紀與士氣再難維持，其後果不堪設想。丁、此案必待有一結果後，方得發其傭人出國護照。戊、不評〔許〕對張明凱[2]調查，實屬不法。

朝課後記事，散步間忽接報，稱俄在昨夜安理會特提前被其否決之十三國以及其附庸四國，除日本與外蒙之外，皆介紹入聯合國案，當時一致通過。此乃俄出爾反爾之卑劣行動，姑不再談。而其想改變國際對其之惡劣影響，非特無效，而且其竟被國際義聲所屈服之事實，亦為我國完全勝利之明證也。

## 十二月十六日　星期五　氣候：陰晴

雪恥：昨十時入府，召集主要幹部商討對俄共突然提案之用意，是否其將要求大會重提我國資格審查案，我將如何對付事，僉認為無此可能也。召見外

---

1　張即張國疆。
2　張明凱，山東青島人。1953 年編入高雄要塞司令部警衛連充上等兵，5 月 2 日核定轉業行政，1954 年 1 月 15 日核定除役，時在蒲立德（Alfred M. Pride）官邸服務，發生傭工竊盜案。

交與軍事人員十名後，與公超談蒲氏傭人調查經過，囑轉告蒲氏應尊重中國主權，切勿作嘩〔喧〕賓奪主之言行。批閱。午課後續審戰爭論畢，與妻車遊山上一匝。閱報，晚課。

本十六日朝課，記事後得報，美國在安理會重提日本應於明年進入聯合國案，俄國乃提外蒙古亦於明年與日本同時加入聯合國案，日本以十票贊成，而為俄一票否決。對外蒙以俄一票贊成，其餘十國均棄權，故皆遭否決也。十時入府接見美記者後，召見調職人員六名，召集財經會談。午課後續審修戰爭論最後一章，以譯文不佳，修改費力。晚觀影劇。膳後讀詩，晚課。上午調查員詢問蒲氏傭工，蒲亦在場，蒲氏對此案略悟其非。

## 十二月十七日　星期六　氣候：晴

雪恥：一、見國華。二、送聖誕樹。三、送遺族特慰金。四、約海、空軍遺族度聖誕。五、對蒲立德談話要旨：甲、調查要澈底實施，以明其傭工言行真假虛實。乙、簽字手續。丙、傷痕究竟是要塞部抑為流氓所打。丁、出國護照必須調查手續完結，乃可發給。因蒲病之故，所以要由蒲保證。戊、略提高雄同行之意。

朝課後續修戰爭論譯稿。十時前入府，先召見宣[1]監察官，指示調查蒲傭要點。據沈[2]秘書秘[3]蒲願自動撤消調查案，惟望速發其傭人護照出國云。約見林景靖[4]神父與調職四員畢，召集軍事會談，核定高中與大專畢業生入伍服役新法令。午課後審修戰爭論第八篇最後一章完（第三次譯稿）。此為自修工

---

1　宣鉅平，調查蒲立德官邸傭工竊盜案國防部總政治部監察官。
2　沈錡，號春丞，浙江吳興人。1952 年 4 月，任總統英文秘書，11 月兼機要秘書。1954 年 8 月，兼任中國國民黨中央委員會第四組副主任。
3　原文如此。
4　林景靖，聖名味增德，乳名最恭，字盛亮，號景靖，天主教道明會神父。1949 年任福建福寧教區副主教，帶領會生修女共十八人經香港往臺灣。

作重大之一,無任自慰。晡與妻車遊回,閱報,晚課,讀詩。

克氏戰爭論下卷,本日督修譯文第三次審修完成,其上卷已於上月付印矣。

## 上星期反省錄

一、此次聯合國新會員整批入會,及外蒙在內之邪惡陰謀,實為自俄共侵佔大陸以後,最大一個國際陰謀,因由我國否決外蒙一舉,而使其整個陰謀完全失敗。其中最重大關鍵之轉捩點,乃是俄共第二次提案中,自動剔除外蒙,而除日本以外之十六國,尤其民主國家方面之西班牙、義大利、葡萄牙等國,皆得如計入會的一點上,此乃無異邪俄自認其陰謀澈底為我國所擊敗也。卅年來對俄共之忍辱被侮,與十年來被國際輕視侮辱以來,至此略得自慰,亦更使國民增加其自信而已。

二、北大西洋理事會開會。所謂西方國家對俄共在中東與印、緬之言行,更有進一步之警覺與準備。

三、克氏戰爭論下卷譯文,第三次審修完成。

## 本星期預定工作課目

1.年終心得論題之頒發與去年成績發表。

2.元旦文告稿。

3.遺族送款。

4.蒲傭調查案。

5.駐美、日大使人選之決定。

6.記上年總反省錄。

7.對南美派使訪問。

8. 對美宣傳計畫之審定。

9. 反攻準備與建軍順序。

10. 戰爭論譯文序言。

11. 發顧、俞[1]年節金。

12. 要求美國供給各軍校教育電影片。

## 十二月十八日　星期日　氣候：晴

雪恥：一、對陸參校開學訓詞要旨：甲、生命、流血與犧牲之決心，為革命軍人之本分，亦為光榮歷史之代價。如無此決心，而欲求榮譽與功業，是乃投機取巧之所為，焉得不受恥辱與失敗？乙、責任、服務與榮譽，自信、自強心、主動、自動、積極、創造、實踐，研究與發展之精神，為智慧靈感所發生之泉源。丙、五德與四維為武德之整個的表現。丁、國文之重要與自修。

朝課後記事，記工作預定表。召見張柏亭，指示修正戰爭論譯文之要點，並命其負責作最後之校核也。令沈琪〔錡〕與蒲氏談話，准其傭工調查手續完畢後出國，以安其心。禮拜後與妻車遊淡水。午課後與妻車遊基隆市街，甚不整潔也。晚閱報，觀影劇，晚課。

---

1　顧、俞即顧維鈞、俞國華。

## 十二月十九日　星期一　氣候：晴

雪恥：一、政治、經濟、軍事、教育、黨務的三年反攻總計畫之擬製。二、林挺生案[1]之追究。三、物價動因之各種舶來品，必須由政府自行購銷之政策。四、海軍初步建設計畫：甲、十五艘驅逐與護航艦。乙、一個師登陸運輸量（兩棲作戰）。

朝課後記事，手擬訓詞要旨，審閱去年各將領讀訓心得之列丙等者評語。十時主持陸參學校正則班第七期開學典禮。致訓後，召見第廿六師長與政訓主任，以該師即將到金門換防也。午膳後即起飛，在機上午課畢，到屏東着陸，仍駐西子灣澄清樓，與經兒在海濱散步回，入浴。膳後再與經兒散步，並車至左營視察回。審閱張[2]製克氏戰爭論譯文序言，略加指正，頗能盡意為快。晚課。

---

1　林挺生，臺灣臺北人。大同公司創辦人林尚志之子，1947 年涉入二二八事件，後擔任首屆立法委員南區工礦代表及中華民國全國工業總會常務理事。1948 年出任臺灣省工業會理事長、臺灣區機器工業同業公會常務理事長、臺灣區電工器材工業同業公會理事長。1953 年 1 月，臺北地檢署裁定刑事不起訴林挺生將日本海軍遺留物資侵為己有案。1954 年 12 月 31 日由海軍總司令部提出向大同製鋼機械公司追訴返還日本海軍遺留物資（價值新臺幣三千五百餘萬元）案。海軍總司令梁序昭於 1955 年 12 月 21 日呈報本案經過，蔣中正批示應在一個月內審結。民事部分於 1956 年 2 月 25 日經臺北地方法院判決海軍勝訴，1957 年 12 月 18 日、1961 年 2 月 25 日臺灣高等法院兩次判決海軍勝訴。1962 年 2 月 1 日蔣中正批示「大同公司為新興企業單位，應加愛護，不使以此案致其破產，應用設當辦法早日了結為宜。」1964 年 3 月 31 日臺灣高等法院仍判決海軍勝訴。至第四次審判時，始判決海軍敗訴，經海軍上訴最高法院遭駁回而收場。
2　張即張柏亭。

## 十二月二十日　星期二　氣候：上晴　下雨

雪恥：一、軍事定型教育之製訂。二、美製軍事各校教育之電影教材之供給。三、陸軍通信學校近情之查報，與三軍種通信教育與機構組織之統一。四、各軍種各學校互相觀磨〔摩〕。五、各軍、師對於戰場滲透敵後工作的官兵之挑選、組訓，都要施以組織、宣傳、領導與煽動，以及忍苦不屈、決心犧牲之教育。六、對陸軍通信組織高級人員之考核與淘汰。

朝課後記事，十時到岡山空軍官校，主持畢業典禮，致訓，點名，召見空軍顧問畢，視察機械與通信二校之教育，噴射機教課儀器之進步，殊足驚奇也。聚餐後，對無家長在臺之畢業生，面告其：余即你們家長，你們一切家庭有關事，皆可問我，只要你們一心工作，創造光榮事業，不愧為良善子弟可也。

## 十二月二十一日　星期三　氣候：晴

雪恥：昨午課後在澄清樓審核去年日記，摘錄重要事件，擬撰總反省錄也。晚車遊高雄市區一匝回，閱海校報告書，並讀克勞塞維茨夫人[1]戰爭論序文譯件，甚足感佩。讀詩，晚課，廿二時後寢。

本廿一日朝課後記事，補記去年總反省錄數則。十時到海軍官校舉行畢業典禮，致詞完，召見海軍顧問六員及海軍各校校長畢，點名後聚餐致訓回。午課後續審去年日記，共匪對內廢除六個大行政區，削除其各軍閥軍政大權，整肅其高岡〔崗〕等幹部，對外則日內瓦會議首次參加國際會議，且分割北越歸共，達到其初步目的，可說其成就甚大也。晡巡視陸軍官校補訓班回，召見重要將領與各兵科校長。

---

1　布爾（Marie von Brühl, 1779-1836），以編輯和出版丈夫克勞塞維茨（Carl von Clausewitz）的著作而聞名。

## 十二月二十二日　星期四　氣候：晴

雪恥：昨夜觀美製沙漠奇觀[1]影劇，各種動植物與大自然景色，可謂極〔集〕藝術之大成。而其劇意，凡有生命者莫不求生，亦莫不鬥爭。最後以高巢之毛鷹遠矚各種動物鬥爭之成敗以後，出而與大蛇之激戰，總能戰勝巨蛇，驅除毒害。此乃以美國最後必能制勝俄共之寓意，作無形之宣傳乎？晚課。

本廿二日朝課，記事，審閱去年日記，甚多感慨。九時後由澄清樓出發，十時到臺南機場，召見前遺族學校學生，現入海、空學校者二十餘人畢。乘機起飛，回臺北途中，與經兒談蒲立德事。正午在蔣林，闔家紀念舊曆十一月九日先慈九十二歲誕辰，聚餐，傳述先慈遺教數則，使兒孫輩皆能遵守勿忘也。午課後閱報，審核元旦文稿，不能用也。

（舊曆十一月初九日為先母誕辰。）

## 十二月二十三日　星期五

雪恥：一、約國華、沈琪〔錡〕、楚[2]秘書、孫[3]秘書來見。二、發日教官款項。

昨晡散步，考慮元旦文告要旨後，與妻到婦聯會參觀「華興」育幼院（即大陳義民子女）兒童為聖誕節表演光武復國紹劇，並由美十三航空隊發給各童玩具為歡也。回晚課後膳畢，醫牙床後睡。

朝課後記事，考慮元旦文告要旨與體系組織，面命楚秘書擬稿。十時前入

---

1　《沙漠奇觀》（*The Living Desert*），1953 年美國紀錄片，展示美國西南部沙漠自然界的日常。由詹姆斯・阿爾加（James Algar）執導，溫斯頓・希布勒擔任旁白，在土桑（Tucson）拍攝，獲 1953 年奧斯卡金像獎最佳紀錄片獎。

2　楚崧秋，湖南湘潭人。1954 年 6 月，奉調陽明山革命實踐研究院黨政軍聯合作戰研究班第三期講習。經蔣中正召見，擢拔為總統府侍從中文簡任一級秘書。

3　孫義宣，浙江奉化人。歷任第四行政區長官公署長官秘書，國民政府軍事委員會委員長行營秘書，國民政府主席行轅秘書、總統府秘書。

府，召見孫立人，再教其彼無政治腦袋，今後應專心研究中國學問，不可再作政治活動，如此尚有再用之望也。會王昇[1]等畢，召集情報會談，指示滇、緬邊區遊〔游〕擊隊與緬政府和談圖存之方針，並准予權宜處理，不加遙制也。批閱。午課後續審去年日記至十月間，艱危情勢為歎。晡與妻車遊山上回，入浴，殲腳甲，晚課。

# 十二月二十四日　星期六　氣候：晴

雪恥：一、跋克氏戰爭論之要旨：甲、譯述克氏著作之志願，以餉我革命同志已在卅年以前，卒為革命業務纏束至今，始償宿願，亦為不幸中之幸。乙、以克氏著作為已成過去之觀念，實為耳食之言。今日俄、美軍事思想，幾乎同出克氏之源。丙、克氏以辯證科學，即正反合三階段之研究法，來發揮其軍事哲學之精神。此其所以為百世軍事之泰斗也。丁、譯文批注之意義，使讀者更易了悟克文深邃難解之處，以期有所補益也。

朝課，記事，審閱去年十一月份日記。入府與張、葉[2]談蒲事後，會客畢，軍事會談，批閱。午課後審閱去年十二月份日記完，散步，晡與妻車遊山上回。閱報，入浴。晚全家兒孫與辭修、仁霖、華秀各家，在蔣林過聖誕節，聚餐、玩耍。廿三時到禮拜堂禮拜，晚課，廿四時半寢。

---

1　王昇，字化行，江西龍南人。1953 年 1 月任政工幹部學校教育長，1955 年 12 月任政工幹部學校校長。
2　張、葉即張羣、葉公超。

## 上星期反省錄

一、聯合國十屆大會閉幕時,明年開會日期,美本擬於五月提先召開,以免影響其大選。但應〔因〕英未同意,故尚未決定也。

二、上周克氏戰爭論譯文第三次審修完畢以後,本周乃審閱去年日記,並着手補記去年之總反省錄也。

三、元旦文稿要旨雖已擬定,但正文尚未成稿也。

四、陸參學校第七期開學,空軍官校第卅六期與海校本年班,皆先後舉行畢業典禮,親自主持。軍事教育如期進行,最足自慰。

五、蒲立德傭工調查案及其本人無禮之態度,至本周已告初步段落,務令蒲人能澈底了悟而已。

## 本星期預定工作課目

1. 總動員會報提「反攻復國心理建設」運動(即精神動員戰時生活一綜合)。

2. 黨政軍明年度建設計畫之督導。

3. 明年度經濟計畫與四年(第二個)計畫。

4. 明年度軍事建設與作戰計畫。

5. 去年日記之審查與總反省錄。

6. 元旦文告。

7. 對美宣傳計畫之核定。

8. 駐美大使之徵求同意。

9. 三角形戰鬥群之序言。

10. 克氏戰爭原理論與戰爭論合印。

11. 手著戰爭論譯文跋。

## 十二月二十五日　星期日　氣候：晴

雪恥：一、編譯機構之加強與人才之儲備及優待。二、各院工作成績之獎勉。三、反攻復國的心理建設計畫之訂立。四、經濟建設之電氣化與工業化之具體計畫。五、政治建設之科學化與制度化、組織化之具體計畫。六、研究發展與三聯制之合併計畫。

朝課後記事，審察去年日記之國際部分的演變要點。上午到國民代表大會聯誼會講演，約卅分時回，記上周反省錄。正午約美友與教友聚餐慶祝聖誕，與蒲立德談話，略示慰勉。午課後審閱楚[1]擬文稿，尚可修正也。與妻車遊山上一匝，晚修稿，晚課，廿二時後寢。

本日為西安出險第十九年之紀念日，感慨無已。

## 十二月二十六日　星期一　氣候：晴

雪恥：一、駐美、日大使之徵求同意。二、對美宣傳方案之審核預算。三、評議委員聚餐。四、總動員會報與去年杪二篇訓詞。五、明年黨政軍總計畫，與三年反攻的總計畫之擬訂。

朝課後修正元旦文告稿，幾乎全篇重草一稿也。十時到國防大學紀念周，並舉行研究院分院婦女訓練班第五期開學典禮，朗誦去年杪推行實踐運動的回顧，及四十四年度重要工作的提示二詞，甚覺有益也。回記事，午課後續修文稿完，與妻車遊山上一匝。晚觀影劇（幻想），晚課後寢。

---

1　楚即楚崧秋。

## 十二月二十七日　星期二　氣候：上雨　下晴

雪恥：一、明年聯合國大會，美政府研究改在羅馬召開之計畫，其藉口為免牽涉其大選之糾紛影響，其實乃恐美國人民反對中共加入聯合國之陰謀，乃以「彼拉多」洗手[1]之方式出賣中華民國之地位，默認中共參加聯合國以排除我國也。否則彼既在大選以後開幕，如其仍在成功湖紐約開會，對於其大選更不發生任何影響，而其所以展期至大選以後，因美新政府之政策改變為名出賣中國，則對其人民更無拘束忌憚矣。但余不信此一邪惡罪行真能實現也，惟應嚴防之。

朝課，記事。十時入府，接受日大使到任國書（堀內[2]）後會客，召集宣傳會談，批閱。午課後重擬元旦文稿，最後一段指示反共抗俄精神動員與心理建設之重要也。晚散步，讀詩，閱報，晚課。

## 十二月二十八日　星期三　氣候：晴

雪恥：一、明年臺省人口普查工作。二、鄉鎮村鄰自治工作之計畫，因地制宜之規定。三、退除役捕〔輔〕導會何競武[3]、李士英[4]、陳保泰[5]。四、宣傳與男女飲食之關係。五、心理建立內容之具體設計：甲、愛國。乙、

---

1　彼拉多（Marcus Pontius Pilatius），曾任羅馬帝國猶太行省第五任羅馬長官（A.D. 26-36）。據新約記載，彼拉多曾多次審問耶穌，最後判組耶穌死刑，並將之釘死於十字架上，隨後以洗手表明自己與釘死耶穌之事無涉。
2　堀內謙介，日本駐華大使，1955 年 11 月 17 日任命，12 月 27 日呈遞國書，1959 年離任。
3　何競武，浙江諸暨人。歷任陸海空軍總司令部副官處處長、軍事參議院參議、軍事委員會戰時運輸管理局局長，1946 年選為制憲國民大會代表軍隊代表。
4　李士英，號了人，河南尉氏人。1951 年 3 月出任中國國民黨改造委員會設計委員會副主任委員，8 月調任第四組副主任。1952 年 9 月辭去《中央日報》總主筆，11 月出任中央委員會設計考核委員會副主任委員。1954 年 10 月，任監察院秘書長。1955 年 5 月辭去黨職。
5　陳保泰，浙江諸暨人。1950 年 1 月，派任浙江省政府委員兼秘書長，8 月任官派高雄市市長，1952 年 8 月，任陽明山管理局局長。

助人。丙、負責。丁、盡職。戊、自力更生。己、自信心。庚、實踐。辛、
（計畫）研究發展。壬、採林與開路。癸、增強行政效率之道，職務考核、
預算功效、法令組織之研究。二[1]、一錢要作二錢效用。三、農會與水利會之
整頓如何。四、物價與糧食之專組。

朝課後記事，重修文稿，主持總動員會報，至十三時半方完。午課後呈來希
聖文告稿比較合宜，乃決用此稿着手修正。晚宴美海軍部長陶曼斯[2]，其態度
未如其陸長布拉克之誠懇也。客散後車遊消遣回，晚課。


## 十二月二十九日　星期四　氣候：晴

雪恥：一、賀蘭艦之用處與改裝。二、謝祝年[3]可用。三、夜間射擊與全軍
比賽日期。四、于案[4]之撤查。五、主官與顧問家庭之聯絡。六、公務車輛
皆應集中專廠修理，凡此等公用業務，皆應由行政院負責設計。七、國防部
學術機構與大學教授之聯系（定期）。八、文化歷史之心戰系統。九、命令
貫澈方法：甲、嚴格。乙、確實。十、官兵和愛與嚴正及工作與娛樂、合作
與互助。十一、王昇與王永樹可用。

朝課後續修陶[5]稿。十時入府會客，召見調職人員畢，批閱，清理積案二十餘
件後，與岳軍談駐美大使人選，決召董[6]先回國再定。午課後續修陶稿第二
次完，亦頗費心力也。與妻車遊後觀影劇，漢拔尼攻羅馬與戀愛故事，堪歎

---

1　原文如此。
2　陶曼斯（Charles S. Thomas），1954年5月3日至1957年4月1日擔任美國海軍部部長。
3　謝祝年，廣東開平人。1953年任海軍供應司令部副司令。1956年1月調任海軍巡邏艦
　　隊司令。
4　1955年海軍陸戰隊司令周雨寰因肝癌赴美就醫，2月底病逝，周夫人殤痛，精神異常，
　　派槍手在左營建業十二村轉角埋伏槍擊陸戰隊副司令于豪章，于腿部中彈立刻送醫並
　　無大礙，1956年1月12日，蔣中正令參謀總長彭孟緝派員徹查于案以息陸戰隊內謠謗。
5　陶即陶希聖。
6　董即董顯光。

觀止矣。晚課。

本日體重一百廿八磅，比前增加三磅。

## 十二月三十日　星期五　氣候：晴

雪恥：一、政治部對於精神動員與心理建設之設計教育。二、負責、服務、榮譽，（自動）創造自動精神之獎勵。三、退役就業工作特別推動。四、軍士制度建立之進度如何。五、一切工作設計訓練等，皆以共俄為對象。

朝課後記事，並補記前日之日記，續修文告。入府召見今年派往南洋各地訓練人員，聽取其報告，其中陳致平[1]、沈亦珍[2]、崔垂言[3]、王大任[4]似皆優秀可用。召集財經會談，對於本年度政治、經濟工作之精神與方法不夠，不能適合現代科學化之要求，明年度必須有一新的精神與工作之改造，指示至十三時半方完，未知能否收效也。午課後續修文告。晚宴美國紅衣主教史培爾曼，留住為上賓。散步，晚課。

---

1　陳致平，湖南衡陽人。1949 年來臺，先後任教於臺灣師範大學、輔仁大學、文化大學，一度赴新加坡，任教於南洋大學。著有《秦漢史話》、《三國史話》、《中華通史》等書。

2　沈亦珍，原名天錫，改名禕，字亦珍，江蘇高郵人。1950 年 3 月出任教育部普通教育司司長，掌管初等、中等及華僑教育。在職期間曾任復興書局董事長。1954 年 6 月回臺灣省立師範大學任教。

3　崔垂言，吉林長春人。1954 年 11 月，任中國國民黨中央設計考核委員會委員。1960 年 10 月，任中國國民黨中央設計考核委員會副主任委員。

4　王大任，名雲祚，以字行，遼寧遼陽人。曾任遼寧省總工會常務理事，《東北民報》、《和平報》社論委員。時任立法委員。

# 十二月三十一日　星期六　氣候：晴

雪恥：四十四年已經完結了，而我所預定的文字工作：甲、克氏戰爭論下卷第四遍之審修。乙、三角形戰鬥群之提要。二大要務尚未能如期完成。尤其是四十三年日記之總反省錄，只有草擬國際部份，其他亦未能完結。此乃本年研究課目專注於克氏戰爭論譯文之編修之故，亦自認此為三十餘年來研究學術最有補益之一年也。

朝課後記事，審修文稿。十時前入府，召見曾蔭槐[1]、趙志華[2]等六員後，批閱公文畢。主持軍事會談，指示明年軍事上之中心工作與重要課目二十餘項，自覺有益也。午課後補撰去年總反省國際部分畢。文告灌音，發現楚[3]秘書修正者前後不通，甚為不快，乃重修再灌，勉強完成。晚與妻到蔣林堂共同禱祝，廿二時完回。晚課後廿三時前寢。

## 上星期反省錄

一、本周對於總動員會報、財經會談與軍事會談之指示，今年工作之缺點以及明年工作之方針要旨，自覺已竭盡心力，惟恐聽者渺茫，鮮能見效為苦。以其習性已成，對於科學化、制度化、組織化之精神，無法使之積極樹立何。

二、明年聯合國大會如照報上所傳，美將改在羅馬開會，則其立意出賣中華民國之陰謀已很顯露，應加預防。

三、元旦文告三易其稿，左右無文字幫手，益歎本黨之無才也。

四、去年總反省錄只閱國際部分之撰記，但猶未全為憾。

---

1　曾蔭槐，江西雩都人。1953 年 7 月出任陸軍裝甲兵學校校長，1956 年 1 月調任裝甲兵副司令。
2　趙志華，黑龍江龍江人。時任裝甲兵副司令，1956 年 1 月調任陸軍裝甲兵學校校長。
3　楚即楚崧秋。

# 上月反省錄

一、聯合國對整批入會與外蒙參加之俄、英、加協以謀我之陰謀，總為我毅然使用否決權而告粉碎。尤其俄代表在理事會使用其十五次以上之否決權，更暴露其強橫獨霸之猙獰面目。而其最後仍自動撤消外蒙之名，除日本以外，其他十六國西班牙、義大利等皆得如計入會，更使我國反共權威之提高，是誠耶教所謂得勝有餘之恩典，豈非自助天助乎。惟美國怯懦無能，且以其已死范登堡對於新會員國入會不使用否決權之提案，以為下屆共匪參加聯合國之張本，並脅制我對此次外蒙勿用否決權等，加我各種之侮辱，殊為痛心。此時何時，若不自主自立，復待何時，故決對之反抗，自動使用應有之權力，最後終得勝利。俄共、英、加與反蔣之美國親共分子仍大肆恫嚇，認為因我此次使用否決權，已成為聯合國內眾矢之的，明年我必不能再得大多數之擁護，故共匪必將入會，替代我國之地位，余則毫不為其所動，並信此次否決之舉動而使我國之地位更加一層之保障，以正義與公理之力量與反共抗俄之精神、對聯合國之支持，惟我為其首要之象徵也。萬一失敗則亦心安理得耳，此亦為余畢生革命歷史成敗榮辱之關鍵也。

二、蒲立德無賴幼稚之言行，亦已正面制之。

三、克氏戰爭論下卷譯文第三次審修已完。

四、美國兩大工會合併。

五、英內閣改組。

六、法議會解散。

七、聯合國下屆會期未定。

八、美、俄冷戰復熾。

九、俄酋在印、緬竭力對英作反殖民地之宣傳，已引起英國人之仇恨。

十、俄赫在黨會上痛斥愛克為狂暴與挑戰，引起美國憤怒。

# 雜錄

**蔣中正日記**
Chiang Kai-shek Diaries

# 雜錄

一、戰爭性質決定於戰爭思想，戰爭方式決定於戰爭性質。

二、革命幹部應融成一體，革命學問要有完整體系，革命力量要作綜合發揮。而其運用上與行動上，應乎作戰性質及戰場情形。其重點在軍，而黨政功效應以支持軍事勝利為共同準則。

一、通信保密：甲、備份頻率。乙、預定呼號。

一、俄機性能：

甲、IL-28 高四萬呎，遠九百五十哩（愛留申）。

乙、MG-15〔MiG-15〕高四萬五千呎，遠五五五哩（米克）。

丙、TU-2 高一萬九千呎，遠五七五哩。

丁、LA-11 高一萬五千呎，遠五百四十哩（拉成）。

二、軍官退役每年金費：甲、人數一萬六千一百員。乙、經費八千五百三十萬元。

**九月廿一日**。「必有事焉，而勿正心、勿忘、勿助長。」昨午課誦讀此節時，頓悟「勿正心」為一句，應解為「心不待正」之意，即所謂「心常惺惺」，無時不在，無時不正，以形容其「必有事」之景象與意義也。此句讀為四十年來未能解決之書，今後乃可照此解釋，不必再有所疑問矣。

**十月十七日**。當匪侵犯我各島，在其兵力部署各方面喪失平衡時，我軍應即選其薄弱部分發動登陸反攻。

兩棲作戰之技術性與戰術性均甚重要，應加強研究。

## 姓名錄

鄭為元　胡　炘　盧福寧[1]　劉廉一

周自強[2]　2C 參長　　　未入參防各校

張鍾秀　9D 副師長　　美參校

朱志和[3]　22D 副　工兵

王廣法　9D 砲指揮　　察省　11 期　美步　40 才　預備副師長

陳威那[4]　19D 副　文昌　13 期　41 才　備升

張雅山[5]　46D 副　溫嶺　13 期　38 才　仝上

耿若天　陸總二署副　鹽城　39 才

孫成城　團長或副師長

朱嘉賓

宋　達

周　鑑[6]　張勤政〔進〕　王永樹

---

1　盧福寧，浙江杭州人。1954 年 6 月，任第四十一師師長，後任第二軍團司令部參謀長。
2　周自強，字武叔，湖南湘鄉人。時任第二軍團司令部副參謀長。
3　朱志和，福建平和人。歷任第四十五師副師長兼政治部主任、獨立第四十五師副師長、第十八師增設副師長、反共救國軍指揮部副總隊長。時任第二十二師副師長。
4　陳威那，廣東文昌人。1954 年 7 月任第十九師副師長，1956 年 5 月升任師長。
5　張雅山，浙江溫嶺人。1954 年 7 月，任第四十六師副師長。1956 年 7 月，升任第九十二師師長。
6　周鑑，號光明，湖南長沙人。1954 年 9 月派任國防部第一廳辦公室主任，1955 年 9 月調任陸軍預備部隊訓練司令部訓練班副主任。

陸戰隊　何恩廷[1]　　卅七　　河北　　校十四　　防大二

　　　　　馬立維[2]　　卅六　　臺山　　校十五　　大廿三　　　　第四處長

　　　　　黃光洛[3]　　卅六　　福州　　校十五　　砲大廿二　　　第三處長　　美兩棲校

　　　　　顧尚德[4]　　卅八　　武進　　校十四　　大廿二　　　　第二處長

　　　　　施長雲[5]　　卅七　　金華　　校十六　　　　　　　　　通信組　　　美信校

裝甲　　趙志華　　1D　　砲指　曹文虎〔䕶〕[6]　　洪士〔世〕銘[7]　砲一營長　　岳天[8]

　　　　尹學謙[9]　　2D　　砲指　雷光山〔三〕[10]　　侯官　　營長　蔡士清[11]

　　　　　　　　　　　　　搜索營　王光國[12]　　三指　劉明湘[13]

　　　　　　　　　　　　　後指　羅正〔蒸〕雲[14]

　　　　傅西來[15]　　　　　81D 副師長兼任屏東總隊長？

---

1　何恩廷，河北正定人。1953 年 7 月，時任海軍陸戰隊第一旅旅長，以代號「河北支隊」，率領第一旅進行東山島戰役。1957 年 7 月，調任海軍陸戰隊學校校長。

2　馬立維，號國光，廣東台山人。時任海軍陸戰隊司令部第四處處長。1956 年 1 月調任海軍陸戰隊第一旅參謀長。

3　黃光洛，福建林森人。時任海軍陸戰隊司令部第三處處長。

4　顧尚德，號繆勛，江蘇武進人。1955 年 1 月任海軍陸戰隊司令部助理參謀長，時任海軍陸戰隊司令部第二處處長。

5　施長雲，浙江金華人。時任國防部聯絡局第三組組長。

6　曹文䕶，號紹禹，山西蒲縣人。時任裝甲第一師砲兵指揮官，1957 年 1 月升任裝甲第一師副師長。

7　洪世銘，號箴甫，安徽巢縣人。1957 年 9 月任預備第二師副師長，1961 年 2 月調任第十九師副師長。

8　岳天，江蘇睢寧人。時任裝甲砲兵團第一營營長。

9　尹學謙，安徽巢縣人。時任裝甲師第二師師長，1956 年 6 月調任陸軍步兵學校校長。

10　雷光三，號星潭，吉林永吉人。1956 年 5 月任陸軍裝甲兵第二師砲兵指揮官。1957 年 12 月調任第一軍團司令部助理參謀長。

11　蔡士清，號爭波，江蘇南通人。1956 年 8 月任裝甲第一師第一戰鬥指揮部指揮官，後任裝甲師副師長、師長、裝甲兵訓練指揮官等職。

12　王光國，安徽無為人。來臺後歷任戰車團團長、金門防衛司令部戰車組組長、第二軍團裝甲兵組組長。

13　劉明湘，四川隆昌人。1954 年 8 月任裝甲兵第二師第三戰鬥指揮部指揮官，1955 年 6 月調任陸軍總司令部裝甲兵附員。

14　羅蒸雲，字雨嵐，四川宜賓人。時任裝甲兵第二師後備戰鬥指揮部指揮官。

15　傅西來，號廣淦，四川灌縣人。1955 年 12 月任第八十一師副師長，1961 年 2 月調任第十七師師長。

劉宜敏[1]　　　　掃佈雷司令　　　　山東　　廿年班

林　溥[2]　　　　登陸艦司令　　　　林森　　廿一年班

蔣　謙[3]　　　　後勤艦隊　　　　　溧陽　　廿年班

林鴻炳[4]　　　　巡邏艦司令　　　　文昌

夏　新[5]　　　　供應司令　　　　　南昌　　廿四年輪機　留英

龐　澄[6]　　　　兩棲偵察隊長　　　　　　陸軍中校

苟雲森[7]　　　　廿七〔六〕師副師長

周雲飛[8]　諸暨　卅二才　曾任團長教官　預一師中校參謀　校十七

杜文芳[9]　南海　卅八才　　　　卅二軍搜索團長　校十五


汪遵謀[10]　和縣　政幹班　　　　　巡防艦隊政工主任

政工　江國棟　長沙　湘大幹校　　　　　總長辦公室　　　可用

---

1　劉宜敏，山東高唐人。1954 年 11 月任海軍第三艦隊司令，1955 年 1 月 16 日海軍第三艦隊奉令改編為海軍掃佈雷艦隊，仍任司令。1955 年 12 月調任國防部聯合作戰計劃委員會委員。

2　林溥，號凌普，福建林森人。1950 年 9 月任海軍艦隊司令部參謀長，時任海軍登陸艦隊司令，1959 年 3 月調任海軍兩棲訓練司令部司令。

3　蔣謙，字士鵬，號孝先，江蘇宜興人。1952 年 9 月，調任海軍後勤艦隊司令，後任特種任務艦隊司令。1955 年 10 月，升任海軍總司令部參謀長。

4　林鴻炳，廣東文昌。時任海軍巡邏艦隊司令，1955 年 12 月調任海軍掃佈雷艦隊司令。

5　夏新，號望周，江西南昌人。原任海軍總司令部第六署署長，1955 年 4 月調任海軍供應司令部司令。

6　龐澄，時任海軍陸戰隊兩棲偵搜大隊隊長。

7　苟雲森，字運生，四川成都人。時任第二十六師副師長。

8　周雲飛，號從龍，浙江諸暨人。原任第六十八師第二〇三團團長，1955 年 8 月調任陸軍指揮參謀學校教官。

9　杜文芳，號志羽，廣東南海人。1957 年 6 月任第五十八師第一七四團團長。

10　汪遵謀，安徽和縣人。時任海軍巡防艦隊政治部主任。

（通信一　彭壽鶴[1]　33才　通信指揮部辦公室主任　校十六　參校五第十七名
　元化）　丁繼榕[2]　39才　總長辦公室組長　校十　大廿三　防三第二名　砲

　　　　劉雲灝[3]　五廳一組

　　　　邢祖援[4]　四廳一組

　　　　湯紹箕[5]　三軍副參長

　　　　葉　錕　警校出身　文字可

體弱　　徐應黻〔黹〕　校十二　陸總三署副（美參）卅八歲　曾任砲營長

　　　　董　熙　陸總副參長


　　　　駱效賓[6]　步校計畫處長　應任副師長

　　　　張家閑[7]　步校副校長（美副武官）　應任副師長

　　　　陳其全[8]　步校教育處長（美步校）　應任團長

　　　　楊清鏡[9]　校十三　工　留美砲校　陸大廿三　參校教官　應任團長

---

1　彭壽鶴，湖北天門人。1954年10月，任國防部通信指揮部辦公室主任。1955年12月，
　調任國防部通信局第六組組長。
2　丁繼榕，字正焜，四川合江人。1954年4月，任國防部參謀總長辦公室第四組組長。
　1955年8月，調任海軍陸戰隊士官學校校長。1956年12月，調任海軍陸戰隊司令部
　參謀長。
3　劉雲灝，江西大庾人。時任國防部第五廳第一組組長。
4　邢祖援，江蘇淮陰人。時任國防部第四廳第一組組長。1956年6月調任國防部物資司
　副司長。
5　湯紹箕，湖南醴陵人。時任第三軍副參謀長。
6　駱效賓，安徽無為人。原任陸軍步兵學校計畫研究處處長，1955年10月調任第二十七
　師副師長。1959年1月調任陸軍化學兵學校校長。
7　張家閑，江蘇銅山人。1952年3月，任陸軍指揮參謀學校正班主任。1955年6月，調
　任陸軍步兵學校副校長。
8　陳其全，1954年1月任國防部物資局第二組組長，3月調任陸軍步兵學校教育處處長，
　後任國家安全局設計委員。
9　楊清鏡，江西九江人。1952年4月，任陸軍指揮參謀學校第七組主任教官。1955年
　12月，調任陸軍指揮參謀學校第四組主任教官。1956年2月，調任預備第六師第十六
　團團長。

古　今[1]　粵　　赤溪　校十三期　卅七才　八軍 34 師參長

劉修政[2]　湘　　遺族校　又校十五期砲　留美砲　裝甲四處副

曾任裝大隊長

鄭崇城[3]　　　　臺南師區　砲二團長

留美　鄒　凱[4]　　　九軍四十六師砲指

砲校　童俊明　　　十軍四十九師砲指

阮維新[5]　　　　臺南師管區　砲一團長

邱　欽[6]　　　　高砲團長　校十三　卅才　湘

溫念君[7]　　　　參校教官擬調高砲團附　川　四○才


孫嗣文　滇　　擊落匪米格機

柳肇純[8]　上海　上尉領航官　卅一才　空校十八


劉朝槐[9]　33D 副　吳仲直　何恩廷　鄭　昆　92D

程有秋[10]　校五　何　俊[11]

---

1　古今，廣東赤溪人。1955 年 9 月起先後任第三十四師參謀長、副師長、師長。

2　劉修政，號岳翰，湖南岳陽人。原任裝甲兵團第四處副處長，1956 年 1 月調任第四十六師砲兵指揮部指揮官，3 月入美國指揮參謀大學受訓一年。

3　鄭崇城，號百成，察哈爾赤城人。1954 年 11 月調任陸軍總司令部第五署副署長。

4　鄒凱，號豈凡，安東鳳城人。時任第四十六師砲兵指揮部指揮官。

5　阮維新，字芃生，四川華陽人。1953 年 7 月任臺灣防衛總司令部砲兵司令部副指揮官。後任第六九○砲兵指揮部指揮官，1956 年 5 月調任陸軍總司令部第三署副署長。

6　邱欽，湖南瀏陽人。1955 年 11 月任空軍高射砲兵第十團團長。

7　溫念君，四川成都人。時任陸軍指揮參謀學校教官。1957 年 10 月調任空軍高射砲兵第四團團長。

8　柳肇純，上海人。時任國防部情報署技術研究組航行官，空勤職務領航。

9　劉朝槐，號魁楚，四川富順人。1954 年 9 月任第三十三師副師長，1959 年 3 月升任師長，7 月調任第五十七師師長。

10　程有秋，四川隆昌人。原任國防部第三廳副廳長，1955 年 1 月調任國防部戰略計劃研究委員會委員，1956 年 1 月調任國防部聯合作戰委員會委員兼政工幹校政治研究班主任。

11　何俊，字識之，湖北沔陽人。1952 年任第六十九師師長，1956 年調任第七軍副軍長。

張國英[1]　26D 長

黃毓峻[2]　81D 參

王廣法　9D 砲指　　美參

蕭宏毅[3]　23D 長

張鍾秀　9D 副　　美參

汪敬煦

錢懷源[4]

俞伯音[5]　69D 長

唐俊賢　19D 副　　　廣州校十二

張聞聲[6]　68D 副

賴中漢　防大教官

王大均　可任教官

雷開瑄[7]　93D 長


羅文浩　陸署長　可任訓練

耿若天　宋瑞珂[8]　李仲辛[9]之原任參謀長　鹽城　卅九才

---

1　張國英，字俊華，安徽阜陽人。1954 年 7 月任第二十六師師長，1955 年 10 月調任陸軍預備部隊訓練司令部參謀長，1957 年 4 月調任第十軍軍長。

2　黃毓峻，號仲嶽，山東臨沂人。時任第八十一師參謀長。

3　蕭宏毅，號莪楚，湖南湘鄉人。1954 年 7 月任第二十三師師長，1955 年 7 月調任預備第一師師長，1957 年 2 月調任第一軍團司令部副參謀長。

4　錢懷源，浙江上虞人。1952 年 7 月任海軍指揮參謀學校校長，1956 年 3 月調任會稽艦艦長，1958 年 8 月調任國防部情報參謀次長室參謀次長。

5　俞伯音，號正善，浙江桐廬人。1954 年 6 月任第六十九師師長。

6　張聞聲，號文華，湖南漢壽人。1954 年 9 月任第六十八師副師長，後任參謀長。1957 年 2 月調升第三十二師師長。

7　雷開瑄，四川閬中人。1954 年 7 月任第九十三師師長，1958 年 6 月調任第八軍增設副軍長。

8　宋瑞珂，字榮光，號鳴玉，山東青島人。1947 年 3 月，時任整編第六十六師師長，奉命開往豫北地區作戰。7 月，增援豫西，守羊山集，鏖戰到 27 日，兵敗被俘。

9　李仲辛（1912-1948），湖南長沙人。1946 年先後任整編第七十五師副師長、整編第六十六師師長。1948 年 6 月 22 日在豫東戰役陣亡，追贈中將。

傅伊仁　81D 副　　可任訓練

張載宇[1]　運輸司令

陳聲簧[2]　仝上

劉廉一

李運成　金門副司令

郭　棠[3]　四六才

曹永湘[4]　10C

羅友倫

范誦堯　英副武官

易國瑞[5]　航校一軍校六

華金祥　58D 副　可補 26D

葉　成[6]　顧葆裕[7]


薛仲述[8]

麻清江[9]　軍校七　工科

---

1　張載宇，原名道燾，安徽合肥人。1952 年 1 月任聯合勤務總司令部第二補給分區司令，
　　1955 年 1 月調任聯合勤務總司令部高雄運輸司令部司令，1956 年 6 月，調任陸軍供應
　　司令部參謀長。
2　陳聲簧，號祖堯，湖南寧鄉人。1950 年 10 月任聯合勤務總部基隆運輸司令部司令，
　　1955 年 7 月調任陸軍供應司令部副司令。
3　郭棠，號釀春，江蘇江浦人。原任第五十四軍軍長，1955 年 11 月調任國防部戰略計
　　畫研究委員會委員。
4　曹永湘，號文翰，湖南黔陽人。1954 年 7 月任第十軍軍長，1957 年 4 月調任國防部參
　　謀次長。
5　易國瑞，字澤震，湖南長沙人。1954 年 7 月任國防部總政治作戰部副主任。
6　葉成，字力戈，浙江青田人。1953 年 3 月任第八十軍軍長，1954 年 7 月調任國防部戰
　　略計畫研究委員會委員。
7　顧葆裕，字長風，號介侯，江蘇松江人。1955 年 2 月任國防部戰略計畫委員會委員，
　　1957 年 9 月調任國防部特種作戰第二總隊總隊長。
8　薛仲述，字力生，廣東樂昌人。1952 年 3 月奉調金門接任第五軍軍長。同年 10 月奉
　　命軍屬第七十五師參加突擊南日島作戰。1954 年 7 月調任國防部戰略計畫委員會委員。
9　麻清江，號靜波，河北臨城人。時任聯合勤務總司令部參謀長，1957 年 3 月調升聯合
　　勤務總司令部副總司令。

蔣緯國

楊貽芳[1]　校六　留日　未任連團職

趙振宇[2]

彭啟超[3]

王永樹

鄧定遠[4]

謝肇齊[5]　　　乏戰經

劉安祺

胡　璉

石　覺

張敦仁[6]　參校教官


陳嘉尚　徐康良[7]　易國瑞

劉景岐[8]　尤家選[9]　通信聯隊副　三門

吳順明　魏崇良[10]

---

1　楊貽芳，號喆君，安徽合肥人。時任第五十七師師長，1956 年 4 月調任第二軍增設副軍長。

2　趙振宇，又名震雨，字漢勛，號思昊，河南商城人。時任第一軍第五十八師師長。1958 年 1 月，調任陸軍總司令部第五署署長。

3　彭啟超，號冠軍，湖北黃陂人。1954 年 7 月任第二十七師師長，1957 年 3 月調任第一軍副軍長。

4　鄧定遠，字超平，湖北鄂城人。1947 年當選第一屆國民大會代表，來臺後曾任臺灣保安司令部保安幹部總隊總隊長、保安幹部團團長。1954 年 11 月後歷任國防部戰略計畫研究委員會委員、聯合作戰計畫委員會委員，1957 年 2 月調任國防大學校政治部主任。

5　謝肇齊，福建武平人。時任陸軍軍官學校校長。

6　張敦仁，原任陸軍指揮參謀學校教官，1955 年 11 月調任澎湖防衛司令部第三處處長。

7　徐康良，字即甫，浙江孝豐人。1952 年 4 月任空軍副總司令，1957 年 4 月調任國防部聯合作戰研究委員會副主任委員兼執行官。

8　劉景岐，山東煙台人。歷任空軍總司令部組織署裝備組組長、副參謀長，1958 年 7 月任空軍幼年學校教育長。

9　尤家選，號承羽，浙江三門人。時任空軍通訊聯隊副聯隊長，1956 年 10 月調升聯隊長。

10　魏崇良，號雄球，廣東五華人。1954 年 7 月任空軍指揮參謀學校校長，1956 年 12 月調任空軍總司令部政治部主任。

劉定邦[1]　海軍兩棲訓練部參謀長　卅八才　廣州

曹仲周　齊鴻章[2]

劉廣凱　王恩華[3]　齊〔錢〕懷源


伊肇年〔毅〕[4]　遼中　　校十一　美裝校　　裝一師參長　　四十一才

尹學謙　巢縣　　校十　　美裝校參校　裝二師長　　四十二才

劉恩蔭[5]　陝　　　校六　　留法　防大　裝增設副司令　四五才

龍洪濤[6]　河北　　校十一　美裝校參特　裝部參長


黃寶秋[7]　卅七　　南海　九師參長

周雲飛　卅一才　諸暨　校十七　二〇八團長（八軍）調參校教官

苗中英[8]　卅六才　河北　校十四　第一師師團長　國文差

黎天鐸[9]　四二才　武寧　校十　　陸官校總隊長

賈維錄[10]　四〇才　日照　特訓班　遊〔游〕擊隊

---

1　劉定邦，廣東番禺人。1954 年 6 月任海軍兩棲訓練班主任，1955 年 7 月任兩棲訓練司令部參謀長。

2　齊鴻章，字印輝，江西進賢人。1954 年 7 月任海軍士兵學校校長，1955 年 12 月調任海軍士官學校校長。

3　王恩華，字澤中，江西南康人。1954 年 5 月任海軍艦隊訓練司令部司令，1955 年 9 月調任海軍艦隊指揮部指揮官。

4　伊肇毅，遼寧遼中人。曾任裝甲兵旅第四處副處長，1956 年 3 月調任裝甲兵第一師副師長。

5　劉恩蔭，字惠森，陝西洋縣人。時任陸軍裝甲兵司令部增設副司令，1956 年 10 月調任第八軍副軍長。

6　龍洪濤，號金剛，河北昌黎人。時任陸軍裝甲兵司令部參謀長，1956 年 10 月調任預備第二師師長。

7　黃寶秋，號定中，廣東南海人。時任第九師參謀長，1958 年 5 月調任第四十六師參謀長。

8　苗中英，河北任縣人。時任預備第一師第三團團長。

9　黎天鐸，江西武寧人。1953 年 4 月任海軍陸戰隊警衛總隊總隊長，1956 年 9 月調任陸軍軍官基本訓練中心教育長。

10　賈維錄，號中淵，山東日照人。曾任忠義救國軍大隊長、支隊長，時任第三軍第九師增設副師長。

王創華〔燁〕[1]　四一才　九三師參長　十二　　黃岩

黎克諧[2]　四二才　九二師副　　十一砲　瀏陽　　乏戰經

楊繼先　卅二師團長


盧福寧

汪奉曾　池孟彬[3]

吳文芝　許承功[4]

謝肇齊　宋長志[5]

李惟錦[6]　畢超峯[7]

胡　炘　蔡名永[8]

王綏輝[9]

王廣法　駱競渡[10]

張鍾秀　朱鴻選

---

1　王創燁，號蒼逸，浙江黃岩人。1952 年 8 月任第九十三師參謀長，1954 年 6 月至 9 月在革命實踐研究院黨政軍幹部聯合作戰研究班第三期研究。1955 年 8 月升任預備第五師副師長。

2　黎克諧，號覺韶，湖南瀏陽人。1955 年 8 月任第九師副師長。

3　池孟彬，字敬超，福建林森人。原任海軍太康艦艦長，1955 年 12 月調任國防部第一廳副廳長，1956 年 7 月兼海軍總司令部人事署署長。

4　許承功，號子謙，浙江臨海人。1954 年 3 月任海軍總司令部第三署第二處處長，1955 年 3 月調任太康艦艦長，1956 年 4 月調任總統府侍衛室副侍衛長。

5　宋長志，遼寧遼中人。1954 年 4 月，任海軍登陸艦隊司令兼大陳特種任務艦隊指揮官。1955 年 12 月，調任海軍軍官學校校長兼海軍參謀指揮學校校長。1961 年 1 月，調任海軍第一軍區司令部司令。

6　李惟錦，四川成都人。1954 年 7 月任第十師師長，1956 年 5 月調任澎湖防衛司令部參謀長。

7　畢超峯，山東淄川人。1954 年 2 月任空軍第五聯隊參謀長，1955 年 3 月調任空軍第五聯隊副聯隊長，1957 年 5 月調任空軍作戰司令部副參謀長。

8　蔡名永，湖北雲夢人。1954 年 2 月任空軍第一聯隊聯隊長，1955 年 10 月調任空軍第五聯隊聯隊長，1957 年 11 月調任空軍作戰司令部參謀長。

9　王綏輝，字光軍，河北博野人。1954 年 6 月調任陸軍裝甲兵第二師副師長，後升任師長。

10　駱競渡，河北武邑人。1954 年 5 月任陸軍裝甲兵學校教育處處長，1957 年 11 月調任預備第二師師長。

汪敬煦　江無畏 [1]

龍洪濤　孫成城

趙善蔭　郝柏村

朱嘉賓　孔令晟 [2]

黃占魁　唐君舶〔鉑〕[3]


薛毓麒 [4]　武進　政大　卅八才　聯國副代表

吳相湘 [5]　常德　北大　四二才　臺大史教授

屬生介紹　朱昭陽 [6]　臺北　東京帝大　日本高考及格　五一才　合作金庫常理

---

1　江無畏，號尊理，廣東南海人。1954 年 9 月調任第九十三師副師長。1955 年 5 月，調任國防部第四廳副廳長。1958 年金門砲戰間，任金門防衛司令部第三處處長，12 月調任第四十一師師長。

2　孔令晟，生於江蘇常熟，籍貫山東曲阜。時任海軍陸戰隊參謀長，1956 年 4 月任海軍陸戰隊陸戰第一師師長。

3　唐君鉑，字貽清，廣東香山人。1953 年任聯合勤務總司令部兵工署署長。1955 年 6 月，任陸軍指揮參謀學校校長，1956 年任國防部常務次長。

4　薛毓麒，江蘇武進人，外交官。時任中華民國駐聯合國公使級副常任代表、代表處處長。

5　吳相湘，號良善，湖南常德人，中國歷史學家。遷臺後，曾任臺灣大學歷史系教授、新加坡南洋大學歷史系主任、中國文化學院史學研究所教授等職。

6　朱昭陽，臺灣臺北人。1946 年 10 月創辦延平學院，二二八事件發生，遭勒令停辦。1948 年 6 月任臺灣省合作金庫常務理事，9 月，延平學院以延平補校名義獲准復校。1949 年 9 月，復因在東京組織「新生臺灣建設研究會」事，遭羈押百日。1955 年 10 月 28 日，晉見蔣中正。

派美參大　金幼鎔[1]　江無畏　鄒　凱　伊肇毅

　　　　　葉夷冲[2]　四一才　杭州　校八　八十四師增副師長　無戰經驗

留美參大　劉德楨[3]　四四才　河北　校九期　任聯勤編譯主任

回皆不行　楊鍾祥[4]　卅九才　正定　十九期　前五廳組長

1　金幼鎔，號大成，雲南墨江人。歷任憲兵學校教官、預備第六師第十七團團長、陸軍指揮參謀學校教官，1958 年 8 月至 10 月金門砲戰期間任金門防衛司令部助理參謀長兼第四處處長。
2　葉夷冲，浙江杭縣人。時任第八十四師增設副師長，兼馬祖守備區指揮部副指揮官。1957 年 5 月調任國防部第五廳副廳長。
3　劉德楨，河北人。曾任國防部聯合勤務總司令部外事處副處長，1955 年 8 月任陸海空軍編譯人員訓練班主任。
4　楊鍾祥，河北正定人。1952 年 2 月任國防部第五廳第四組組長，1954 年 7 月出國，1955 年 11 月調任陸軍指揮參謀學校教官。

**蔣中正日記**
Chiang Kai-shek Diaries

# 索引

蔣中正日記
Chiang Kai-shek Diaries

# 索引

| | |
|---|---|
| 白崇禧（健生） | 186 |
| 皮宗敢（君三） | 170 |
| 石覺（為開） | 24, 56, 219, 241, 353 |

### 六劃

| | |
|---|---|
| 任顯羣（家驌） | 99, 100 |
| 伊肇毅 | 354, 357 |
| 成舍我 | 97 |
| 朱德（玉階） | 45, 158 |
| 朱仰高 | 76 |
| 朱志和 | 346 |
| 朱昭陽 | 356 |
| 朱嘉賓（柯坪） | 217, 230, 346, 356 |
| 朱鴻選（巽之） | 292, 355 |
| 江杓（星初） | 284, 292 |
| 江一平（穎君） | 167 |
| 江海東（喬森） | 46 |
| 江國棟（之一） | 263, 348 |
| 江無畏（尊理） | 356, 357 |
| 江雲錦（伯宏） | 182, 186, 210, 211, 252 |
| 江學海（勉之） | 105 |
| 池孟彬（敬超） | 355 |
| 艾靉（業榮） | 80 |
| 西尾末廣 | 228, 238 |

### 七劃

| | |
|---|---|
| 何俊（識之） | 350 |
| 何世禮 | 163, 274, 276 |
| 何恩廷 | 347, 350 |
| 何偉欽 | 137 |
| 何應欽（敬之） | 27 |
| 何競武 | 338 |
| 佘錦澤 | 171 |

| | |
|---|---|
| 吳起（吳子） | 184 |
| 吳文芝 | 156, 227, 228, 241, 355 |
| 吳仲直（佐之） | 79, 350 |
| 吳廷琰 | 147, 196, 285 |
| 吳南如（炳文） | 49, 100 |
| 吳炳鍾 | 170, 173 |
| 吳相湘 | 356 |
| 吳國楨（峙之、維周） | 83, 139, 142, 146, 157, 165, 183, 213-216, 229, 232, 302 |
| 吳順明（禮） | 226, 230, 263, 353 |
| 吳嘉葉（其蓁） | 140 |
| 呂德琪 | 274 |
| 宋達（映潭） | 143, 170, 172, 244, 346 |
| 宋子文 | 201, 266 |
| 宋子安 | 293, 299 |
| 宋仲虎 | 286, 293, 295, 298, 299 |
| 宋伯熊 | 286, 293, 295, 298, 299 |
| 宋長志 | 355 |
| 宋美齡 | 8-13, 15, 17, 20, 23, 26-28, 32, 41-45, 50, 53, 55, 58, 60, 66-68, 70-72, 73, 75-77, 79, 81, 82, 84, 86, 87, 94, 99, 100, 102, 103, 106-110, 114-116, 119, 124-127, 129, 131, 132, 134-137, 139, 140, 142, 155, 157-159, 161, 166-168, 170, 171, 173, 180, 182, 186, 188-190, 193, 196, 201, 210, 212, 214, 217-219, 222, 225-228, 230, 241, 243, 245, 247-249, 252, 253, 255, 256, 258, 264, 266, 267, 269, 271-274, 276, 277, 279, 281, 282, 284-286, 291-293, 295, 301, 302, 306, 308-311, 317-324, 326, 329-331, 334, 335, 337, 339, 341 |
| 宋瑞珂（榮光） | 351 |

| | |
|---|---|
| 金幼鎔（大成） | 357 |
| 金弘一 | 140 |
| 金素琴 | 282 |
| 金萬犖（適剛） | 96, 157, 170, 231 |

**九劃**

| | |
|---|---|
| 俞大維 | 10, 21, 23, 24, 68, 85, 130, 131, 160, 162-164, 167, 170, 180, 181, 184, 210, 216, 217, 223, 248, 258, 273, 278, 292, 303, 306, 309, 321 |
| 俞伯音（正善） | 351 |
| 俞國華 | 1, 51, 56, 131, 153, 303, 329, 331, 334 |
| 俞鴻鈞 | 1, 23, 28, 30, 40, 43, 57, 75, 85, 100, 115, 161, 248, 272, 286 |
| 姚文英 | 27 |
| 宣鉅平 | 329 |
| 施長雲 | 347 |
| 查良鑑（方季） | 304, 317 |
| 柳肇純 | 350 |
| 柳鶴圖 | 276, 279 |
| 洪世銘（箴甫） | 347 |
| 洪應明（自誠） | 86 |
| 胡炘（炘之） | 49, 346, 355 |
| 胡風 | 109, 196, 205 |
| 胡璉（伯玉） | 24, 56, 103, 131, 219, 223, 353 |
| 胡適（適之） | 110, 111, 131, 146, 213, 214, 216 |
| 胡文萱 | 216 |
| 胡光麃（叔潛） | 85, 301 |
| 胡旭光 | 170, 173 |
| 胡志明 | 196, 204 |
| 胡其瑛 | 293, 299 |

| | |
|---|---|
| 胡宗南（壽山） | 58, 73, 172 |
| 胡英傑（慶軒、仁初） | 212 |
| 胡秩五 | 243 |
| 胡健中（絮若） | 22 |
| 胡漢民（展堂） | 266 |
| 苗中英 | 354 |
| 苟雲森（運生） | 348 |
| 范誦堯（重平） | 226, 352 |
| 韋永成 | 258, 286 |

**十劃**

| | |
|---|---|
| 倉持秀峰 | 311 |
| 倪文亞 | 75 |
| 剛葆璞（仁義） | 125 |
| 唐守治（浩泉） | 58, 60, 210 |
| 唐君鉑（貽清） | 356 |
| 唐俊賢（英毅） | 56, 351 |
| 夏新（望周） | 348 |
| 夏季屏（成吾、寄萍） | 55 |
| 孫武（孫子） | 184 |
| 孫科（哲生） | 193 |
| 孫中山（文、逸仙） | 73, 295, 298, 299, 314 |
| 孫立人（撫民） | 28, 57, 58, 71, 76, 142, 146, 153, 156, 158, 159, 162, 164-167, 169-171, 174, 180-184, 186, 189-202, 205, 209-213, 215-218, 220-229, 232, 237, 240-242, 245, 246, 249, 250, 252, 254, 255, 258-260, 264, 265, 267-270, 272-281, 288, 292, 302, 307, 335 |
| 孫成城 | 51, 79, 217, 346, 356 |
| 孫嗣文 | 277, 350 |

| | |
|---|---|
| 孫義宣 | 334 |
| 孫資文（桂喜） | 105 |
| 孫薇美 | 161, 286 |
| 徐培根（石城） | 105, 127 |
| 徐康良（即甫） | 353 |
| 徐傅霖（夢巖） | 302 |
| 徐復觀（佛觀） | 221 |
| 徐應齱 | 180, 349 |
| 秦孝儀（心波） | 57, 257, 267 |
| 翁克傑 | 125 |
| 耿若天 | 226, 239, 346, 351 |
| 袁樸（茂松） | 231 |
| 袁世凱 | 323 |
| 袁國徵（養農） | 56, 220, 221 |
| 郝柏村（伯春） | 143, 170, 356 |
| 馬立維（國光） | 347 |
| 馬紀壯（伯謀） | 221, 222 |
| 馬乘風 | 97, 209, 269 |
| 馬敦靜（平山） | 277 |
| 馬超俊（星樵） | 286, 293 |
| 馬鴻逵（少雲） | 277 |
| 高任（庭惠） | 56 |
| 高崗（碩卿） | 98, 99, 101, 118, 205, 333 |
| 高垣勝次郎 | 13 |

**十一劃**

| | |
|---|---|
| 堀內謙介 | 338 |
| 婁品璋（灝平） | 18 |
| 崔垂言 | 340 |
| 崔書琴 | 257 |

| | |
|---|---|
| 張羣（岳軍） | 17, 23, 24, 27, 29, 30, 40, 43, 49, 57, 68, 71, 75, 85, 141, 152, 157, 161, 164, 166, 167, 170, 196, 198-201, 210, 211, 213, 215-217, 220, 222, 226-228, 239, 241, 246, 248-252, 258, 267, 272-274, 278, 279, 286, 292, 298, 308, 311, 312, 327, 335, 339 |
| 張載（子厚） | 8 |
| 張士琦 | 320 |
| 張文博 | 43 |
| 張世希（適兮） | 17 |
| 張其昀（曉峯） | 231 |
| 張明凱 | 328 |
| 張柏亭（相豪） | 224, 250, 255, 301, 331, 332 |
| 張家閑 | 349 |
| 張國英（俊華） | 351 |
| 張國疆（迸夷） | 79, 144, 328 |
| 張敦仁 | 353 |
| 張雅山 | 346 |
| 張勤進（乃仲） | 55, 346 |
| 張葆恆（伯衡） | 221 |
| 張載宇 | 352 |
| 張道藩（衛之） | 20 |
| 張聞聲（文華） | 351 |
| 張厲生（少武） | 50, 75, 115, 286, 308, 311, 312, 356 |
| 張慶泉 | 195 |
| 張學良（漢卿） | 201 |
| 張錦錕（養韜） | 247 |
| 張鍾秀 | 230, 346, 351, 355 |
| 戚榮春 | 125, 212 |
| 曹傑（眾豪） | 143 |
| 曹文護（紹禹） | 347 |

| Z | |
|---|---|
| Zablocki, Clement J.（薩普斯基） | 321 |
| Zhukov, Georgy K.（朱可夫） | 46, 48, 190 |

| 其他 | |
|---|---|
| 毛根 | 144 |
| 狄爾 | 41 |
| 施德林 | 253 |
| 魯斯約翰 | 167 |
| 霍斯金 | 215 |
| 邁納特 | 43 |

# 蔣中正日記 (1955)
## Chiang Kai-shek Diaries, 1955

著　　　者：蔣中正
授權出版：國史館館長 陳儀深
統籌策劃：源流成文化
總　編　輯：呂芳上 源流成
責任編輯：高純淑 張傳欣 蔣緒慧
封面設計：溫心忻 源流成
排　　　版：蔣緒慧

出 版 者：**民國歷史文化學社** 有限公司
臺北市大安區羅斯福路三段 37 號 7 樓之 1
TEL：+886-2-2369-6912

國史館
Academia Historica
臺北市中正區長沙街一段 2 號
TEL：+886-2-2316-1000

贊助出版：蔣經國國際學術交流基金會
Chiang Ching-kuo Foundation for International Scholarly Exchange

世界大同 文創股份有限公司
AGCMT CREATION CORP.

總 發 行：源流成文化股份有限公司
臺北市大安區羅斯福路三段 37 號 7 樓之 1
TEL：+886-2-2369-6912
FAX：+886-2-2369-6990

初版一刷：2024 年 4 月 5 日
定　　　價：新臺幣 850 元

ISBN：978-626-7370-63-6 （精裝）
　　　　978-626-7370-69-8 （1955-1960 套書）

Republic of China History and Culture Society
http://www.rchcs.com.tw

ISBN 978-626-7370-63-6

蔣中正日記 (1955) = Chiang Kai-shek diaries,
1955 / 蔣中正著 . -- 初版 . -- 臺北市：民國歷史
文化學社有限公司 , 國史館 , 2024.04
　　面；　公分
ISBN 978-626-7370-63-6( 精裝 )

1.CST: 蔣中正 2.CST: 傳記

005.32　　　　　　　　　113002448